Britische Soziologie

John Scott
Britische Soziologie

John Scott
Universität Essex
Colchester, UK

Dieses Buch ist eine Übersetzung des Originals in Englisch „British Sociology " von Scott, John, publiziert durch Springer Nature Switzerland AG im Jahr 2020. Die Übersetzung erfolgte mit Hilfe von künstlicher Intelligenz (maschinelle Übersetzung durch den Dienst DeepL.com). Eine anschließende Überarbeitung im Satzbetrieb erfolgte vor allem in inhaltlicher Hinsicht, so dass sich das Buch stilistisch anders lesen wird als eine herkömmliche Übersetzung. Springer Nature arbeitet kontinuierlich an der Weiterentwicklung von Werkzeugen für die Produktion von Büchern und an den damit verbundenen Technologien zur Unterstützung der Autoren.

ISBN 978-3-031-22102-6   ISBN 978-3-031-22103-3 (eBook)
https://doi.org/10.1007/978-3-031-22103-3

Die Deutsche Nationalbibliothek verzeichnet diese Publikation in der Deutschen Nationalbibliografie; detaillierte bibliografische Daten sind im Internet über http://dnb.d-nb.de abrufbar.

Springer VS
© Der/die Herausgeber bzw. der/die Autor(en), exklusiv lizenziert an Springer Nature Switzerland AG 2023
Das Werk einschließlich aller seiner Teile ist urheberrechtlich geschützt. Jede Verwertung, die nicht ausdrücklich vom Urheberrechtsgesetz zugelassen ist, bedarf der vorherigen Zustimmung des Verlags. Das gilt insbesondere für Vervielfältigungen, Bearbeitungen, Übersetzungen, Mikroverfilmungen und die Einspeicherung und Verarbeitung in elektronischen Systemen.
Die Wiedergabe von allgemein beschreibenden Bezeichnungen, Marken, Unternehmensnamen etc. in diesem Werk bedeutet nicht, dass diese frei durch jedermann benutzt werden dürfen. Die Berechtigung zur Benutzung unterliegt, auch ohne gesonderten Hinweis hierzu, den Regeln des Markenrechts. Die Rechte des jeweiligen Zeicheninhabers sind zu beachten.
Der Verlag, die Autoren und die Herausgeber gehen davon aus, dass die Angaben und Informationen in diesem Werk zum Zeitpunkt der Veröffentlichung vollständig und korrekt sind. Weder der Verlag, noch die Autoren oder die Herausgeber übernehmen, ausdrücklich oder implizit, Gewähr für den Inhalt des Werkes, etwaige Fehler oder Äußerungen. Der Verlag bleibt im Hinblick auf geografische Zuordnungen und Gebietsbezeichnungen in veröffentlichten Karten und Institutionsadressen neutral.

Planung/Lektorat: Cori Antonia Mackrodt
Springer VS ist ein Imprint der eingetragenen Gesellschaft Springer Nature Switzerland AG und ist ein Teil von Springer Nature.
Die Anschrift der Gesellschaft ist: Gewerbestrasse 11, 6330 Cham, Switzerland

Vorwort

Dieses Buch ist weit davon entfernt, eine vollständige institutionelle und intellektuelle Geschichte der britischen Soziologie zu sein, ein Projekt, das viele lange Bände erfordern würde. Mein Ziel war es lediglich, einen einführenden Überblick zu geben und die wichtigsten Themen und Ideen zu skizzieren, die britische Soziologen erforscht haben, wobei ich mich auf die Zeit nach 1945 konzentrierte. Ein Großteil dieser Geschichte wird vielen Lesern unbekannt sein, und ich hoffe, dass diese Kostprobe die Leser ermutigen wird, mehr über die Geschichte ihrer eigenen Fachbereiche und die soziologische Arbeit zu erfahren, die dort geleistet wurde.

Der Begriff „britische Soziologie" ist in mancherlei Hinsicht unscharf und zweideutig. Ich verwende ihn hier, um mich auf die Arbeit derjenigen zu beziehen, die an britischen Universitätsfakultäten für Soziologie und verwandte Fächer tätig sind und dort einen Großteil ihrer Laufbahn verbracht haben. Ich schließe also diejenigen ein, die anderswo geboren und ausgebildet wurden, aber nach Großbritannien eingewandert sind und sich hier niedergelassen haben. Umgekehrt schließe ich diejenigen nicht ein, die in Großbritannien geboren wurden und den größten Teil ihrer Karriere im Ausland gearbeitet haben. Dies ist zweifelsohne willkürlich, bietet aber eine praktikable Abgrenzung des Bereichs. Für jeden der behandelten Zeiträume erörtere ich zunächst die universitäre und fachliche Infrastruktur von Lehre und Forschung und gehe dann auf die wichtigsten intellektuellen Trends ein. Wo immer möglich, habe ich die wenigen vorhandenen historischen Berichte verwendet, aber viele Informationen stammen aus Nachrufen, Vorworten, Danksagungen und Fußnoten in einer Vielzahl von Quellen, die in der Bibliografie nicht aufgeführt werden können, ohne sie unangemessen zu verlängern. Viele Informationen entstammen meinem persönlichen Wissen und dem von verschiedenen Freunden und Korrespondenten, denen ich sehr dankbar bin. Ich danke auch meinen Redakteuren John Holmwood und Stephen Turner für ihre Kommentare zu einem früheren Entwurf. Ich würde mich freuen, wenn Sie mir eventuelle Korrekturen mitteilen würden.

In meinem Bericht habe ich die Personen häufig mit ihrem persönlichen Namen oder dem Kurznamen genannt, unter dem sie in der Branche weithin bekannt waren. Ich hoffe, dass dies ein vertrauteres und umfassenderes Bild vermittelt, als wenn ich sie alle mit ihrem vollen Namen ansprechen würde. Ein Abgleich mit der Bibliografie wird alle Namensvarianten miteinander in Verbindung bringen. Bei den in Kap. 1 besprochenen frühen Pionieren habe ich diese Strategie nicht verfolgt, da es damals üblich war, dass sich die Kollegen nur mit dem Nachnamen ansprachen. Während Patrick Geddes bei seinen Freunden als „Pat" und Leonard Hobhouse bei seinen Freunden als „Leo" bekannt war, scheint es natürlicher zu sein, sie mit ihrem vollen Namen anzusprechen. Ich bin sicher, dass dies einige Ungereimtheiten mit sich bringt, für die ich mich entschuldige.

Ich habe die Universitäten im Allgemeinen einfach mit ihrem geografischen Standort bezeichnet, wo immer dies keine Unklarheiten oder Verwirrungen hervorruft. So wird zum Beispiel die Universität Essex einfach als „Essex" bezeichnet, wie es in Gesprächen unter Kollegen üblich ist.

Die in der Bibliografie enthaltenen Zitate beziehen sich ausschließlich auf Veröffentlichungen von in Großbritannien tätigen Wissenschaftlern, entsprechend der oben beschriebenen Abgrenzung meines Fachgebiets. Wo es notwendig ist, sich auf Quellen von Autoren außerhalb Großbritanniens zu beziehen, werden diese in den Fußnoten vollständig angegeben. Ich habe nicht versucht, vollständige Referenzen zu den US-amerikanischen, französischen und deutschen Soziologen zu geben, die nur am Rande erwähnt werden.

Ich hoffe, dass dieses Buch etwas von dem Enthusiasmus und dem Engagement vermittelt, das ich für das Thema empfinde, mit dem ich mich in den letzten 50 Jahren beschäftigt habe, wenn auch nicht für den gesamten Zeitraum, den diese Geschichte umfasst!

Colchester, UK John Scott
November 2019

Inhaltsverzeichnis

1 **Pioniere und frühe Anfänge** 1
Theorie, Forschung und das Entstehen der professionellen
Soziologie 3
Zentren für Soziologie und Sozialwissenschaften 9
Soziologie und Sozialforschung in den Zwischenkriegsjahren 14
Literatur 16

2 **Soziologie und die Nachkriegsordnung** 21
Ausbau von Universität und Forschung 22
Wachstum und Bildung von Fachbereichen 29
Strategien zur Professionalisierung 46
Literatur 57

3 **Erforschung der britischen Gesellschaft** 63
Theoretischer Konsens, Konflikt und Aktion 65
Soziale Klasse, Chancen und Stratifikation 70
Lokalität, Region und Gemeinschaft 84
‚Rasse' und ethnisch getrennte Orte 100
Kriminalität, Subkulturen und Devianz 106
Arbeit, Industrie und Organisation 113
Literatur 122

4	**Soziologie, Neoliberalismus und darüber hinaus**	135
	Neoliberalismus und die Universitäten	136
	Soziologie im Neoliberalismus	144
	Kartierung von Soziologie-Fachbereichen	149
	Literatur	155
5	**Intellektuelle Kontinuitäten und neue Wege**	157
	Theoretisierung von Struktur und Handlung	160
	Die Methodologiekriege	165
	Gesundheit, Körper und Sexualität	168
	Arbeit, Beschäftigung und Konsum	172
	Stratifikation	176
	„Rasse" und Ethnizität	180
	Eine neue Soziologie des Verbrechens	184
	Literatur	188
6	**Schlussfolgerung**	201
	Soziologie und Sozialwissenschaften	202
	Soziologie als intellektuelle Arbeitsteilung	207
	Literatur	209
Literatur		211

Tabellenverzeichnis

Tab. 2.1	Die größten Fachbereiche für Soziologie und Sozialkunde 1950	24
Tab. 2.2	Daten der Erstabschlüsse in Soziologie 1946–1961	29
Tab. 2.3	Erste und Gründungsprofessoren 1954–1974	30
Tab. 2.4	Themen der Artikel in soziologischen Fachzeitschriften 1950–1979	49
Tab. 2.5	Bereiche, an denen Interesse bekundet wurde 1966	50
Tab. 2.6	Die einflussreichsten britischen Monografien 1973	52
Tab. 2.7	Buchreihe Soziologie 1961–1976	53
Tab. 3.1	Die Hall-Jones-Klassifikation	71
Tab. 3.2	Die Goldthorpe-Klassifikation	81
Tab. 4.1	Die Klassifizierung der Dienststellen von 1989	150
Tab. 4.2	Angegebene Hauptfachgebiete, 1989	150
Tab. 4.3	RAE-Soziologie-Bewertungen 1989–2001	153
Tab. 4.4	RAE- und REF-Bewertungen der Soziologie: Top 12	154

1

Pioniere und frühe Anfänge

Zusammenfassung Dieses Kapitel gibt einen kurzen Überblick über die Ursprünge der britischen Soziologie in den theoretischen und statistischen Diskussionen des 18. und 19. Jahrhunderts. Es wird der Einfluss der „klassischen" Soziologie von Patrick Geddes und Leonard Hobhouse betrachtet und ihre Rolle bei der Etablierung einer professionellen Soziologie bewertet. Die Gründung des ersten soziologischen Fachbereichs an der London School of Economics wird erörtert, und die Ursprünge anderer Fachbereiche für Sozialstudien und Sozialwissenschaften werden zusammengefasst. Das Kapitel schließt mit einem Überblick über die wichtigsten Studien, die zwischen 1920 und 1940 durchgeführt wurden.

Das Wort *Soziologie* wurde 1830 von Auguste Comte erfunden, und sein Neologismus wurde in Großbritannien erstmals von Herbert Spencer als „Soziologie" aufgegriffen, als er ab Mitte der 1850er-Jahre begann, sein eigenes intellektuelles System aufzubauen. Der Name, den Spencer seinen Ideen über die menschliche Evolution gab, wurde von Sprachpuristen als eine barbarische Kombination aus lateinischen und griechischen Wurzeln betrachtet und ebenso wie diese Ideen selbst weithin verunglimpft. Dennoch setzte sich der Begriff in den Randbereichen des intellektuellen Lebens durch, und 1903 wurde eine Soziologische Gesellschaft gegründet, um das Thema an den Universitäten und im öffentlichen Leben zu fördern. Die Gesellschaft gründete eine Zeitschrift (*The Sociological Review*, ursprünglich *Sociological Papers* genannt) und trug dazu bei, dass an der London School of Economics (LSE) die erste Universitätsprofessur mit der Bezeichnung „Soziologie" eingerichtet wurde.

Die Vereinigung und die Zeitschrift hatten anfangs einen gewissen Erfolg, aber die Bemühungen um die Etablierung der Soziologie hatten bis zum Ersten Weltkrieg viel von ihrem Schwung verloren. Die Soziologie an der LSE wuchs nur langsam, und erst nach dem Zweiten Weltkrieg kam es zu einer deutlichen Ausweitung der universitären Lehre und Forschung in diesem Fach. Zu dieser Zeit wurde eine neue Zeitschrift, das *British Journal of Sociology*, unter der festen Kontrolle der LSE gegründet, und an den Provinzuniversitäten entstanden neue Fachbereiche unter der etwas widerwilligen Schirmherrschaft der LSE und ihrer Mitarbeiter, die als externe Prüfer für die Universitätskollegs fungierten, die die Londoner Abschlussstruktur übernahmen. Als die Regierung in den 1960er-Jahren eine erhebliche Ausweitung der universitären Lehre förderte und finanzierte, wurden viele weitere soziologische Fachbereiche an neuen Universitäten und an Colleges gegründet, die später erweitert wurden und den Universitätsstatus erhielten. Die Soziologie wurde schließlich als universitäre Disziplin etabliert, obwohl sie seither von finanziellen Kürzungen und politischen Anfeindungen betroffen ist.

Dieser kurze Abriss der organisierten Soziologie könnte den Anschein erwecken, dass die Soziologie in Großbritannien ein „neues" Fach ist, das keine wirkliche Geschichte hat. Die Soziologie als Studienfach ist jedoch mehr als nur ein Name. Sie ist eine besondere Art, über das soziale Leben nachzudenken und darüber zu berichten. In diesem Sinne hat sie in Großbritannien eine viel längere Geschichte als die universitäre Organisation unter der Bezeichnung „Soziologie". Wie in vielen anderen Ländern entwickelten sich soziales Denken und soziale Untersuchungen außerhalb der Universitäten und wurden oft von Personen betrieben, die sich mit anderen, seit langem etablierten Disziplinen und Praktiken identifizierten. Um ein „Soziologe" zu sein, muss man also weder Mitglied einer „soziologischen" Gesellschaft oder eines Institut sein, noch muss man sich das Etikett zu eigen machen oder sich gar mit seiner Praxis identifizieren. Soziologische Denkweisen finden sich in der Arbeit von Philosophen, Historikern, politischen Ökonomen und Literaturkritikern, die sich selbst als solche bezeichnen, aber auch bei Menschen ohne feste intellektuelle Zugehörigkeit. Empirische Untersuchungen des sozialen Lebens wurden von religiösen und sozialen Reformern enthusiastisch als „statistische" Studien über die Lebensbedingungen betrieben, und diese wurden allmählich als eine neue Wissenschaft der Armut und der industriellen Organisation angesehen, die „Sozialwissenschaft" oder „Sozialökonomie", aber nur selten „Soziologie" genannt wurde. Jede Untersuchung der organisierten Soziologie in Großbritannien muss die Bedeutung dieser lebendigen und fruchtbaren Vorgeschichte für die Universitätsdisziplin anerkennen, die sich nach 1945 entwickelte.

Theorie, Forschung und das Entstehen der professionellen Soziologie

Reflexionen über die menschliche Gesellschaft finden sich in religiösen und philosophischen Schriften aus dem späten Mittelalter und der frühen Neuzeit, doch die spezifisch modernen theoretischen Überlegungen stammen aus der Aufklärung des 18. Jahrhunderts.[1] Auf die Arbeiten schottischer Autoren über Politik, Wirtschaft und Klassenstruktur folgten historische Untersuchungen von Henry Buckle, und die methodischen Überlegungen von J. S. Mill führten zu einer lebhaften Debatte über die Interpretation der gesellschaftlichen Verhältnisse. Die evolutionären Ideen von Herbert Spencer, Edward Tylor und Benjamin Kidd lieferten eine Erklärung für die langfristige Entwicklung dieser Verhältnisse aus früheren Gesellschaftsformen. Romantische und idealistische Denker entwickelten eine kritische Darstellung der Zerstörung der Gemeinschaft und der Entfremdung, die mit dem einhergeht, was Thomas Carlyle den

---

[1] Eine ausführliche Diskussion der Entwicklung der britischen Gesellschaftstheorie findet sich in J. Scott (2018). Wichtige Aspekte der institutionellen Geschichte der Soziologie werden von Chris Renwick (2012) diskutiert.

„Geldnexus" des modernen Kommerzes nannte. Diese Kritik wurde von sozialistischen Theoretikern wie Eleanor Marx und Edward Carpenter in ihren Ansichten über das Patriarchat und die Entmenschlichung der Sexualität in der kapitalistischen Gesellschaft weitergeführt.

Parallel dazu wurden von der Regierung, der Kirche und einer Reihe von statistischen Gesellschaften, die sich mit dem Problem der Armut befassten, empirische Erhebungen durchgeführt. Diese statistischen Erhebungen und Volkszählungen wurden durch ethnografische Studien über die städtischen Armen ergänzt, die in den großen Studien von Henry Mayhew, Charles Booth und Seebohm Rowntree gipfelten.

Diese Arbeit führte Anfang des 20. Jahrhunderts zu der Notwendigkeit einer neuen „Sozialwissenschaft", die soziales Denken und empirische Forschung miteinander verbindet und die in der Lage ist, die von Sozialarbeitern und Sozialpolitikern benötigten Informationen und Erkenntnisse zu liefern und eine wirksame Politikgestaltung und soziale Intervention zu ermöglichen. Dies hatte sich jedoch nicht in dem Wunsch herauskristallisiert, universitäre Fachbereiche für „Soziologie" einzurichten, und soziale Belange wurden eher unter den Bezeichnungen „Sozialwissenschaft", „Sozialpolitik und -verwaltung", „Sozialkunde" oder „Sozialökonomie" behandelt.

In diesem Kontext entstanden drei bahnbrechende Projekte zur Etablierung der Soziologie als Disziplin. Dabei handelte es sich um eine Gruppe interdisziplinärer Denker und Organisatoren um Patrick Geddes, eine Gruppe von Labour-Aktivisten, die mit der Gründung der London School of Economics (LSE) verbunden waren, und eine Gruppe liberaler Philosophen, die mit der Charity Organisation Society (COS) und ihren Versuchen, die Ausbildung in der Sozialarbeit zu organisieren, verbunden waren.

Patrick Geddes, ein schottischer Botaniker und Ökologe, war stark von der Soziologie von Le Play beeinflusst, die seiner Ansicht nach einen „ökologischen" Ansatz für die Soziologie bot. Er wandte sich stärker der soziologischen Spekulation zu, schloss sich der Londoner Positivist Society an und fühlte sich von vielen Comte'schen Ideen angezogen. Er verband diese französischen Einflüsse mit seinem Engagement für den ethischen Sozialismus von Ruskin und Morris und entwickelte ein Modell des sozialen Systems, das die ökologischen Beziehungen zwischen

Kultur, materieller Lebensweise und Umwelt hervorhob. Seine Soziologie betonte die Notwendigkeit, das soziale Leben in seinem regionalen Umfeld zu verstehen und die Prozesse zu untersuchen, die bei der Entstehung sowohl von „ländlichen" Dörfern als auch von „bürgerlichen" Stadtgebieten eine Rolle spielen. Diese Soziologie sollte einen praktischen Bezug zum „Wiederaufbau" des modernen städtischen Lebens in den expandierenden Industriestädten haben, indem sie zum Aufbau einer bürgerlichen Lebensweise beiträgt, in deren Mittelpunkt der aktiv beteiligte Bürger steht.

Victor Branford, Geddes' Schüler und Mitarbeiter, bemühte sich, Geddes' Ideen zu popularisieren und seinen Ansatz als die vorherrschende Form der Soziologie in Großbritannien zu etablieren (Geddes 1904, 1905, 1915; Branford und Geddes 1919). Branfords erster Versuch, die Soziologie von Geddes zu institutionalisieren, war die „Edinburgh School of Sociology", die im Outlook Tower untergebracht war und Sommerkurse für Lehrer und die interessierte Öffentlichkeit anbot. Diese Bemühungen führten 1903 in London zur Gründung der Sociological Society, die die verschiedenen Strömungen des sozialen Denkens und der Sozialforschung zusammenführen und die Entwicklung einer professionellen Disziplin einleiten sollte. Die Gesellschaft gab eine jährliche Publikation heraus, aus der die *Sociological Review* wurde, die erste Fachzeitschrift für soziologische Forschung in Großbritannien. Die Geddes-Gruppe förderte eine Reihe empirischer Studien über ländliche und städtische Gebiete, die von lokalen Amateuren, Schulen und einigen organisierteren Gruppen mit Interesse an „staatsbürgerlichen" und regionalen Themen durchgeführt wurden.[2] Geddes und Branford gelang es nicht, sich in Großbritannien akademische Positionen zu sichern, von denen aus sie ihre Soziologie entwickeln konnten, obwohl sie einen Einfluss auf einige ausübten, die sich der Geografie und Anthropologie zuwandten (z. B. Herbertson und Herbertson 1899; Fleure 1918, 1919). Geddes zog sich weitgehend zurück, wurde Professor für Soziologie an

---

[2] Die Edinburgh School of Sociology wird in J. Scott (2007) behandelt. Die Soziologische Gesellschaft und die Rolle von Victor Branford werden in Scott und Bromley (2012, 2013) und Scott und Husbands (2007) behandelt.

der Universität von Bombay und gründete dann ein interdisziplinäres Universitätskolleg für schottische Studenten in Montpelier, Frankreich.

Die Gesellschaft war eine unstete Koalition von Interessen, sowohl akademischer als auch praktischer Art. Die Opposition anderer gegen ihr Projekt und Branfords Unfähigkeit, sein organisatorisches Geschick mit einem intellektuellen Engagement für einen konstruktiven Dialog zu verbinden, führten dazu, dass die Gesellschaft, die später in Institut für Soziologie umbenannt wurde, in den 1930er-Jahren immer mehr ins Stocken geriet. Zur Zeit des Zweiten Weltkriegs war sie im akademischen Leben nicht mehr präsent.

Die Fabian Society war als sozialistische Interessengruppe gegründet worden, deren Ziel es war, die Menschen durch Forschung in sozialistischem Gedankengut zu unterweisen, um Beweise für die sozialistische Interventionspolitik und die Verwaltung politischer Reformen zu liefern. Sidney und Beatrice Webb, George Bernard Shaw und eine Zeit lang auch H. G. Wells waren ethische Sozialisten, die eine nicht-marxistische Alternative zur utilitaristischen Wirtschaft entwickelten. Sie plädierten für die Entwicklung einer neuen Wissenschaft, der „Soziologie", die die Auswirkungen von wirtschaftlicher Konzentration, Monopolen und Klassenunterschieden innerhalb eines „sozialen Organismus" untersuchen sollte.

Die Webbs waren maßgeblich an der Gründung der LSE beteiligt und boten Kurse in Wirtschaftswissenschaften sowie Vorlesungen in Politik, Soziologie und Philosophie an (Dahrendorf 1995; Husbands 2019a). Ein früher Rekrut im Bereich Soziologie war Leonard Hobhouse, ein Moralphilosoph und Aktivist der Liberalen Partei, der 1907 zusammen mit dem finnischen Anthropologen Edvard Westermarck auf einen Lehrstuhl für Soziologie berufen wurde. Obwohl er Spencers Evolutionismus ablehnte, zeichnete Hobhouse' Soziologie eine „soziale Entwicklung" von einfachen Stammesgesellschaften zu komplexen Industriegesellschaften nach (Hobhouse 1901, 1906, 1924; siehe auch J. Scott 2016). Sein Freund und Mitarbeiter John Hobson, der an der South Place Ethical Society lehrte, skizzierte eine ergänzende Darstellung der wirtschaftlichen Grundlagen der sozialen Entwicklung mit einer einflussreichen Analyse der kapitalistischen Klassenbeziehungen und der Struktur des Imperialismus (Hobson 1901, 1906).

Die anfänglichen Soziologiekurse an der LSE richteten sich an Geistliche, Sozialarbeiter, Gewerkschaftsfunktionäre und Beamte und hatten einen praktischen Charakter. Die Finanzierung, die die beiden Professuren ermöglichte, sollte jedoch eine eher theoretische und vergleichende Ausrichtung der Lehre ermöglichen und eine akademischere Studentenschaft aufbauen. Das Ergebnis war ein weit verzweigter und unstrukturierter Lehrplan, in dem Kernkurse in vergleichender Moral und Religion und in Sozialphilosophie mit einer eklektischen Mischung von Kursen über Sozialpsychologie, Stammesgesellschaften, Indien, das klassische Griechenland, das zeitgenössische Frankreich, Philanthropie und Berufsorganisation kombiniert wurden (Husbands 2019a, S. 12–24).

Morris Ginsberg wurde 1914 ernannt, und in den 1920er-Jahren wurde die Soziologie formell als „Institut" mit einem Professor und einem Lektor anerkannt, die den Unterricht in einem BA in Soziologie organisierten, und nicht einfach als „Spezialfach" innerhalb eines BSc Econ. Der Lehrplan wurde besser organisiert und reguliert, und zu den Lehrern, die sich mit Soziologie befassten, gehörten Tom Marshall, John Hobson, Maude Pember-Reeves und Harry Pear. Die Soziologie der Stammesgesellschaften, für die Westermarck Pionierarbeit geleistet hatte, wurde in eine eigene Abteilung für „Sozialanthropologie" unter der Leitung von Bronisław Malinowski ausgegliedert und entwickelte sich in den 1920er-Jahren weitgehend parallel zur Soziologie.

Ginsberg und Marshall standen dem Institut für Soziologie ablehnend gegenüber, das sie als reines Vehikel für Geddes' Ideen betrachteten. Sie beteiligten sich zwar an einigen Aktivitäten des Instituts, leisteten aber in der Zwischenkriegszeit lang anhaltenden Widerstand, und der Ansatz von Geddes wurde zunehmend marginalisiert.[3] Die institutionalisierte Soziologie blieb weitgehend auf die LSE beschränkt. Ihre Soziologen verfolgten die theoretischen Anliegen von Hobhouse, führten empirische Studien zu sozialer Klasse und Mobilität durch und begannen, einen stärker empirischen Ansatz in ihrer Arbeit zu wählen.

In der zweiten Hälfte des 19. Jahrhunderts wurde die romantische und idealistische Sozialtheorie von einer Gruppe von Philosophen, die sich

---

[3] Siehe den ausgezeichneten Bericht über diese Zeit in B. Rocquin, *British Sociologists and French Sociologues in the Interwar Years. The Battle for Society*. London, Palgrave Macmillan 2019.

auf den Idealismus von Kant und Hegel stützten, zu einer kohärenten „Sozialphilosophie" formuliert. Am einflussreichsten war Edward Caird (1885), der Spencers Konzept des sozialen Organismus rekonstruierte, indem er betonte, dass Solidarität und Zusammenhalt von den „inneren Beziehungen" abhängen, die die „moralischen Bindungen" ausmachen. Bernard Bosanquet, der systematischste dieser Autoren, war einer der ersten in Großbritannien, der die theoretischen Ideen von Émile Durkheim ernst nahm, der sich seiner Meinung nach bei der Entwicklung der Ideen der organischen Solidarität und des *kollektiven Bewusstseins* auf den deutschen Idealismus stützte (Bosanquet 1899; Jones 1883, 1910). Bosanquet betrachtete die Gesellschaft als „mind-made", als aus den Bedeutungen aufgebaut, die die Menschen auf der Grundlage ihrer kulturellen Sozialisation in ihrem Verstand konstruieren. Die Institutionen und Praktiken einer Gesellschaft wurden als äußere Projektion eines mentalen Systems betrachtet, das sich im Verstand der interagierenden Individuen bildet. Diese Sichtweise wurde von Bosanquet zusammen mit seiner Frau Helen und Charles Loch in der Charity Organisation Society (COS) in Programmen sozialer Intervention gefördert, die die Selbstständigkeit der Armen unterstützten.

Die idealistischen Philosophen gründeten 1896 die London Ethical Society als Diskussionsgruppe für die Entwicklung einer Sozialphilosophie als Grundlage für die Sozialarbeit und die Sozialverwaltung (siehe Mackenzie 1895, 1918; Muirhead und Hetherington 1918). Die London School of Ethics and Social Philosophy wurde in Ergänzung dazu als Ausbildungsstätte für diejenigen gegründet, die sich mit Sozialarbeit und -verwaltung befassen wollten. Ihre Hoffnung, durch die Angliederung an die Londoner Universität der LSE nachzueifern, wurde enttäuscht, und die Schule wurde 1903 aufgelöst, um als School of Sociology and Social Economics neu gegründet zu werden, die bei der Ausbildung von Praktikern eng mit der LSE zusammenarbeiten sollte. Zu ihren Dozenten gehörten Hobhouse und der Cambridge-Anthropologe Alfred Haddon. Dank der Finanzierung durch die Ratan-Tata-Stiftung konnte sie als „Institut" der Londoner Universität – als Fachbereich für Sozialwissenschaften und Verwaltung – eingerichtet werden, bis sie 1922 in die LSE integriert wurde (Harris 1989). Trotz der theoretischen Interessen der Idealisten betonte der Fachbereich die praktischen Implikationen der Verbindung zwischen „Sozialphilosophie" und „Sozialwissenschaft". Zu den Lehrkräften gehörten Henry Tawney und Clement Attlee, und eine Reihe von empirischen Studien über Frauenarbeit, Gelegenheitsarbeit und Armut wurden von assoziierten Forschern und Siedlungsarbeitern erstellt, darunter Varvara de Vesselitsky, der Arbeiteraktivist Arthur Greenwood, der Statistiker Arthur Bowley und der christliche Sozialarbeiter Henry Mess. Obwohl Hobhouse nominell die Aufsicht über das Institut hatte, agierte es auf Distanz zu den Soziologen und stand unter der operativen Leitung von Edward Urwick (1912).[4] Nach Urwicks Weggang im Jahr 1920 auf einen Lehrstuhl in Toronto wurden die Mittel von Tata gekürzt und der Fachbereich konzentrierte sich auf die Ausbildung in Sozialarbeit.

Zentren für Soziologie und Sozialwissenschaften

Die Etablierung einer „Soziologie" außerhalb der LSE wurde nur sehr zaghaft vorangetrieben. Die Soziologie, die sich andernorts entwickelte, war mehr dem idealistischen Konzept der Sozialphilosophie verpflichtet als der unter Hobhouse und Ginsberg etablierten Soziologie, was sich in der üblichen Verwendung von „Sozialwissenschaft" als Bezeichnung für die Fachbereiche widerspiegelte. Diese Unternehmungen wurden häufig in Verbindung mit der wachsenden Zahl von Sozialarbeitseinrichtungen an den Universitäten durchgeführt.[5] Der erste Lehrgang, der unter der Bezeichnung „Soziologie" durchgeführt wurde, wurde ab 1888 von Philip Wickstead am Manchester New College, einer unitarischen Stiftung in London, unterrichtet. Das College zog später nach Oxford um, wo 1890 der Dunkin-Lehrstuhl für Soziologie eingerichtet wurde, wobei die Titel der Vorlesungen, die von idealistischen Sozialphilosophen und anderen gehalten wurden, zwischen „Soziologie" und „Sozialökonomie"

---

[4] Der Fachbereich unterhielt Verbindungen zum King's College, wo Urwick einen Lehrstuhl für Wirtschaftswissenschaften innehatte und wo Lionel Tayler an der School of Home Training and Domestic Science Sozialpsychologie und „Hygiene" lehrte.
[5] Ein Bericht über einige dieser Fachbereiche und Vorlesungen findet sich in Husbands (2014, 2019b). Siehe auch (Fincham 1975: Kap. 2 und 3; Bulmer 1985a).

variierten. Sechs Jahre später führte das Lancashire Independent College in Manchester, eine kongregationalistische Stiftung, einen Kurs in Soziologie ein, der von Robert Mackintosh gehalten wurde, der seine Vorlesungen anschließend als Buch veröffentlichte (Mackintosh 1899). Ab 1893 hielten Dennis Hird, Harry Osman Newland und Adolphe Pernotte von Ruskin Hall, dem späteren Ruskin College, in Oxford, Plymouth, Birmingham und Leeds gelegentlich Vorlesungen über Soziologie, die als öffentliche Vorlesungen im Rahmen der Erwachsenenbildung gehalten wurden. Die Vorlesungen stützten sich auf Herbert Spencer und den amerikanischen Soziologen Lester Ward sowie auf Ideen von Staatsbürgerkunde und Staatsbürgerschaft.

Robert MacIver, Dozent für Politik in Aberdeen, hatte begonnen, politische Soziologie zu lehren und seine Universität davon überzeugt, seiner Berufsbezeichnung 1911 die Bezeichnung „Soziologie" hinzuzufügen. Obwohl er die wichtigste soziologische Monografie dieser Zeit verfasste (MacIver 1917), wurde diese gerade veröffentlicht, als er Großbritannien verließ, um eine Stelle in Kanada anzutreten, und er verbrachte den Rest seiner Karriere in Nordamerika. In Cambridge hatte Alfred Haddon 1896 anthropologische Vorlesungen unter der Bezeichnung „Soziologie" gehalten, und Henry Sidgwick (1899) hatte sich in begrenztem Umfang für die Soziologie ausgesprochen, nachdem er selbst eine Vorlesung über „Soziologie und Philosophie" gehalten hatte. 1895 lud die Universität Benjamin Kidd ein, um über die Möglichkeit zu sprechen, im Rahmen des Moral Sciences Tripos der philosophischen Fakultät einen regelmäßigen Unterricht in diesem Fach einzurichten, aber obwohl er in King's, Emmanuel und Peterhouse zu Gast war, führten die Diskussionen zu nichts. Als die Rockefeller Foundation 1924 anbot, einen Lehrstuhl für Soziologie zu finanzieren, wurde dies abgelehnt (Bulmer 1981). Mit finanzieller Unterstützung von Martin White, der bereits die Soziologiegesellschaft und den Lehrstuhl von Hobhouse an der LSE finanziert hatte, richtete St. Andrews 1918 einen Probelehrstuhl für Soziologie ein. Jack Williams wurde auf diesen Lehrstuhl berufen, aber das Engagement der Universität war nur halbherzig und das Experiment wurde nicht fortgesetzt.

1905 gründete der Wirtschaftswissenschaftler Edward Gonner in Liverpool in Zusammenarbeit mit der University Settlement for Women eine School of Training for Social Work, und Frederic D'Aeth, ein Londoner Pfarrer, wurde als Dozent für Sozialarbeit angestellt. Emily Simey, die Leiterin der University Settlement for Women, unterrichtete zusammen mit den Universitätsmitarbeiterinnen Elizabeth Macadam und Eleanor Rathbone Kurse in Sozialethik (von D'Aeth), Sozialökonomie (von Gonner), Kommunalverwaltung und Armenrecht (von Rathbone), städtische Probleme und Kinderfürsorge. Im ersten Jahr waren siebenundsechzig Studenten eingeschrieben, und es wurden einige wenige Forschungsarbeiten durchgeführt (D'Aeth 1907; Stocks 1949; Simey 2005). Die Schule wurde 1917 als Fachbereich für Sozialwissenschaften in die Universität eingegliedert, und mit der Ernennung von Alexander Carr-Saunders auf die neue Charles-Booth-Professur im Jahr 1923 wurde ein großer Schritt nach vorn getan. David Caradog Jones wurde bald darauf zum Dozenten für Sozialstatistik ernannt und zwei weitere Lehrkräfte wurden eingestellt. Die neuen Mitarbeiter begannen mit dem Aufbau einer soliden Forschungsbasis und führten eine Sozialerhebung in Merseyside durch (Jones 1934), bei der Charles Booths Enkel George Macaulay Booth – ein Direktor der Bank of England – als Berater fungierte. Im Jahr 1925 wurde ein Studiengang für Sozialwissenschaften eingerichtet. Emily Simeys Neffe Tom wurde 1931 als Lehrer für öffentliche Verwaltung eingestellt und heiratete 1935 Margaret Todd, die erste Absolventin des Studiengangs. Als Carr-Saunders 1939 Direktor der LSE wurde, trat Tom Simey seine Nachfolge als Professor an.

Das Glasgow University Women's Settlement begann 1902 mit der Ausbildung von Sozialarbeitern und beschäftigte später den Wirtschaftswissenschaftler Harry Jones, der einen Kurs über Sozialökonomie unterrichtete, der später veröffentlicht wurde (Jones 1922). Diese wurde nach dem Ersten Weltkrieg als School of Social Study and Training formalisiert, und James Cunnison, der zuvor am Quäker Woodbrooke College in Bourneville unterrichtet hatte, wurde als Siedlungsleiter und Dozent für Sozialökonomie eingestellt. Obwohl Cunnison zu Fragen der Arbeitsorganisation veröffentlichte, blieb die Schule bis zu ihrer Eingliederung in die Universität im Jahr 1943 weitgehend eine Lehreinrichtung. Die Universität hatte 1921 innerhalb des Fachbereichs für politische Ökonomie den Stevenson-Lehrstuhl eingerichtet, eine jährliche Vorlesungsreihe, die bis in die 1930er-Jahre von dem Dozenten der South Place Ethical Society, Cecil DeLisle Burns, gehalten wurde.

Die Universität Leeds führte einen Kurs über Sozialökonomie ein, der von dem Wirtschaftswissenschaftler David MacGregor unterrichtet wurde, und etablierte diesen 1912 als Diplomstudiengang. Harry Jones war nach seinem Umzug von Glasgow an dieser Arbeit beteiligt.

Die im Birmingham University Women's Settlement unterrichteten Kurse wurden 1905 als Diplomstudiengang „Social Study" für Wohlfahrtsbeamte in die Universität integriert. Der Wirtschaftshistoriker William Ashley wurde als Professor für Handel eingestellt – ein Posten, für den sich Victor Branford erfolglos beworben hatte -, um die Einführung des Studiengangs zu überwachen und mit John Muirhead zusammenzuarbeiten, der kürzlich zum Professor für Philosophie ernannt worden war. Der Sozialstudiengang umfasste Sozialphilosophie (Muirhead 1892), Industrieorganisation (unterrichtet von Ashley), Wohlfahrtsverwaltung (unterrichtet von dem Historiker Howard Masterman) und Vorlesungen über Bildung, Gesundheit und Wohnungswesen, die später unter dem Begriff „Sozialökonomie" zusammengefasst wurden. Als Philip Sargant Florence 1929 zu Ashleys Nachfolger ernannt wurde, begann er mit einer aktiveren Beteiligung an der empirischen Forschung zu Industrie- und Regionalfragen. Eine Abteilung für Sozialstudien wurde 1939 in die Fakultät für Sozial- und Politikwissenschaften eingegliedert, und das Diplom wurde 1945 zu einem Studiengang.

Das Bedford College for Women, ein Teil der Londoner Universität, hatte 1918 einen Studiengang „Social Studies and Economics" eingerichtet, der auf einem COS-Kurs über „Sozialethik und Sozialökonomie" aus der Kriegszeit basierte. Der Studiengang wurde 1925 in einen BA-Abschluss in Soziologie umgewandelt. Der Fachbereich wurde nach dem Vorbild des LSE-Fachbereichs für Sozialwissenschaften und Verwaltung eingerichtet, und die weiblichen Studenten wurden von weiblichen Lehrkräften unterrichtet. Mit der Ernennung von Henry Mess zum Dozenten und Leiter des Fachbereichs im Jahr 1935 begannen die Forschungsbemühungen. Mess hatte zuvor in einer Siedlung fürdie Christliche Studentenbewegung gearbeitet und war dann als Dozent für

Sozialwissenschaften für die Lancashire and Yorkshire Congregational Union tätig gewesen, bevor er für die Konferenz der Church Socialist League über christliche Politik, Wirtschaft und Staatsbürgerschaft eine Umfrage in Tyneside durchführte (Mess 1928). Im Jahr 1948 wurde Barbara Wooton zur Professorin für Sozialwissenschaften ernannt (Oakley 2011).

Auch andernorts wurden begrenzte Vorkehrungen getroffen. An der Universität Manchester wurden ab 1912 Lehrveranstaltungen für Sozialarbeiter angeboten, die von Joseph Findlay an der School of Education abgehalten wurden, und Findlay verfasste ein Lehrbuch, das auf dem Standpunkt des Idealismus beruhte (Findlay 1920). Diese Lehrtätigkeit wurde jedoch nach seiner Pensionierung nicht fortgesetzt. Ab 1911 wurden in Bristol durch die Universitätssiedlung Barton Hill und mit Unterstützung des Psychologieprofessors Conwy Lloyd Morgan gelegentlich Lehrveranstaltungen für ein Zertifikat in Sozialkunde durchgeführt. Diese Ausbildung nahm erst richtig Fahrt auf, als Hilda Jennings, die zuvor als freiwillige Forscherin an dem von Quäkern geleiteten Gemeinschaftsexperiment in Brynmawr in Südwales mitgewirkt hatte, 1939 zur Siedlungsleiterin ernannt wurde (Jennings 1934). Später wurde ein Fachbereich für Sozialpolitik gegründet. 1918 wurde in Edinburgh eine School of Social Study and Training eingerichtet, die von Nora Milnes aus dem Fachbereich Sozialwissenschaften und Verwaltung der LSE geleitet wurde. Die Schule wurde 1928 in die Universität integriert.

Etwa 900 Studenten haben zwischen 1918 und 1939 einen Abschluss in Soziologie, Sozialwissenschaften oder einem ähnlichen Studiengang erworben. Die überwiegende Mehrheit hatte eher ein Zertifikat als einen Abschluss erworben. Einige zusätzliche Lehrveranstaltungen wurden von der Workers' Educational Association und anderen Erwachsenenbildungseinrichtungen sowie in einigen Gefängnissen durchgeführt. Soziologie wurde in keiner Schule unterrichtet, obwohl es Bestrebungen gab, Staatsbürgerkunde oder Staatsbürgerschaft in den Schulen einzuführen (Keating 2011).

Soziologie und Sozialforschung in den Zwischenkriegsjahren

Die wachsende Zahl von Studenten hatte nur wenige Lehrbücher, an denen sie sich orientieren konnten. Zwar waren einige Texte zur Soziologie oder Sozialwissenschaft für ein allgemeines Publikum veröffentlicht worden (Saleeby 1905) und einige für die Erwachsenenbildung (MacIver 1921; Evans 1923) und für diejenigen, die in der Sozialverwaltung und der Sozialarbeit tätig waren (Mackenzie 1918; Findlay 1920), doch erschien bis zur Veröffentlichung von Ginsbergs *Soziologie* (1934) kein einigermaßen umfassendes Lehrbuch zur Mainstream-Soziologie. Dieses Lehrbuch hatte bis nach dem Zweiten Weltkrieg die Vorherrschaft inne, obwohl es recht grundlegend war. Ergänzend dazu stützte man sich auf MacIvers (1917) Monografie über Sozialtheorie und ihre späteren amerikanischen Ausgaben, die ebenfalls als unterstützendes, fortgeschrittenes Lehrbuch verwendet wurden. In intellektueller Hinsicht gab es viele Gemeinsamkeiten zwischen Ginsberg und MacIver, vor allem, wenn letzterer einen Gegensatz zwischen Gemeinschaft und Verein als Formen des sozialen Zusammenhalts aufstellte. Ginsberg stellte dies jedoch in einen entwicklungspolitischen Rahmen. Diese Ansichten wurden später für Studenten außerhalb der LSE von Mess (1942) und Wright (1942) zusammengefasst.

Die Soziologen der LSE haben nur wenig empirische Forschung betrieben. Ethnografische Studien wurden von Westermarck (1906, 1926) erstellt, und Hobhouse selbst hatte eine frühe vergleichende Studie vorgelegt (Hobhouse et al. 1914), aber das Wissen über die „einfacheren" Gesellschaften hing von den Arbeiten der Mitarbeiter des neuen Fachbereichs für Sozialanthropologie ab, vor allem von Malinowski (1922, 1926, 1929, 1935) und Firth (1936). William Beveridge, der Direktor der Schule, war zunehmend frustriert darüber, dass sich der soziologische Fachbereich nicht zu weit von Hobhouse' Sichtweise des Themas entfernte und dass es ihm nicht gelang, empirische und angewandte Forschung in der Art zu entwickeln, wie sie ursprünglich von den Webbs geplant war. Eine Zeit lang förderte er einen konkurrierenden Fachbereich für Sozialbiologie, die von dem Zoologen Lancelot Hogben, einem glühenden Gegner der Eugenik, geleitet wurde, um demografische und statistische Arbeiten zur sozialen Mobilität zu konsolidieren und voranzutreiben (Harris 1997), mit dem auch Ginsberg zusammenarbeitete (Ginsberg 1929). Das umfangreichste empirische Forschungsprojekt war der „New Survey of London", den Beveridge 1928 ins Leben rief und bei dem Herbert Llewellyn Smith, ein ehemaliger Mitarbeiter von Booths ursprünglicher Londoner Erhebung, die wissenschaftliche Leitung übernahm (Llewellyn Smith 1930–1935). Die Soziologen waren daran nur wenig beteiligt, obwohl es mit den von Arthur Bowley entwickelten statistischen Verfahren zusammenhing. Beveridges Nachfolger, Alexander Carr-Saunders, schloss die Sozialbiologie, förderte aber die demografische Forschung, um engere Beziehungen zu einer widerstrebenden Soziologie aufzubauen. Diese Entscheidung legte den Grundstein für eine Opposition der demografischen Forscher gegen die theoretische Soziologie innerhalb des LSE-Instituts.

Die Londoner Studie war eine von vielen ähnlichen Studien, die andernorts durchgeführt wurden, oft in Verbindung mit den Siedlungen der Sozialarbeit. Viele dieser Erhebungen folgten Geddes' Plädoyer für ländliche und bürgerliche Studien (Kent 1985) und umfassten eine Stadtstudie von Norwich (Hawkins 1910) und eine Dorfstudie von Corsley in Wiltshire (Davies 1909). Wichtige spätere Studien waren die Merseyside-Studie in Liverpool (D. C. Jones 1934), eine Studie über Tyneside von Henry Mess (1928), eine lokale Studie über Brynmawr (Jennings 1934) und Studien über Southampton (Ford 1934), Plymouth (Taylor 1938) und Bristol (Toot 1944). Eine Zusammenfassung dieser Erhebungen wurde von Ginsbergs Doktorand Alan Wells (1935) für das Institute of Social Service erstellt. Ab Ende der 1930er-Jahre wurden in Bolton und London von einer neu gegründeten Forschungsorganisation eine Reihe von Erhebungen durchgeführt. Die 1937 von Humphrey Jennings, Tom Harrison und Charles Madge gegründete Mass-Observation stand außerhalb des Universitätssystems und führte Studien durch, die Ethnografie mit Umfrage- und Tagebuchforschung kombinierten (Mass-Observation 1939, 1942, 1943a, b; Jennings und Madge 1937).[6]

---

[6] Die Massenbeobachtung wird in Calder (1985), Hinton (2013) und Hall (2015) behandelt.

Bis zum Ende des Zweiten Weltkriegs wurden zaghafte Schritte unternommen, um Sozialtheorie und Sozialforschung in den Universitätsfakultäten für Soziologie, Sozialwissenschaft, Sozialkunde und Sozialpolitik und -verwaltung sowie in einer wachsenden Zahl von Fachbereichen der Sozialanthropologie zu etablieren. Nur an der LSE hat dies die Form eines Fachbereichs für Soziologie angenommen. In der Zwischenzeit waren sowohl die Sociological Society (inzwischen in Institute of Sociology umbenannt) als auch die *Sociological Review* in der Versenkung verschwunden. Die Disziplin befand sich, mit einigem Zögern, in einem Neubeginn.

Literatur[7]

Bosanquet, Bernard. 1899. *The Philosophical Theory of the State*. Macmillan.
Branford, Victor Verasis and Geddes, Patrick. 1919. *The Coming Polity*. Revised Edition. Williams and Norgate.
Bulmer, Martin. 1981. 'Sociology and political science at Cambridge in the 1920s'. *Cambridge Review* 102, 2262: 156–159.
Bulmer, Martin. 1985a. 'The Development of Sociology and Empirical Social Research' in Bulmer (ed.) 1985b.
Bulmer, Martin (ed.) 1985b. *Essays in the History of British Social Research*. Cambridge: Cambridge University Press.
Caird, Edward. 1885. *The Social Philosophy and Religion of Comte*. Glasgow: James MacLehose, 1893.
Calder, Angus. 1985. 'Mass-Observation 1937–1949' in Bulmer (ed.) 1985b.
D'Aeth, Frederic. 1907. 'The study of social science in Liverpool'. *Economic Review* 17, 2: 195–199.
Dahrendorf, Ralf. 1995. *LSE: A History of the London School of Economics and Political Science, 1895–1995*. Oxford: Oxford University Press.
Davies, Maud. 1909. *Life in an English Village*. T. Fisher Unwin.
Evans, R. T. 1923. *Aspects of the Study of Society*. Hodder and Stoughton.
Fincham, Jill. 1975. *The Development of Sociology First Degree Courses at English Universities 1907–72*. City University.

---

[7] Alle Quellen sind hier aufgeführt und werden im Text mit dem Datum ihrer Erstveröffentlichung zitiert. Wenn ein zweites Datum angegeben ist, bezieht sich dies auf die spätere Ausgabe, den Nachdruck oder die Übersetzung. Wenn nicht anders angegeben, ist der Ort der Veröffentlichung London.

Findlay, Joseph John. 1920. *An Introduction to Sociology for Social Workers and General Readers*. Manchester: Manchester University Press, in association with Longmans, Green & Co.

Firth, Raymond W. 1936. *We, the Tikopia: A Sociological Study of Kinship in Primitive Polynesia*. Allen & Unwin.

Fleure, Herbert J. 1918. *Human Geography in Western Europe: A Study in Appreciation*. Williams and Norgate.

Fleure, Herbert John. 1919. 'Regional surveys'. *Sociological Review* 11: 28–33.

Ford, Percy. 1934. *Work and Wealth in a Modern Port*. Allen and Unwin.

Geddes, Patrick. 1904. 'Civics as applied sociology, Part 1' in Meller, H. (ed.) *The Ideal City*. Leicester: University of Leicester Press, 1979.

Geddes, Patrick. 1905. 'Civics as applied sociology, Part 2' in Meller, H. (ed.) *The Ideal City*. Leicester: Leicester University Press, 1979.

Geddes, Patrick. 1915. *Cities in Evolution*. Williams and Norgate.

Ginsberg, Morris. 1929. 'The Interchange Between Social Classes' in Ginsberg, M. (ed.) *Studies in Sociology*. Methuen, 1932.

Ginsberg, Morris. 1934. *Sociology*. Oxford: Oxford University Press.

Hall, David. 2015. *Work Town*. Weidenfeld and Nicolson.

Harris, Jose. 1989. 'The Webbs, the COS and the Ratan Tata Foundation' in Bulmer, M., Lewis, J. and Piachaud, D. (eds.) *The Goals of Social Policy*. Unwin Hyman, 1989.

Harris, Jose. 1997. *William Beveridge. A Biography*, Second Edition Oxford: Oxford University Press.

Hawkins, C. B. 1910. *Norwich: A Social Study*. P. L. Warner.

Herbertson, Andrew John and Herbertson, F. D. 1899. *Man and His Work: An Introduction to Human Geography*. A. and C. Black.

Hinton, James. 2013. *The Mass Observers: A History, 1937–1949*. Oxford: Oxford University Press.

Hobhouse, Leonard Trelawny. 1901. *Mind in Evolution*. Macmillan.

Hobhouse, Leonard Trelawny. 1906. *Morals in Evolution*. Macmillan.

Hobhouse, Leonard Trelawny. 1924. *Social Development: Its Nature and Conditions*. George Allen and Unwin, 1966.

Hobhouse, Leonard Trelawny, Wheeler, G. C. and Ginsberg, Morris. 1914. *The Material Culture and Social Institutions of the Simpler People*. Routledge and Kegan Paul, 1965.

Hobson, John Atkinson. 1901. *The Social Problem: Life and Work*. J. Nisbet.

Hobson, John Atkinson. 1906. *The Evolution of Modern Capitalism, Revised Edition*. George Allen and Unwin.

Husbands, Christopher T. 2014. 'The First Sociology „Departments"' in Holmwood and Scott (2014).
Husbands, Christopher T. 2019a. *Sociology at the London School of Economics and Political Science, 1904–2015*. Cham: Palgrave.
Husbands, Christopher T. 2019b. 'Sociology Courses Before the „First" Sociology Course' in Panayotova, P. (ed.) *The History of Sociology in Britain*. Cham: Palgrave.
Jennings, Hilda. 1934. *Brynmawr: A Study of a Depressed Area*. Allenson.
Jennings, Humphrey and Madge, Charles. 1937. *May the Twelfth*. Faber and Faber.
Jones, D. Caradog. 1934. *The Social Survey of Merseyside*, 3 Volumes. Hodder and Stoughton for the University of Liverpool Press.
Jones, Henry. 1883. 'The Social Organism' in Boucher, D. (ed.) *The British Idealists*. Cambridge: Cambridge University Press, 1997.
Jones, Henry. 1910. *The Working Faith of the Social Reformer*. Macmillan.
Jones, John Harry. 1922. *Social Economics*. Methuen.
Keating, Jenny. 2011. 'Approaches to citizenship teaching in the first half of the twentieth century'. *History of Education* 40, 6: 761–778.
Kent, Ray. 1985. 'The Emergence of the Sociological Survey, 1887–1939' in Bulmer (ed.) 1985b.
Llewellyn Smith, H. 1930–1935. *New Survey of London Life and Labour, Nine Volumes*. P. S. King.
MacIver, Robert M. 1917. *Community: A Sociological Study*. Macmillan.
MacIver, Robert M. 1921. *Elements of Social Science*. Methuen.
Mackenzie, John S. 1895. *An Introduction to Social Philosophy*. Glasgow: James MacLehose.
Mackenzie, John S. 1918. *Outline of Social Philosophy*. George Allen and Unwin, 1963.
Mackintosh, Robert. 1899. *From Comte to Benjamin Kidd: The Appeal to Biology or Evolution for Human Guidance*. Macmillan.
Malinowski, Bronislaw. 1922. *Argonauts of the Western Pacific*. G. Routledge.
Malinowski, Bronislaw. 1926. *Crime and Custom in Savage Society*. G. Routledge.
Malinowski, Bronislaw. 1929. *The Sexual Life of Savages*. G. Routledge.
Malinowski, Bronislaw. 1935. *Coral Gardens and Their Magic*. G. Routledge.
Mass-Observation. 1939. *Britain*. Harmondsworth: Penguin.
Mass-Observation. 1942. *People in Production*. John Murray.
Mass-Observation. 1943a. *The Pub and the People*. Victor Gollancz.
Mass-Observation. 1943b. *War Factory*. Victor Gollancz.

Mess, Henry Adolphus. 1928. *Industrial Tyneside: A Social Survey*. Benn.
Mess, Henry Adolphus. 1942. *Social Structure*. George Allen and Unwin.
Muirhead, John H. 1892. *Elements of Ethics*. John Murray.
Muirhead, John Henry and Hetherington, Hector James Wright. 1918. *Social Purpose. A Contribution to a Philosophy of Civic Society*. George Allen and Unwin.
Oakley, Ann. 2011. *A Critical Woman: Barbara Wootton, Social Science and Public Policy in the Twentieth Century*. Bloomsbury Academic.
Renwick, Chris. 2012. *British Sociology's Lost Biological Roots: A History of Futures Past*. Houndmills: Palgrave.
Saleeby, Caleb Williams. 1905. *Sociology*. T. C. and E. C. Jack.
Scott, John. 2007. 'The Edinburgh School of Sociology'. *Journal of Scottish Thought* 1, 1: 89–102.
Scott, John. 2016. 'The social theory of Leonard Hobhouse'. *Journal of Classical Sociology* 16, 4: 349–368.
Scott, John. 2018. *British Social Theory. Recovering Lost Traditions Before 1950*. Sage.
Scott, John and Bromley, Ray. 2013. *Envisioning Sociology. Victor Branford, Patrick Geddes, and the Quest for Social Reconstruction*. Albany, NY: State University Press of New York.
Scott, John and Bromley, Ray. 2012. 'The Geddes circle in sociology: Ideas, influence, and decline'. *Journal of Scottish Thought* 5: 121–134.
Scott, John and Husbands, Christopher T. 2007. 'Victor Branford and the building of British sociology'. *Sociological Review* 55, 3: 460–485.
Sidgwick, Henry. 1899. 'The relation of ethics to sociology'. *International Journal of Ethics* 10, 1: 1–21.
Simey, Margaret. 2005. *From Rhetoric to Reality*. Liverpool: Liverpool University Press.
Stocks, Mary. 1949. *Eleanor Rathbone: A Biography*. Victor Gollancz.
Taylor, R. M. 1938. *A Social Survey of Plymouth*. P. S. King.
Toot, H. 1944. *The Standard of Living in Bristol*. Arrowsmith.
Urwick, Edward Johns. 1912. *A Philosophy of Social Progress*. Methuen.
Wells, A. F. 1935. *The Local Social Survey in Great Britain*. George Allen and Unwin.
Westermarck, Edvard. 1906. *Origin and Development of Moral Ideas*. Macmillan.
Westermarck, Edvard. 1926. *A Short History of Marriage*. Macmillan.
Wright, Frank Joseph. 1942. *The Elements of Sociology: An Introduction to Social and Political Science*. Bickley: University of London Press.

2

Soziologie und die Nachkriegsordnung

Zusammenfassung In diesem Kapitel wird die Entwicklung der Soziologie in Großbritannien zwischen 1945 und 1979 untersucht. Es wird über die Expansion der Universitäten in den 1950er- und 1960er-Jahren berichtet, die zur Gründung neuer soziologischer Fachbereiche, zur Einstellung von Personal und zur Umwandlung von Colleges in Polytechnics führte. Das Kapitel dokumentiert die Wachstumsgeschichte der zahlreichen Fachbereiche, die die intellektuelle Entwicklung des Fachs prägten, und betrachtet die Professionalisierungsstrategien der akademischen Soziologen.

Die Wahl einer Labour-Regierung im Jahr 1945 spiegelte den weit verbreiteten Wunsch wider, nicht nur die Kriegsbedingungen zu beenden, sondern vor allem einen höheren Lebensstandard, eine bessere Lebensweise und mehr soziale Gerechtigkeit zu erreichen. Die Regierung der Kriegskoalition hatte bereits den Beveridge-Bericht über Gesundheit und Wohlfahrt in Auftrag gegeben und 1944 ein Bildungsgesetz verabschiedet. Das Wahlprogramm der Labour Party wurde vom ehemaligen Direktor der Denkfabrik Political and Economic Planning (PEP), Michael Young, verfasst und schlug einen weiteren sozialen Wiederaufbau vor. Erreicht werden sollte dies durch die Verstaatlichung von Schlüsselbereichen der Wirtschaft (Banken, Kohle, Eisen und Stahl, Verkehr und Versorgungsbetriebe) und die Einrichtung eines nationalen Gesundheitsdienstes zusammen mit verbesserten Renten- und Sozialversicherungsregelungen, die die Vorschläge von Beveridge weiterführen sollten. Ein breiter Konsens zwischen den beiden großen Parteien über die Sozial- und Wirtschaftspolitik sorgte dafür, dass die konservativen Regierungen der 1950er-Jahre die Schlüsselelemente dieses Programms weiterhin unterstützten. Das Wirtschaftswachstum der Nachkriegszeit, das durch den von den Amerikanern finanzierten Wiederaufbau und eine allgemeine Zunahme des Welthandels und der Investitionen unterstützt wurde, wurde durch eine keynesianische Wirtschaftspolitik der Nachfragesteuerung vorangetrieben und lieferte die Mittel, die eine Erhöhung der öffentlichen Ausgaben für ein Hochschulsystem ermöglichten, das zum sozialen Wiederaufbau beitragen konnte.[1]

Ausbau von Universität und Forschung

Die Unterstützung der Regierung für die Erforschung des Wohlstands und der Lebensbedingungen konzentrierte sich zunächst auf die Verhältnisse im Kaiserreich und wurde 1944 durch die Einrichtung eines Colonial Social Science Research Council (CSSRC) organisiert. Unter der Leitung von Alexander Carr-Saunders stellte er Mittel für die postgraduale Ausbildung in Anthropologie und für die Erforschung des „sozialen" Lebens in den Kolonien bereit. Anthropologische Forschungsinstitute wurden an Universitäten in Nigeria, Uganda und Jamaika eingerichtet, und der Rat förderte Forschungsarbeiten wie die von Tom Simey über die Sozialfürsorge in Westindien (Mills 2002). Zu Hause empfahl der Clapham-Bericht von 1947, dass die Regierung die Mittel für die sozialwissenschaftliche For-

---

[1] Übersichten über die Entwicklung der Soziologie in diesem Zeitraum finden sich bei Halsey (2004) und Payne et al. (1981, Kap. 1 und 2), Bulmer (1985a) und Savage (2010). Wichtige Überlegungen zu Migranten in der britischen Soziologie finden sich bei Turner (2014) und G. Steinmetz, „British Sociology in the Metropolis and the Colonies 1940s–1960s", und in Holmwood und Scott (2014).

schung über das bereits vom Department of Scientific and Industrial Research (DSIR) bereitgestellte Niveau hinaus erhöhen sollte. Es wurde empfohlen, diese Mittel größtenteils über das University Grants Committee (UGC), eine 1919 gegründete halbautonome Einrichtung zur Verwaltung der staatlichen Finanzierung der Hochschulbildung, bereitzustellen. Dieses „Clapham-Geld" sollte die Grundlage bilden, auf der bestehende Fachbereiche für Sozialwissenschaften und Sozialstudien erweitert und neue Fachbereiche gegründet werden konnten. Die UGC beabsichtigte, dass die neuen Mittel zu einem Anstieg der Studentenzahlen führen sollten, was zur Folge hatte, dass die Nachfrage nach Lehrpersonal ebenso stieg wie die Anzahl und Größe der Fachbereiche. Der Bedarf an Soziologen wurde weiter erhöht, als die Pädagogischen Hochschulen begannen, Soziologie in den Lehrplan für die Ausbildung von Lehrern für die neuen Sekundarschulen einzubeziehen. Allerdings gab es noch keinen Soziologieunterricht in den Sekundarschulen.

Im Jahr 1950 gab es nur acht offiziell registrierte „Soziologen". Sieben davon arbeiteten an der London School of Economics (LSE) und einer am Nuffield College in Oxford. Es gab jedoch viel mehr Hochschullehrer, die eine Ausbildung in Sozialarbeit und Sozialverwaltung anboten und in Stellen beschäftigt waren, die einfach als „Andere Sozialstudien" bezeichnet wurden. Die größten Fachbereiche für „Sozialstudien" befanden sich in Liverpool und an der LSE, die jeweils einen professoralen Leiter hatten. Professoren für Sozialstudien wurden auch in Birmingham, Leeds, Nottingham und am Bedford College ernannt. Die Zahl der Lehrkräfte, die Soziologie und Sozialkunde auf Hochschulebene unterrichten, ist in Tab. 2.1 aufgeführt. Hinzu kommen die Lehrkräfte, die in den größeren Fachbereichen für Sozialanthropologie in Edinburgh und Manchester soziologische Forschung und Lehre betreiben. Der Ausbau der Soziologie verlief in den 1950er-Jahren relativ langsam, doch am Ende des Jahrzehnts gab es 16 Fachbereiche, deren Mitarbeiter als Soziologen bezeichnet wurden. Bis 1960 umfasste die Gesamtzahl von 54 Lehrkräften für dieses Fach 15 Mitarbeiter an der LSE und 39 an anderen Orten. Außerhalb der LSE gab es jedoch nur noch vier Professoren für dieses Fach.

Die Finanzierung der Universitäten erfolgte in dieser Zeit größtenteils durch die Zentralregierung, obwohl sowohl Oxford als auch Cambridge

Tab. 2.1 Die größten Fachbereiche für Soziologie und Sozialkunde 1950

	Anzahl der Mitarbeiter
Soziologie	
LSE	7
Andere Sozialstudien	
Liverpool	17
LSE	14
Glasgow	6
Edinburgh	6
Leeds	5
Bedford College	5
Nottingham	5
Birmingham	4
Manchester	4
Belfast	4

Quelle: Savage (2010, Tab. 5.1, S. 122)

in erheblichem Maße von privaten Mitteln profitierten. Die staatliche Finanzierung erfolgte über die UGC, in der von der Regierung ernannte hochrangige Wissenschaftler den Universitäten Geld in Form von „Blockzuschüssen" zur Verfügung stellten. Diese staatlichen Mittel wurden jeweils für einen Zeitraum von fünf Jahren als so genannte „quinquennial funding" vergeben, wodurch die Universitäten eine gewisse Planungssicherheit erhielten. Mit diesen Blockzuschüssen sollten die Kosten für Lehre, wissenschaftliche Forschung, Bibliotheksressourcen und Gebäude gedeckt werden, die die geplante Zahl von Studenten und Absolventen hervorbringen würden. Obwohl die Anforderungen nicht förmlich festgelegt waren, wurde allgemein erwartet, dass das Universitätspersonal etwas mehr als die Hälfte seiner Zeit für Lehre und Verwaltung und den Rest seiner Zeit für die Forschung aufwenden würde, was oft als 60/40-Prinzip bezeichnet wird. Obwohl es keine Höchstarbeitszeit gab, funktionierte dieses Prinzip, und die meisten Hochschullehrer genossen bis weit in die 1960er-Jahre hinein relativ entspannte Arbeitsbedingungen.

Während eine gewisse Finanzierung der Sozialforschung mit den Clapham-Geldern der UGC möglich war, wurden für groß angelegte Forschungsprojekte in der Regel zusätzliche Mittel benötigt, die die Beschäftigung von spezialisiertem Forschungspersonal sowie die Finanzierung von Ausrüstung und Feldarbeit ermöglichten. Diese Projektfinanzierung konnte durch Zuschüsse von privaten Einrichtungen wie der Nuffield Foundation und dem Leverhulme Trust erfolgen und wurde schließlich vom Department of Scientific and Industrial Research für die Sozialforschung zur Verfügung gestellt. Auf diese Weise entstand ein System der „dualen Finanzierung" der Forschung, bei dem die Forschungsaktivitäten gemeinsam durch „Overhead"-Finanzierung der UGC und externe Projektfinanzierung ermöglicht wurden.

Der Clapham-Bericht war zu dem Schluss gekommen, dass 1947 die Zahl der Sozialwissenschaftler zu gering war, um eine umfassende staatliche Finanzierung der Forschung in der Größenordnung zu rechtfertigen, die das DSIR für die Forschung in Wissenschaft und Technik vorsah. Es gab nur 2 Professoren für Soziologie und nur 33 für alle Sozialwissenschaften zusammen. Dennoch leistete das DSIR über sein Human Relations Committee (HRC) eine gewisse Unterstützung: Ronald Stansfield, der Sekretär, und Nancy Seear, eine Akademikerin der LSE und Mitglied des HRC, setzten sich für die Entwicklung der Forschung im Bereich der Industriesoziologie ein. Die Ausweitung der Sozialwissenschaften – Soziologie, Sozialstudien, Politik, Wirtschaft, Sozialanthropologie usw. – führte dazu, dass sich die Zahl der Sozialwissenschaftler bis Mitte der 1960er-Jahre versechsfacht hatte. Die 1964 gewählte Labour-Regierung war entschlossen, den Elan der technologischen Revolution zu unterstützen, von der man glaubte, dass sie die britische Gesellschaft verändern könnte. Sie folgte den Empfehlungen des Heyworth-Ausschusses, den HRC mit dem CSSRC zu verschmelzen, und richtete ihn als neuen allgemeinen Rat für sozialwissenschaftliche Forschung (SSRC) ein. Der Rat sollte mit dem viel größeren Wissenschaftsforschungsrat (früher DSIR) zusammenarbeiten, um Projektmittel für die Sozialwissenschaften auf derselben Grundlage wie für die Naturwissenschaften bereitzustellen, wenn auch natürlich nicht in demselben Umfang.

Unter dem Vorsitz von Michael Young, der sich während seiner Tätigkeit für die Labour Party für die Gründung des SSRC eingesetzt hatte und eine wichtige Rolle bei der Entwicklung der britischen Soziologie spielen sollte, prüfte der SSRC Projekte im Rahmen eines Peer-Review-Verfahrens, das dem Verfahren ähnelte, das von Fachzeitschriften bei der Beurteilung von Artikeln angewendet wird. Die Projektzuschüsse wurden größtenteils als Reaktion auf die eingereichten Anträge vergeben, und der SSRC sah keine Notwendigkeit, Forschungsprioritäten festzulegen. Neben der Projektförderung stellte der SSRC in begrenztem Umfang auch Mittel für Doktorandenstipendien und eine kleine Anzahl von MA- und MSc-Studienplätzen zur Verfügung. Diese Stipendien wurden in erster Linie den größeren Fachbereichen als „Quotenpreise" zugewiesen, ein Teil wurde jedoch im Rahmen eines offenen Wettbewerbs an einzelne Studenten vergeben. Die Forschungsagenda lag daher weitgehend in den Händen der einzelnen Wissenschaftler und ihrer Universitäts- und Fachbereichsleitung.

Soziologen konnten schon bald mit anderen Sozialwissenschaftlern und Naturwissenschaftlern in verschiedenen repräsentativen Foren zusammenarbeiten. Die British Association for the Advancement of Science gründete die „Section N", um die Arbeit in der Soziologie, Sozialanthropologie und Sozialpsychologie zu fördern. In der British Academy, dem parallel zur Royal Society arbeitenden Vertretungsorgan für die Geistes- und Sozialwissenschaften, wurde eine kleine Anzahl von Soziologen für die neue Sektion für Sozial- und Politikwissenschaften rekrutiert.

Die konservative Regierung hatte den Robbins-Ausschuss eingesetzt, um die Notwendigkeit eines weiteren Ausbaus des Universitätssystems zu untersuchen. In seinem Bericht von 1963 empfahl der Ausschuss, dass dies am besten durch die Gründung neuer Universitäten – wie bereits geschehen – und durch die Umwandlung der Colleges of Advanced Technology (CATs) in Universitäten mit Abschlussbefugnissen geschehen sollte. Die Labour-Regierung nahm diese Empfehlung an, und neue Campus-Universitäten wurden 1961 in Sussex, 1963 in East Anglia und York, 1964 in Lancaster und Essex sowie 1965 in Kent und Warwick gegründet. 1966 erteilte die Labour-Regierung den CATs in Birmingham (als Aston University), Loughborough, Islington (dem Northampton Institute als City University), Battersea (als Surrey University), Uxbridge (als Brunel University), Bristol (als Bath University), Salford, Bradford und dem walisischen CAT mit mehreren Campus (als UWIST) die Hochschulzulassung. Chelsea CAT wurde in die University of London integriert. Eine ähnliche Expansion fand in Schottland statt: 1967 wurde in Stirling eine neue Campus-Universität gegründet, und die CATs in

Glasgow und Edinburgh wurden zu den Universitäten Strathclyde bzw. Heriot-Watt. In Nordirland wurde 1968 die New University of Ulster in Coleraine gegründet. Umstrukturierungen führten 1963 zur Abtrennung von Newcastle von Durham und 1969 von Dundee von St. Andrews. Unter dem Strich führten diese Veränderungen dazu, dass in den 1960er-Jahren fast 25 Universitäten gegründet wurden. Die meisten hatten einen Campus außerhalb der Stadt, und die städtischen CATs in Battersea und Bristol zogen aus ihren Städten auf neue Campusse.

Praktisch alle diese neuen Universitäten richteten soziologische Fachbereiche ein und ernannten Fachbereichsleiter aus jüngeren Positionen in den etablierteren Fachbereichen, aber der schiere Anstieg der Zahlen bedeutete, dass viele von außerhalb des Fachgebiets rekrutiert wurden und dass eine Reihe aus dem Ausland kam. Gleichzeitig wuchsen die Business Schools nach amerikanischem Vorbild, die medizinischen Fakultäten nach der Royal Commission on Medical Education von 1968 und die pädagogischen Fakultäten im Zuge der Bildungsreformen. Soziologen waren sehr gefragt, um Kurse an all diesen Fachschulen zu unterrichten.

Die Soziologie entwickelte sich auch außerhalb des Universitätssystems an den Colleges of Technology. Diese hatten sich wie die CATs ursprünglich mit Wissenschaft und Technik befasst, vor allem in ihren angewandten Formen, aber in den 1960er-Jahren hatten sie das Soziologieangebot auf Studienebene durch den Londoner externen Abschluss erweitert. Besonders deutlich wurde dies am Regent Street Polytechnic, am West Ham College of Technology, am Kingston College of Technology und am Enfield College of Technology. In den späten 1960er-Jahren wurden diese Einrichtungen in Polytechnic of Central London, North London Polytechnic, Kingston Polytechnic und Middlesex Polytechnic umbenannt. Mit der Bezeichnung „Polytechnics" sollten sie in einem „binären" System der Hochschulbildung mit den Universitäten gleichgestellt werden, allerdings mit einem besonderen Schwerpunkt auf der angewandten Forschung in Wissenschaft und Technik. Die meisten von ihnen verfolgten jedoch denselben Weg wie die etablierten Universitäten, wenn auch ohne dasselbe Maß an Finanzierung oder individueller akademischer Autonomie (Payne 2019). Die neuen Polytechnics konnten unter der Schirmherrschaft des Council for National Academic Awards (CNAA) ihre eigenen Abschlüsse verleihen, und der Vorsitzende des

CNAA-Gremiums für Soziologie, Stephen Cotgrove, wurde zur zentralen Figur bei der Akkreditierung von Polytechnic-Abschlüssen in Soziologie.

Eine weitere Vergrößerung des Sektors erfolgte mit der Gründung der Open University im Jahr 1969. Sie wurde von dem allgegenwärtigen Michael Young geplant und von Harold Wilson gefördert und schließlich unter der Bildungsministerin Jennie Lee gegründet. Die Universität verfolgte ein breit gefächertes, multidisziplinäres Konzept und richtete sich mit einem auf schriftlichen Kurseinheiten und Fernsehübertragungen basierenden System des Credit-akkumulierenden Fernunterrichts insbesondere an fortgeschrittene Studenten. Ein kleiner zentraler Lehrkörper wurde von einer großen Zahl regionaler Tutoren unterstützt, die die Arbeit der Studenten beaufsichtigten und bewerteten.

Bis 1968 beschäftigte eine viel größere Anzahl von Universitäten Soziologen, und die Gesamtzahl dieser Mitarbeiter war auf 277 gestiegen. Mehr als 1000 Studenten schlossen damals jedes Jahr ihr Studium in diesem Fach ab. Zwischen 1962 und 1969 wurden fünfundzwanzig neue Lehrstühle für Soziologie eingerichtet, so dass die Zahl der Professoren auf weit über 30 anstieg. Diese Zunahme der Zahl der Lehrstühle führte zu einem verstärkten Wechsel des Personals zwischen den Lehrstühlen und zu einer raschen Beförderung: Bis 1974 wurden acht weitere Lehrstühle eingerichtet. Der Anteil der Frauen an den soziologischen Instituten sank jedoch von 28 % im Jahr 1964 auf 18 % im Jahr 1976. Auch bei der Beförderung in höhere Positionen als Dozenten oder Professoren waren Frauen unterrepräsentiert (Platt 2004; Roberts und Woodward 1981). Mitte der 1970er-Jahre gerieten jedoch das Wirtschaftswachstum der Nachkriegszeit und die dadurch ermöglichte Expansion der Universitäten ins Stocken. Die Fachbereiche stellten nicht mehr so viele Mitarbeiter ein und traten in eine Phase der Konsolidierung ein. Bis 1976 wurden praktisch keine neuen Stellen geschaffen, die relativ jungen Mitarbeiter erreichten noch nicht das Rentenalter, so dass sowohl der Berufseinstieg als auch der Wechsel zwischen den Fachbereichen schwieriger wurde. Das Hochschul- und Forschungssystem der Universitäten und Fachhochschulen kristallisierte sich als eine Hierarchie von Organisationen und Fachbereichen heraus, die sich nach Größe und Ansehen unterschieden.

Wachstum und Bildung von Fachbereichen

Das Soziologieangebot wuchs in den wenigen Fachbereichen, in denen es bereits vor dem Krieg existierte, und in den Nachkriegsjahren wurde eine Reihe neuer Lehrprogramme in Soziologie, Sozialwissenschaft oder einer ähnlichen sozialwissenschaftlichen Bezeichnung eingeführt. Während an der LSE und am Bedford College in den 1920er-Jahren speziell ausgewiesene Soziologie-Studiengänge eingeführt worden waren, hatten weitere zehn Universitäten vor der Gründung der neuen Universitäten in den 1960er-Jahren Studiengänge in diesem Fach eingeführt. Diese sind in Tab. 2.2 aufgeführt.

In vielen Fällen wurden diese Abschlüsse in Fachbereichen gelehrt, die offiziell nicht als „Soziologie" bezeichnet wurden, oder in Instituten oder Fachbereichen, die sich mit anderen Themen befassten. Im Zuge der Expansion in den 1960er- und 1970er-Jahren wurden Lehre und Forschung jedoch in neu geschaffenen Fachbereichen organisiert, die zunächst von einem Dozenten oder Senior Lecturer geleitet wurden. Da es nicht genügend ausgebildete Soziologen gab, um alle Stellen in den neuen Fachbereichen zu besetzen, wurden viele von ihnen zwangsläufig aus den ausländischen Emigranten und Flüchtlingen rekrutiert, die sich im Land niedergelassen hatten, sowie aus denjenigen, die in verwandten Disziplinen wie Geografie, Sozialanthropologie oder Wirtschaftswissenschaften ausgebildet waren. Viele hatten keine solche Ausbildung, aber einen

Tab. 2.2 Daten der Erstabschlüsse in Soziologie 1946–1961

Universität	Datum des Studienabschlusses
Birmingham	1946
Liverpool	1946
Nottingham	1948
Southampton	1952
Hull	1954
Exeter	1955
Leeds	1956
Leicester	1957
Manchester	1957
Sheffield	1961

Quelle: Fincham (1975)

Hintergrund in Sozialarbeit oder Sozialverwaltung. Nach und nach wurden Professorinnen und Professoren ernannt, die das zusätzliche Personal nach dem Vorbild der etablierten Fachbereiche einstellten und leiteten. Das typische Muster war, dass ein Professor als Verwaltungsleiter fungierte und die intellektuelle Führung übernahm, ein Lektor mit einer Forschungsfunktion und eine Reihe von Dozenten, die den Großteil der Lehrtätigkeit übernahmen. Tab. 2.3 zeigt, dass zwischen 1954 und 1974 41 Gründungsprofessoren in soziologische Fachbereiche (oder in ge-

Tab. 2.3 Erste und Gründungsprofessoren 1954–1974

Jahr	Universität	Erster Professor	Jahr	Universität	Erster Professor
1954	Leeds	Eugene Grebenick	1966	Bangor	Huw Morris-Jones
1960	Birmingham	Charles Madge		Bath	Stephen Cotgrove
1961	Sheffield	Keith Kelsall		Cardiff	Paul Halmos
1962	Leicester	Ilja Neustadt		Exeter	Duncan Mitchell
	Sussex	Zev Barbu		Hull	Ian Cunnison
1963	Essex	Peter Townsend	1967	Loughborough	Albert Cherns
	Salford	Bill Scott		Strathclyde	Andrew Sykes
	Swansea	Bill Williams		Surrey	Asher Tropp
1964	Aberdeen	Raymond Illsley	1969	Belfast	John Jackson
	Brunel	Elliot Jacques		Bradford	John Eldridge
	Durham	John Rex		Cambridge	John Barnes
	Edinburgh	Tom Burns		Ulster	Vernon Sheddick
	Kent	Paul Stirling	1970	Keele	Ronnie Frankenberg
	Nottingham	Julius Gould		Stirling	Max Marwick
	Reading	Stas Andreski		Warwick	John Rex
	Southampton	John Smith	1972	Glasgow	John Eldridge
	York	Ron Fletcher		Lancaster	Michalina Clifford-Vaughan
1965	Bristol	Michael Banton	1973	Aston	John Child
	East Anglia	Roy Emerson	1974	City	Jeremy Tunstall
	Manchester	Peter Worsley		Open	Paul Halmos
	Newcastle	Peter Collison			

Quelle: Korrigiert nach Angaben in Halsey (2004) und Husbands (2019)

meinsame Fachbereiche mit Sozialanthropologie, Sozialpolitik, Politik oder Organisationsverhalten) berufen wurden.

Die LSE und andere Einrichtungen in London verzeichneten ein starkes Wachstum. Die Soziologie hatte immer weniger Kontakt zur Sozialanthropologie, die ein starkes empirisches Forschungsprogramm über Stammesgesellschaften im Pazifik eingerichtet hatte. Morris Ginsberg war 1930 als Nachfolger von Hobhouse an die LSE berufen worden und verfolgte diesen theoretischen Ansatz während seiner gesamten Zeit als Leiter des Fachbereichs für Soziologie nach dem Krieg. Karl Mannheim war im Rahmen eines Programms zur Unterstützung von Flüchtlingen aus Nazi-Deutschland für einen Lehrauftrag berufen worden und hatte begonnen, sich von der Wissenssoziologie auf Studien über Planung und Wiederaufbau zu verlegen. Ginsberg fand jedoch nie wirklich Gefallen an seiner Art von Soziologie und wollte seine Ernennung auf einen Lehrstuhl nicht unterstützen. Bald nach Kriegsende wechselte Mannheim an das Institut für Erziehungswissenschaft, wo seine Karriere durch seinen frühen Tod nach nur einem Jahr im Amt beendet wurde. Um die empirische Forschung zu stärken, wurde 1949 der Demograf David Glass auf einen Lehrstuhl berufen, und Edward Shils von der Forschungsabteilung in Chicago erhielt einen kurzfristigen Lehrauftrag. Zu den weiteren Berufenen gehörten Betty Sharf, Jean Floud und Donald MacRae. Sie waren die Lehrer einer großen Gruppe von Studenten, die, inspiriert durch das Projekt der Labour Party, am Ende des Zweiten Weltkriegs ankamen, viele direkt von den Streitkräften, aus der Kriegsdienstverweigerung oder von der Landarbeit. Zu dieser Generation von an der LSE ausgebildeten Soziologen gehörten Joe und Olive Banks, Michael Banton, Basil Bernstein, Percy Cohen, Ralf Dahrendorf, Norman Dennis, Chelly Halsey, David Lockwood, Cyril Smith, John Smith, Asher Tropp und John Westergaard. Sie lehnten die Ideen von Hobhouse, mit denen sie durch Ginsberg in Berührung gekommen waren, größtenteils ab und ließen sich eher von Tom Marshalls Ideen zur Staatsbürgerschaft und von der methodischen Strenge von David Glass inspirieren. Diese Ideen und Methoden waren im Zuge der Umstrukturierung des Studienplans stärker in den Mittelpunkt gerückt. Die Studenten wurden auch von Shils inspiriert, der sie in die klassische europäische Soziologie, in die fortschrittlicheren „funktionalistischen" Ideen von Robert Merton und Talcott Parsons, die an den amerikanischen Universitäten Einzug hielten, und in die empirische Forschung im Chicagoer Stil (Halsey 1973) einführte.

Die durchschnittliche jährliche Zahl der Soziologiestudenten an der Fakultät stieg von 11,2 in den 1940er-Jahren auf 46,8 in den 1950er- und 49,1 in den 1960er-Jahren, ging aber in den 1970er-Jahren wieder leicht auf 38,2 zurück. Der Fachbereich wuchs bis 1959 auf 13 und bis 1969 auf 27 Mitarbeiter an. Zu den Neueinstellungen gehörten Ernest Gellner und Bob Mackenzie im Jahr 1950, Tom Bottomore im Jahr 1952, David Lockwood und Asher Tropp im Jahr 1954 sowie John Westergaard und Terry Morris im Jahr 1956. Spätere langfristige Ernennungen waren David Martin, Percy Cohen, Paul Rock, Leslie Sklair und Nicos Mouzelis. Der Fachbereich neigte stark dazu, sowohl bei befristeten als auch bei unbefristeten Stellen aus den eigenen Studenten zu rekrutieren. Er war jedoch notorisch zerstritten. David Glass' Feindseligkeit gegenüber vielen seiner Kollegen hatte ihre Wurzeln im Streit der 1930er-Jahre über die Sozialbiologie, während Donald MacRae und Julius Gould in fast allen Fragen der Fachbereichspolitik gegen viele ihrer Kollegen opponierten. MacRae war eine ambivalente Figur, die nie das intellektuelle Potenzial ausschöpfte, über das er immer behauptete zu verfügen. Er erlebte eine außergewöhnlich große Zahl von Einbrüchen und Hausbränden, bei denen nach seinen eigenen Angaben nur die Aufsätze und Kapitelentwürfe seiner Studenten verloren gingen. Diese Atmosphäre führte dazu, dass sich sowohl Glass als auch Gellner von dem Fachbereich distanzierten, indem sie Verbindungen zu anderen Bereichen der Schule aufbauten (Husbands 2019; siehe auch Hall 2010; Martin 2013).

Es gab enge Lehrbeziehungen und gemeinsame Kurse mit dem LSE-Department für Sozialwissenschaften und Verwaltung. Dieses wurde zunächst von Tom Marshall, ebenfalls Professor für Soziologie, geleitet, und der Kriminologe Herman Mannheim lehrte in beiden Fachbereichen. Morris, Mannheims Nachfolger, war vollständig der Soziologie zugeordnet, behielt aber die Lehrverbindung zu dem Fachbereich für Sozialwissenschaften und Verwaltung bei. Zu den Lehrkräften für Sozialwissenschaften und Verwaltung gehörten Eileen Younghusband und Nancy Seear, eine Pionierin auf dem Gebiet des Personalmanagements. Ab 1950 wurde der Fachbereich von Richard Titmuss geleitet, der die Forschung zu Fragen der Ungleichheit, Armut und Wohlfahrt durch die Arbeit von

Peter Townsend, Brian Abel Smith, David Donnison und Pearl Jephcott vorantrieb. Zu seinen Mitarbeitern gehörten auch die feministische Forscherin Viola Klein und später Martin Bulmer (Oakley 2014).

Eng mit dem Fachbereich für Sozialwissenschaften und Verwaltung verbunden, aber nicht Teil der LSE, war das Institut für Gemeinschaftsstudien, das 1954 von Michael Young gegründet wurde (Willmott 1985). Mit finanzieller Unterstützung des Dartington Hall Trust erwarb Young Räumlichkeiten in Bethnal Green und begann mit Untersuchungen über die Auswirkungen des Wohnens auf das Gemeinschafts- und Familienleben. Bethnal Green war bereits von Ruth Glass und James Robb untersucht worden und wurde von Young als geeignetes Labor für die Untersuchung dieser Aspekte der Nachkriegspolitik der Labour Party ausgewählt. Mit der intellektuellen Unterstützung von Richard Titmuss wurde Peter Townsend zu einem der wichtigsten ICS-Forscher.

Zu den Lehrern für Sozialarbeit am Bedford College unter der Leitung von Barbara Wootton gesellten sich „Mac" McGregor, George Brown, Ron Fletcher und Ron Dore. Die statistische Lehre wurde von Jim Illersic übernommen. McGregor unterstützte ausschließlich politikorientierte Forschung und war der wichtigste Verbündete von Donald MacRae in der akademischen Politik der Gremien der University of London. Der Soziologieunterricht am Institute of Education, wo Karl Mannheim nach seiner unglücklichen Zeit an der LSE gelehrt hatte, wurde durch die Berufung von Basil Bernstein ausgebaut und entwickelte sich rasch zu einem Schwerpunkt der Bildungssoziologie. Viele dieser nach London berufenen Professoren gehörten zu den Studenten der unmittelbaren Nachkriegszeit an der LSE, andere fanden jedoch eine Anstellung als Dozenten in den neuen und expandierenden Fachbereichen außerhalb Londons.

Das Institut für Sozialwissenschaften in Liverpool wurde ab 1939 von Tom Simey geleitet, der einen Teil der 1940er-Jahre an der University of the West Indies verbrachte und mit der CSSRC zusammenarbeitete. Das Geld von Clapham ermöglichte 1950 die Ernennung von Bill Scott, um die Industrieforschung durch Projekte über Hafenarbeit, Büroarbeit und Automatisierung zu entwickeln, die gemeinsam mit den LSE-Absolventen Olive und Joe Banks und eine Zeit lang auch mit Chelly Halsey durchgeführt wurden. Enid Mumford, eine Liverpooler Absolventin, stieß

1956 zur Industriesoziologie-Gruppe. Dennis Chapman, ein ehemaliger Forscher für Seebohm Rowntree und für Mass-Observation, wurde 1946 ernannt, um sich mit Wohnungs- und Familienfragen zu befassen. Er führte eine Studie über Edge Hill durch und arbeitete mit Madeline Kerr an einer Studie über Toxteth. Anthony Richmond, ein LSE-Absolvent auf dem Gebiet der Arbeitsbeziehungen, schloss sich dem Institut an, um seine Studie über eine Hafenstadt in Liverpool zu vollenden. John Barron Mays, einer von Chapmans Doktoranden und Aufseher der Universitätssiedlung in Toxteth, wurde 1955 zum Dozenten ernannt und wurde zu einer Schlüsselfigur der subkulturellen Kriminalitätsforschung. Später wurden unter anderem der ehemalige Seemann Tony Lane, Barry Hindess und Ken Roberts berufen.

Die Ausbildung von Sozialarbeitern in Edinburgh wurde 1940 durch einen Kurs über christliche Soziologie ergänzt, der von William Tindal, dem Professor für praktische Theologie, geleitet wurde, aber erst nach 1946 begann sich eine starke Forschungsorientierung in der Sozialforschung durchzusetzen. Im Jahr 1946 wurde ein Fachbereich für Sozialanthropologie eingerichtet, der sich auf Studien über westafrikanische Gesellschaften spezialisierte und auch Studien über die britischen Gemeinden begann, in denen sich afrikanische Migranten niederließen. Kenneth Little, ein Cambridge-Absolvent, der während der kriegsbedingten Evakuierung der LSE nach Cambridge eng mit Raymond Firth zusammengearbeitet hatte, übernahm 1950 die Leitung des Fachbereichs und stellte Michael Banton und Sheila Patterson ein, um die Forschung über die Beziehungen zwischen den „Rassen" zu fördern. Der Fachbereich zog auch den in Chicago ausgebildeten Erving Goffman an, der seine Feldforschung auf den Shetlandinseln durchführte. Ein Jahr später wurde Anthony Richmond, der ebenfalls zu „Rassen"-Fragen forschte, aus Liverpool angeworben, um den Fachbereich für Sozialstudien zu leiten, aus dem die frühere Ausbildungsabteilung für Sozialarbeit geworden war. Der deutsche Emigrant Werner Stark war zwischen 1945 und 1951 als Dozent für Sozialstudien tätig, und Tom Burns, der 1949 zum Forschungsdozent ernannt wurde, baute eine Forschungsabteilung auf, die 1964 die Grundlage für die Gründung eines Fachbereichs für Soziologie bildete. Burns berief später Gian Poggi, Frank Bechhofer, Tony Coxon, Brian Elliott und David McCrone an den Fachbereich. Der verbleibende Teil der School of Social Study wurde 1967 zum Department of Social Administration, deren erster Professor John Spicer wurde, ein LSE-Absolvent, der zuvor in Bristol und Manchester gelehrt hatte.

1944 richtete Lord Simon, ein liberaler Adliger und Industrieller, in Manchester einen Stiftungsfonds zur Finanzierung sozialwissenschaftlicher Forschung ein. Im Jahr 1947 erhielt der polnische Exilant Ferdy Zweig ein Simon-Forschungsstipendium und erstellte mit finanzieller Unterstützung von Seebohm Rowntree eine Reihe von ethnografischen Studien über britische Arbeiter. Die reguläre Sozialforschung begann jedoch mit der Gründung eines Fachbereichs für Sozialanthropologie im Jahr 1949. Unter der Leitung von Max Gluckman und mit Unterstützung des Sozialpsychologen Tom Pear wurde er zu einem weiteren wichtigen Zentrum für empirische Forschung über die britische Gesellschaft. Werner Stark zog 1951 von Edinburgh nach Manchester und blieb dort bis zu seiner Abreise in die Vereinigten Staaten im Jahr 1963. Mitte der 1950er-Jahre führte Ronnie Frankenberg seine Doktorarbeit in Wales durch. Cyril Smith, der als Forschungsassistent an Meg Staceys Studie über Banbury mitgewirkt hatte, wurde 1961 von der LSE angeworben, und 1965 kehrte Clyde Mitchell aus Rhodesien zurück, um eng mit John Barnes und Elizabeth Bott an der Entwicklung von Netzwerktechniken für die Sozialanalyse zu arbeiten. Gluckmans ehemaliger Student Peter Worsley, der damals in Hull unterrichtete, bewarb sich gegen Tom Burns um den Lehrstuhl und wurde nach einer langen Verzögerung von einem Jahr zum Professor für Soziologie ernannt. Die Soziologie wurde 1970 von der Sozialanthropologie abgetrennt, um unter Worsleys Leitung einen neuen Fachbereich zu bilden. Worsleys Fachbereich rekrutierte David Morgan, Valdo Pons, Wes Sharrock und Teodor Shanin, und Clyde Mitchell wurde zum zweiten Vorsitzenden ernannt (Worsley 2008). Das nahe gelegene Salford berief 1963 Bill Scott aus Liverpool als Professor für Soziologie in seinen Fachbereich für Soziologie, Regierung und Verwaltung und richtete zwei Jahre später einen neuen Fachbereich für Sozialstudien ein. Zu den wichtigen Ernennungen gehörten Chris Bryant, Stephen Edgell und David Jary.

Industriesoziologie wurde an der Handelsfakultät von Birmingham seit langem von Philip Sargant Florence gelehrt, der ein Forschungsprogramm leitete, für das der deutsche Emigrant Gi Baldamus, ein ehemaliger Schüler von Karl Mannheim, 1948 als Forschungsassistent eingestellt worden war. Mit der Absicht, die Sozialforschung auszubauen, wurde der Anthropologe Leo Kuper 1948 an den Fachbereich für Sozialstudien berufen, ging aber zwei Jahre später nach Südafrika. Charles Madge, der zuvor den Fachbereich für Massenbeobachtung geleitet hatte, wurde zum Professor für Sozialstudien ernannt und erhielt den Auftrag, den Fachbereich durch die Einstellung von Chelly Halsey und Norman Dennis zu einem erfolgreichen Forschungszentrum auszubauen. Baldamus brachte 1960 seine industrielle Forschung in den Fachbereich ein und wurde zehn Jahre später dessen Leiter. Außerhalb des Fachbereichs begannen John Rex und sein Forschungsassistent Robert Moore 1963 mit ihrer Forschung zum Thema „Rasse" für das Institute of Race Relations. Außerhalb der Fakultät für Handel führte Richard Hoggart im Fachbereich für Englisch bahnbrechende Studien zur Populärkultur durch. Hoggart gründete 1964 das Zentrum für zeitgenössische Kulturstudien und stellte zwei Jahre später Stuart Hall ein, der parallel zu den soziologisch orientierten Abteilungen des Fachbereichs Soziologie eine weitere Abteilung aufbaute.

Ein Großteil der anfänglichen Expansion fand in den University Colleges statt, die die externen Abschlüsse der Londoner Universität lehrten, die von der LSE beaufsichtigt wurden und auf deren Lehrplan basierten, bis sie unabhängig wurden und begannen, ihre eigenen Abschlüsse einzuführen (Fincham 1975, Ch 6). Das erste unabhängige College war Nottingham im Jahr 1948, gefolgt von Southampton im Jahr 1952, Hull im Jahr 1954, Exeter im Jahr 1955 sowie Leicester und Keele im Jahr 1962. Das für die Entwicklung der Soziologie wichtigste der University Colleges war das in Leicester. Die Lehre der Soziologie begann 1949, als Ilya Neustadt, ein russischer Flüchtling, der an der LSE unter Ginsberg promoviert hatte, einen Lehrauftrag am Wirtschaftsfachbereich erhielt. Die Soziologie wurde 1954 mit der Ernennung von Norbert Elias, einem Schüler von Alfred Weber und ehemaligen Assistenten von Karl Mannheim in Frankfurt, zu einem eigenständigen Fachbereich. Der Fachbereich wurde 1959 zu einem vollwertigen Lehrstuhl und Neustadt wurde 1962 ihr erster Professor. Neustadt und Elias setzten sich für vergleichende und entwicklungsgeschichtliche Studien des historischen

Wandels ein und verliehen der Soziologie in Leicester eine internationalere und theoretischere Ausrichtung, als dies anderswo üblich war. Dennoch gab es Verbindungen zur LSE: John Goldthorpe und Percy Cohen wurden zu Dozenten ernannt, Joe und Olive Banks wurden aus Liverpool zurückgerufen, und David Lockwood war externer Prüfer. Weitere Berufungen im Laufe der Jahre waren Tony Giddens, Keith Hopkins, Martin Albrow, John Eldridge, Richard Brown, Miriam Glucksmann und 1976 John Scott. In den 1960er-Jahren schien es, als ob fast jeder Soziologielehrer zu irgendeinem Zeitpunkt den Fachbereich durchlief.

Von großer Bedeutung am University College Nottingham war der Philosoph Jack Sprott, ein ehemaliges Mitglied der Bloomsbury Group und Liebhaber von John Maynard Keynes. Sprott interessierte sich seit langem für Soziologie und führte 1948 in seinem Fachbereich für Philosophie, Psychologie und Soziologie einen Kurs in Gesellschaftstheorie ein. Er war auch die treibende Kraft, die die Universität davon überzeugte, einen Fachbereich für Sozialverwaltung einzurichten, in dem Sozialarbeit gelehrt werden sollte. 1954 wurde David Marsh (der zuvor in Swansea und in Neuseeland gelehrt hatte) zum Professor für Sozialwissenschaft ernannt, um die Arbeit des Fachbereichs forschungsorientiert zu gestalten. Sprott und Marsh arbeiteten mit den neuen Dozenten Pearl Jephcott und Roy Emerson an Projekten zu Kriminalität und Gesundheit, und Marsh selbst erstellte eine umfangreiche Zusammenstellung von Erhebungen zur britischen Gesellschaft. Nach Sprotts Pensionierung wurde der Soziologieunterricht als eigener Fachbereich innerhalb der Sozialverwaltung eingerichtet. Julius Gould wurde 1964 von der LSE abgeworben, um diesen Fachbereich zu leiten und in einen eigenständigen Soziologiefachbereich umzuwandeln.

Sowohl in Leeds als auch in Sheffield wurden demografische Kollegen von David Glass als Leiter der soziologischen Fachbereiche eingestellt: Eugene Grebenik wurde 1954 in Leeds und Keith Kelsall 1955 in Sheffield ernannt. In Sheffield war 1949 eine School of Social Work Training unter der Leitung von Elinor Black eingerichtet worden, einer LSE-Absolventin, die zuvor am Liverpooler Department of Social Science unterrichtet hatte. Gemeinsam mit Liverpool wurden einige soziologische Forschungen über Stadtsiedlungen durchgeführt, und mit der Ernennung von Peter Mann im Jahr 1951 wurde die Forschung ausgebaut. Kelsall erweiterte diese Forschungsbasis durch die Ernennung von John Jackson aus Cambridge, und 1960 wurde die Schule in Department of Sociological Studies umbenannt. 1946 wurde in Leeds eine School of Social Studies gegründet, in der Sozialanthropologie und Soziologie gelehrt wurden. Zu den ersten Ernennungen gehörten Fernando Henriques und John Rex (zunächst in dem außeruniversitären Fachbereich). Grebenik berief daraufhin Norman Dennis aus Birmingham, der mit Henriques und Cliff Slaughter an einer großen Studie über das nahe gelegene Featherstone arbeitete. 1963 wurde der Anthropologe und Entwicklungsspezialist John Ernest Goldthorpe von der Makerere-Universität eingestellt, und nach Abschluss ihrer Promotionen wurden Tony Coxon und der Massenkommunikationsforscher Denis McQuail ernannt. Später wurde Roland Robertson eingestellt, der eng mit Peter Nettl im Politikfachbereich zusammenarbeitete, um die Entwicklungen in der amerikanischen Systemtheorie zu untersuchen. Der polnische Emigrant Zygmunt Bauman wurde 1971 auf einen Lehrstuhl berufen.

Norman Dennis wechselte später von Leeds nach Newcastle, wo Peter Collison aus Oxford als Professor berufen worden war und den Forschungsschwerpunkt auf Stadtplanung gelegt hatte. In einem anderen Bereich wurde der Durkheim-Spezialist Bill Pickering berufen. Das University College Exeter ernannte den LSE-Absolventen Duncan Mitchell von der Universität Liverpool zum Leiter seines neuen Fachbereichs Soziologie. Zu seinen Mitarbeitern gehörten Stephen Mennell und Barry Turner, der von Joan Woodwards Fachbereich für Industriesoziologie am Imperial College kam. Das University College Southampton ernannte den LSE-Absolventen John Smith zum Leiter des gemeinsamen Fachbereichs für Soziologie und Sozialpolitik, zu dessen Mitarbeitern auch der Kriminologe und LSE-Absolvent John Martin und der Industriesoziologe Peter Hollowell gehörten. In Loughborough wurde Albert Cherns 1967 zum Professor für Sozialwissenschaften in einem Fachbereich für Sozial- und Wirtschaftswissenschaften ernannt, zu dessen ersten Mitarbeitern auch Alan Bryman gehörte.

Sozialverwaltung wurde in Hull im Fachbereich für Sozial- und Wirtschaftsgeschichte gelehrt, und Mitte der 1950er-Jahre begann Donald Klingender, mit Anthropologen zusammenzuarbeiten, um Soziologie zu lehren. Nach Klingenders Tod wurde 1955 Peter Worsley, der kurz zuvor in Manchester einen Doktortitel in Anthropologie erworben hatte, mit der Weiterentwicklung des Fachs beauftragt (Worsley 2008). Der LSE-Absolvent Gordon Horobin war bereits mit einer Studie über die Fischer von Hull beauftragt worden, die später von Jeremy Tunstall aufgegriffen und abgeschlossen wurde. Zu den ersten Studenten gehörten Tony Giddens, der Psychologie und Soziologie studierte, und David Morgan, der ein Postgraduiertenstudium absolvierte. 1963 zog Worsley nach Manchester um, wo 1966 ein eigener Fachbereich für Soziologie und Sozialanthropologie mit Ian Cunnison als Professor für Sozialanthropologie eingerichtet wurde. Cunnison, Sohn des Glasgower Sozialökonomen James Cunnison, ernannte Mitarbeiter mit besonderem Interesse an der Entwicklungssoziologie, einem damals ungewöhnlichen Fachgebiet. Bis zur Ernennung des LSE-Soziologen Valdo Pons, der damals in Manchester tätig war, im Jahr 1975 gab es in Hull keinen Professor für Soziologie.

Bill Williams wurde 1963 an den Fachbereich für Sozialwissenschaften in Swansea berufen, in dem sowohl Soziologie als auch Sozialanthropologie gelehrt wurden. 1964 wurde Raymond Illsley, ein langjähriges Mitglied der Forschungsgruppe für medizinische Soziologie des Medical Research Council, zum Leiter eines neuen Fachbereichs für Soziologie in Aberdeen ernannt, und der Theoretiker John Rex aus Leeds wurde auf einen Lehrstuhl in Durham berufen, während Michael Banton und Stas Andreski 1965 nach Bristol bzw. Reading berufen wurden.

In Aberdeen rekrutierte Illsley 1970 Mike Mulkay, Robert Moore und dann Mick Carter aus Sheffield. In Aberdeen war die medizinische Soziologie durch die MRC-Einheit, die ab 1965 von Gordon Horobin geleitet wurde und zu der später Sally Macintyre vom Bedford College berufen wurde, stark vertreten. Rex rekrutierte in Durham auf breiter Basis, nahm Robert Moore aus Birmingham mit und rekrutierte Richard Brown aus Leicester und Stan Cohen vom Enfield College. Nach dem Weggang von Rex im Jahr 1971 wurde Philip Abrams aus Cambridge als Leiter des Fachbereichs eingestellt, und es wurden Forscher wie Jim Beckford angeworben.

Banton berief eine Vielzahl von Spezialisten nach Bristol: den Industrieforscher Theo Nichols aus Hull, den Religionswissenschaftler Willie Watts Miller, den politischen Soziologen Chris Husbands, die Erziehungswissenschaftlerin Miriam David sowie seinen eigenen Doktoranden und Polizeiforscher Robert Reiner. Andreski, ein polnischer Militäroffizier, der in Manchester in Anthropologie ausgebildet wurde, hatte zuvor am Brunel College of Technology und in Übersee gelehrt. Andreski, der sich gegen die Konkurrenz von Tom Bottomore und Jack Sprott durchsetzte, brachte einen besonderen Charakter und eine besondere Art der Berufung in den Fachbereich Reading ein. Er beruft Viola Klein, Mannheims ehemalige Doktorandin, die polnische Emigrantin Maria Hirszowicz, die Cambridge-Ökonomin Christie Davies, Maggie Archer, Salvador Giner, den ehemaligen Brunel-Soziologen David Marsland und den LSE-Absolventen Anthony Smith.

Cardiff richtete 1966 einen gemeinsamen Fachbereich für Soziologie und Sozialarbeit ein und ernannte Paul Halmos zu seinem Leiter. Der Fachbereich wuchs durch die Ernennung des Kriminologen Howard Jones zum Leiter des Fachbereichs Sozialpolitik und Sozialarbeit, und die beiden Bereiche wurden in getrennte Fachbereiche aufgeteilt, was zum Teil auf die wachsende Opposition zwischen Halmos und Jones zurückzuführen war. Als Halmos 1974 an die Open University wechselte, übernahm Martin Albrow (zuvor in Reading) die Leitung und wurde zum Professor befördert. Weitere Mitarbeiter waren Anne Murcott und Paul Atkinson, dann Tony Coxon aus Edinburgh und Sara Delamont aus Leicester. An der Queen's University Belfast war 1948 eine Abteilung für Sozialstudien eingerichtet worden, um eine Ausbildung in Sozialarbeit zu ermöglichen. 1969 wurde John Jackson aus Sheffield als Professor für Gesellschaftstheorie und Institutionen berufen, um den Ausbau der Soziologie einzuleiten.

Eine Besonderheit unter den University Colleges war das 1949 gegründete College in North Staffordshire, das 1962 den Namen University of Keele erhielt. Ihre Gründerin Sandie Lindsay vermied jede Verbindung zur LSE, indem sie sich die Unterstützung der Universität Oxford und das Recht sicherte, Abschlüsse in eigenem Namen zu verleihen. Lindsay wurde von den Ideen von Patrick Geddes beeinflusst und war maßgeblich an der Übernahme der Vermögenswerte des Instituts für Soziologie beteiligt, einschließlich der Veröffentlichungsrechte an der *Sociological Review*. Die *Review* wurde unter der Leitung des Geografen Bill Williams und mit einem Redaktionsausschuss, dem Tom Simey und Kenneth

Little angehörten, neu aufgelegt. Trotzdem wurde Soziologie in Keele erst 1969 gelehrt, als Ronnie Frankenberg zum Professor ernannt wurde. Ähnlich aufgestellt war die Open University, wo Paul Halmos 1974 zum Gründungsprofessor für Soziologie ernannt wurde und begann, eine kleine Gruppe von Forschern und Kursleitern am Campus in Milton Keynes aufzubauen.

Von diesem Wildwuchs an soziologischen Fakultäten ausgenommen waren Oxford und Cambridge. Die Einführung der Soziologie in Cambridge wurde in den frühen 1950er-Jahren erneut erwogen, und 1956 wurde Talcott Parsons eingeladen, die Marshall-Vorlesungen zu halten. Sein dichter und undurchsichtiger Vortrag befremdete viele seiner Zuhörer, und es wurde behauptet, dass die Gegner der Soziologie Parsons absichtlich eingeladen hatten, um den Widerstand gegen das Fach zu verstärken. Raymond Williams von der Englischen Fakultät entwickelte in der Zwischenzeit eine marxistisch geprägte Analyse der Kultur, die den Bemühungen von Hoggart in Birmingham ähnelte, aber seine Arbeit stieß auf ebenso viel Widerstand wie die Soziologie selbst. Einige Berufungen wurden in diesem Bereich jedoch vorgenommen. Lockwood wechselte 1958 von der LSE nach Cambridge, Garry Runciman kehrte nach Forschungsaufenthalten in Harvard, Columbia und Berkeley an das Trinity College zurück, und der Historiker Philip Abrams, der an der LSE Soziologie studiert hatte, leitete 1961 die Einführung von Soziologiekursen im Rahmen des wirtschaftswissenschaftlichen Tripos. Im folgenden Jahr wurde John Goldthorpe ernannt. Runciman verband sein College Fellowship mit der Leitung des familieneigenen Schifffahrtsunternehmens, schloss jedoch die empirische Forschung über Klassen, die er für das Institute of Community Studies durchführte, erfolgreich ab. Der Widerstand gegen die soziologische Forschung war jedoch groß: Als Michael Young 1961 zu einem Fellowship am Churchill College ernannt wurde, wurde ihm ausdrücklich mitgeteilt, dass das Institute of Community Studies nicht mit ihm umziehen würde. Die industriesoziologische Forschung wurde jedoch in dem Fachbereich für Angewandte Wirtschaftswissenschaften gefördert, der die Arbeiten von Lockwood und Goldthorpe über Arbeiter in Luton, die Industriestudien von Bob Blackburn und Ken Prandy (die beide aus Liverpool kamen) sowie die Doktorarbeiten von Geoff Ingham und Mick Mann unterstützte. Der erste Soziologieprofessor, der nach Cambridge berufen wurde, war der Anthropologe John Barnes aus Manchester. Im selben Jahr – 1969 – wurde Tony Giddens zum Dozenten und Fellow am King's College ernannt.

Die Soziologie der Stammesgesellschaften wurde in Oxford zwischen 1935 und 1940 von Edward Evans-Pritchard in seinem Kurs über „Afrikanische Soziologie" gelehrt und von Geoffrey Lienhardt als Dozent für Afrikanische Soziologie ab 1954 fortgesetzt. Die soziologische Forschung über fortgeschrittene Gesellschaften wurde jedoch erst 1944 eingeführt, als Douglas Cole zum Professor für soziale und politische Theorie ernannt und mit der Leitung eines am Nuffield College angesiedelten Social Reconstruction Survey betraut wurde. Meg Stacey wurde als Dozentin für Soziologie in dem außeruniversitären Fachbereich für Erwachsenenbildung ernannt, aber Coles Forschungsmitarbeiter, John Mogey, war der einzige offiziell ausgewiesene „Soziologe" an der Universität. Mogey war 1948 nach Barnett House gewechselt, einem Zentrum für die Ausbildung in Sozialarbeit, das außerhalb der Fachbereichsstruktur der Universität stand. Barnett House wurde 1958 als Fachbereich der Universität anerkannt und 1962 in Fachbereich für Sozial- und Verwaltungswissenschaften umbenannt, dessen Leiterin Chelly Halsey wurde. Von hier aus wurde der Soziologieunterricht in die PPE-Tripos aufgenommen. Zwar wurde am Nuffield College auch Sozialforschung betrieben, doch beschränkte sich diese im Wesentlichen auf Studien über Arbeitsbeziehungen unter Bill McCarthy und Wahlstudien unter David Butler. Erst mit der Ernennung von John H. Goldthorpe im Jahr 1969 begann eine breitere Sozialforschung mit einer Studie über Bildung und soziale Mobilität.

Die frühere Assoziation der Soziologie mit „Sozialwissenschaft" spiegelt sich darin wider, dass viele der in den 1960er-Jahren neu geschaffenen Fachbereiche eine angewandte Ausrichtung hatten oder als gemeinsame Fachbereiche für „Soziologie und Sozialpolitik" gegründet wurden. Das Goldsmith's College richtete 1964 mit einer kleinen Gruppe von Soziologen einen Fachbereich für Sozialwissenschaft und Verwaltung ein. Der Fachbereich wurde von Bob Pinker geleitet, bis er sich 1972 von den Soziologen trennte und einen neuen Fachbereich für Sozialverwaltung gründete. Die theoretisch orientierten Soziologen blieben als Fachbereich unter wechselndem Vorsitz, aber ohne Professor, bestehen und begannen, den externen Abschluss der Universität London zu unterrichten.

Die Fakultäten im ganzen Land, die Soziologie im Rahmen des externen Studiengangs der Londoner Universität unterrichten, mussten Kurse über „Ethik und Sozialphilosophie" und über Sozialpolitik und -verwaltung sowie angewandte Optionen in Kriminologie anbieten. Für diese Kurse wurden Lehrkräfte mit sozialpolitischem Hintergrund rekrutiert, die in einigen Fällen „Grundkurse" für Studenten anboten, die über keinerlei Hintergrundwissen in der Geschichte der Sozialpolitik verfügten. In ähnlicher Weise wurde der Pflichtkurs „Statistics and Survey Methods of Social Investigation" von Statistikern unterrichtet, so wie er an der LSE von dem Statistiker Claus Moser und am Bedford College von Jim Ilersic unterrichtet wurde (Payne et al. 1981, S. 24–8; Payne 2019, S. 202 ff.).

Auch die Zusammenarbeit mit der Sozialanthropologie wurde fortgesetzt. Zwar forschten einige Anthropologen über die britische Gesellschaft, doch blieb die Arbeitsteilung zwischen einem soziologischen Schwerpunkt auf Großbritannien und einem anthropologischen Schwerpunkt auf Afrika und Indien bestehen. Soziologen begannen jedoch, ein breiteres komparatives Interesse zu entwickeln, vor allem in Fachbereichen, die den externen Abschluss in London unterrichteten oder die ihre Lehrpläne von denen der LSE abgeleitet hatten, wo „vergleichende soziale Institutionen" und ähnliche Kurse auf von Anthropologen erstelltes Material zurückgriffen. Es fiel auf, dass ein Großteil der vergleichenden Forschung in interdisziplinären Fachbereichen für Gebietsstudien und Entwicklungsstudien durchgeführt wurde. Dies war z. B. in Birmingham, Liverpool, Glasgow und Sussex der Fall. Eine bemerkenswerte Berufung war die gleichzeitige Berufung von Ron Dore an die LSE und die SOAS.

An den neuen Universitäten der 1960er-Jahre wurden Fachbereiche gegründet und wuchsen schnell. In Sussex rekrutierte der Vizekanzler Asa Briggs Zev Barbu aus Glasgow als Gründungsprofessor für die damals noch fachbereichsunabhängige Universität. Barbu, ein politischer Exilant aus Rumänien, hatte in Glasgow in politischer Psychologie promoviert und begann ein gemeinsames Programm in Soziologie und Politik, bis genügend Mitarbeiter für einen vollständigen Studiengang eingestellt waren. Wichtige frühe Ernennungen waren Julius Carlebach, Jennifer Platt, eine Forscherin aus Cambridge mit einem MA aus Chicago, und dann Tom Bottomore, wobei William Outhwaite und Pete Saunders etwas später ernannt wurden. In Essex bemühte sich Vizekanzler Albert Sloman um den Aufbau einer kleinen Anzahl großer sozialwissenschaftlicher Fachbereiche und stellte Peter Townsend von dem LSE-Fachbereich für Sozialverwaltung als Leiter des neuen Soziologiefachbereichs ein. Der Fachbereich wollte Mitarbeiter aus allen Bereichen der Soziologie, einschließlich Geschichte und Philosophie, einstellen und ernannte David Lockwood, Paul Thompson und später Dennis Marsden, Lee Davidoff, Colin Bell und Howard Newby. Viele andere waren in den 1960er- und 1970er-Jahren für kürzere Zeit in Essex tätig, bevor sie eine Karriere im Ausland anstrebten, darunter Roland Robertson, Herminio Martins, Dorothy Smith und Alasdair MacIntyre (Plummer 2014).

Ron Fletcher wurde zum Professor in York ernannt und rekrutierte Laurie Taylor, Roland Robertson, Keith Dixon und Andy Tudor, bevor er Ende der 1960er-Jahre „desillusioniert" in den Vorruhestand ging. Asher Tropp vollzog den Übergang vom Battersea College zur Universität Surrey und baute mit der Ernennung von Peter Abell, Nigel Gilbert und Sara Arber einenn Fachbereich mit starkem methodischem Schwerpunkt auf. Die Universität Bath ernannte Stephen Cotgrove 1966 zum Professor für Soziologie. Er arbeitete an der Seite des Anthropologen Leslie Palmier, und zu seinen neuen Mitarbeitern gehörten Mike Rose, Colin Crouch und Harry Collins. In Warwick wurde ein Soziologiefachbereich unter John Rex gegründet und entwickelte sich zu einem Schwerpunkt der Forschung über „Rasse" und Ethnizität. Wichtige Berufungen in anderen Bereichen waren Meg Stacey, Maggie Archer und Bob Burgess. Die letzte Campus-Universität, die einen Fachbereich für Soziologie einrichtete, war Lancaster, die Michalina Clifford-Vaughan von der LSE zu ihrer Gründungsprofessorin ernannte. Wichtige frühe Berufungen in Lancaster waren John Urry, John Wakeford, Nick Abercrombie, Keith Soothill und etwas später Sylvia Walby. Der Fachbereich stand in enger Verbindung mit dem Fachbereich für Sozialpolitik, in dem Janet Finch arbeitete.

In Kent wurde ein gemeinsamer Fachbereich für Soziologie und Anthropologie von dem Anthropologen Paul Stirling geleitet, aber die

Soziologie wurde mit der Berufung von Ray Pahl, Chris Pickvance, Frank Parkin, Krishan Kumar und Steven Box zum dominierenden Element. Andere gemeinsame Fachbereiche mit der Anthropologie, die alle von Anthropologen geleitet wurden, waren die New University of Ulster unter Vernon Sheddick und Stirling unter dem Anthropologen Max Marwick aus Manchester. Der Fachbereich in Stirling wurde vor allem durch die Arbeiten von Roy Wallis über neue Religionen und von Russell und Rebecca Dobash über häusliche Gewalt bekannt.

Gemeinsame Fachbereiche mit anderen Fächern waren weniger üblich. Glasgow hatte 1946 einen interdisziplinären Fachbereich für Sozial- und Wirtschaftsforschung gegründet, aber erst Anfang der 1960er-Jahre wurde ein soziologischer Fachbereich innerhalb der Fakultät für Politik eingerichtet. Zev Barbu lehrte von 1961 bis 1963 Soziologie und Sozialpsychologie, und Alan Wells wurde zwei Jahre später, nach einem Aufenthalt in Singapur, berufen. Dieser Fachbereich wurde 1969 in einen Fachbereich für Soziologie umgewandelt, und 1971 wurde John Eldridge aus Bradford als Professor eingestellt. Die Universität hatte 1943 ihre School of Social Study in die Universität integriert, und John Mack und Kay Carmichael wurden zu wichtigen Forschern. 1969 wurde Fred Martin ernannt, und die Schule wurde in Department of Social Administration umbenannt. Als einer der letzten Fachbereiche, die gegründet wurden, wuchs die Soziologie in Glasgow trotz der Anwesenheit von Bridget Fowler, der Historikerin Kirsty Larner und des Anthropologen Simon Charsley aus Manchester nicht so schnell wie einige andere, wurde aber zu einem wichtigen Zentrum für die Forschung im Bereich der Massenkommunikation, als Greg Philo Forschungsleiter der Glasgow Media Group wurde.

Huw Morris-Jones gründete eine kleine Abteilung innerhalb des Fachbereichs Politik in Bangor, und 1972 wurde ein kleiner Fachbereich für Politik und Soziologie am Birkbeck College in London eingerichtet. Zu den Soziologen unter der Leitung von Bernard Crick, Professor für Politik, gehörten Sami Zubaida und Paul Hirst. Am Brunel College entstand ein Fachbereich unter der Leitung des Managementspezialisten Elliot Jacques, und auch am Aston College wurde Soziologie im Rahmen eines Fachbereichs für Management und Organisationsverhalten unter John Child gelehrt. Nach dem Zusammenschluss des Scottish College of

Commerce mit dem Royal College zur Strathclyde University wurde eine industrielle Forschungsgruppe in eine Soziologiegruppe umgewandelt, die nominell von dem Psychologen Gustav Jahoda geleitet wurde. Andrew Sykes, ein ehemaliger Forscher im Fachbereich für Sozial- und Wirtschaftsforschung in Glasgow, wurde zum ersten Soziologieprofessor der Universität Strathclyde ernannt, nachdem Mick Carter und Jimmy Littlejohn als Kandidaten abgelehnt worden waren. Trotz der Ernennung von Dave Berry, Keith Dixon, Dave (später Carol) Riddell und John Scott war der Fachbereich nicht in der Lage, Mitarbeiter zu halten oder zu vergrößern, und hatte eine eher wechselvolle Geschichte.

Gerade als sich der Ausbau des Soziologieangebots verlangsamte, wurde 1973 eine Umfrage unter Soziologen durchgeführt, in der die Befragten gebeten wurden, den ihrer Meinung nach „besten" Bereich ihres Fachs zu nennen (Heath und Edmondson 1981). Trotz der Entstehung und Erweiterung zahlreicher Fachbereiche in den vorangegangenen zehn Jahren wurde die LSE als der beste Fachbereich des Landes bewertet. Diese Einschätzung spiegelte vielleicht die berufliche Herkunft vieler Soziologen wider, die damals leitende Positionen innehatten, sowie die Lage des Fachbereichs innerhalb einer Universität, die sich ausschließlich den Sozialwissenschaften verschrieben hatte. Der Fraktionszwang des Fachbereichs und seine mäßige Publikationsleistung zu dieser Zeit schienen das Image des Fachbereichs nicht zu beeinträchtigen. Die Soziologie in Oxford belegte in dieser Umfrage den zweiten und die Soziologie in Essex den dritten Platz. An vierter Stelle rangierten gleichauf Manchester und Cambridge. Insgesamt wurden also die älteren Universitäten als die „besten" für Soziologie angesehen, während von den neuen Universitäten nur Essex ein hohes Ansehen genoss.

Strategien zur Professionalisierung

Die Etablierung einer Disziplin erfordert nicht nur die Einrichtung von Universitätsinstituten, sondern auch die Existenz eines Berufsverbands, einer Zeitschrift und eines Korpus von Lehrbüchern und Monografien. Die Idee, einen neuen Berufsverband zu gründen, war in den 1940er-Jahren in der Denkfabrik Political and Economic Planning (PEP) aufgekommen, in der sowohl Michael Young als auch Charles Madge arbeiteten und in der sich einige Soziologen der LSE regelmäßig trafen, um über Sozial- und Wirtschaftspolitik zu diskutieren.[2] Der seit langem bestehende Konflikt zwischen der LSE und dem Institut für Soziologie sowie die Verlegung der *Sociological Review* nach Keele machten es der Gruppe unmöglich, eine Wiederbelebung der früheren Sociological Society in Betracht zu ziehen. Stattdessen entwarfen sie eine völlig neue Vereinigung, die sie Ende 1950 als British Sociological Association (BSA) ankündigten. Eine erste Jahreshauptversammlung im März 1952 bestätigte die Ernennung eines Exekutivausschusses für die Leitung der Vereinigung. Diesem gehörten Carr-Saunders (Direktor der LSE), die drei Soziologieprofessoren der LSE sowie die Anthropologen Raymond Firth und Meyer Fortes und drei Vertreter des Liverpool, Nottingham und Bedford College (Simey, Sprott und Wootton) an.

Im ersten Jahr ihres Bestehens zählte die BSA 324 Mitglieder, von denen nur 41 % Universitätsmitarbeiter oder Studenten waren. Nur 51 Mitglieder waren in soziologischen oder sozialwissenschaftlichen Fachbereichen angesiedelt. Wie bei der früheren Sociology Society kamen also viele Mitglieder von außerhalb der akademischen Welt, aus Regierungsstellen, dem Gesundheitswesen und sozialen Diensten. Bis 1960 war die Zahl der Mitglieder auf 504 Vollmitglieder und 31 Studenten angestiegen. Mit der weiteren Expansion der Universität stieg die Mitgliederzahl bis 1972 auf 1384 und bis 1979 auf 1495. In den ersten drei Jahrzehnten ihres Bestehens wurde die BSA von der LSE finanziell unterstützt. Die Personalkosten wurden geteilt, ein Büro wurde zur Verfügung gestellt, und die Kosten für Porto, Telefon und Fotokopien wurden bis in die 1980er-Jahre von der Hochschule getragen.

Die BSA organisierte monatliche Studentreffen und hielt 1953 ihre erste Jahreskonferenz ab. Mitte der 1950er-Jahre wurden spezialisierte Studiengruppen gebildet, die ersten drei waren die Industriesoziologie, die Stadtsoziologie und die Soziologie der Bildung. Diese Treffen richteten sich an die gesamte Mitgliedschaft, sowohl an Wissenschaftler als auch an Praktiker, und hatten eine starke politische und praktische Aus-

---

[2] Diese Erörterung der Entstehung des BSA stützt sich auf die ausführliche Darstellung in Platt (2003).

richtung. Viele der Aktivitäten fanden in London statt, und zwar an der LSE. Für Soziologen in Schottland war es schwierig, zu diesen Veranstaltungen zu reisen, und so wurde 1955 ein „schottischer Zweig" gegründet, um Sitzungen in Edinburgh zu organisieren, wo sich die meisten Mitglieder befanden.

Die Gründung des Verbandes war zum Teil eine Strategie zur Professionalisierung der Lehre in diesem Fach. Die wachsende Zahl von Lehrkräften fand es jedoch schwierig, ihre akademischen Interessen in einem Verband zu verfolgen, der zahlenmäßig von Praktikern und anderen Nicht-Soziologen dominiert wurde. Im Jahr 1964 wurde beschlossen, eine „Sektion für Soziologielehrer" zu gründen, um die 231 Mitglieder – etwa die Hälfte der Mitglieder – zusammenzubringen, die tatsächlich in diesem Fach lehrten und forschten. Eine Zeit lang war die Sektion erfolgreich, doch der kontinuierliche Anstieg der Zahl der Lehrkräfte und die damit einhergehende Abnahme der Dominanz der Praktiker innerhalb der Vereinigung bedeutete, dass die Konferenzen und Studiengruppen eher in der Lage waren, eine rein akademische Agenda zu verfolgen, und separate Sitzungen für Lehrkräfte wurden als überflüssig erachtet. Die Sektion wurde 1975 aufgelöst.

Zeitgleich mit der Gründung der Vereinigung wurde auch eine neue Zeitschrift, das *British Journal of Sociology* (*BJS*), unter der Schirmherrschaft der LSE ins Leben gerufen. Die von Ginsberg herausgegebene Zeitschrift begann 1950 zu erscheinen. Die Einführung dieser neuen Zeitschrift veranlasste die Sozialwissenschaftler in Keele, die *Sociological Review* in einer „New Series" neu aufzulegen, eine Bezeichnung, die einen klaren Bruch mit dem von Geddes und Branford verfolgten Ansatz darstellen sollte. Diese neue Reihe begann 1952 unter der Leitung von Bill Williams.

Beide Zeitschriften sollten als Publikationsorgane für die wachsende Zahl von Soziologen dienen, die im ganzen Land rekrutiert wurden. Eine Untersuchung des Inhalts der beiden Zeitschriften im Zeitraum 1950–1970 ergab, dass die Autoren der Artikel in der Regel zwischen 25 und 40 Jahre alt waren, was die Jugend der für die neuen Fachbereiche eingestellten Personen widerspiegelt, und dass sie zwangsläufig überwiegend männlich waren. Im Vergleich zu den 77 % männlichen Mitgliedern der BSA waren 88 % der Zeitschriftenautoren Männer (Collison und Webber 1971). Fast ein Fünftel der Autoren von Artikeln in der *BJS* waren Akademiker der LSE, und viele weitere hatten an der Schule studiert. In beiden Zeitschriften wurden jedoch auch Artikel von Soziologen veröffentlicht, die nicht aus dem Vereinigten Königreich stammten. Besonders ausgeprägt war dies in der *BJS*, wo mehr als ein Drittel der Artikel von nichtbritischen Autoren stammte. Manchmal wurde angenommen, dass die *BJS* Artikel veröffentlichte, die bereits von der *AJS* oder *ASR* abgelehnt worden waren, und sogar ein Mitglied des LSE-Fachbereichs bemerkte, dass die Zeitschrift von „Artikeln unterschiedlicher Qualität von wenig bekannten Amerikanern und Kanadiern von relativ unbedeutenden Institutionen" dominiert wurde (Husbands 1981).

Tab. 2.4 zeigt die beliebtesten Themen in den Zeitschriften. Dies lässt sich mit den Ergebnissen einer 1966 durchgeführten Umfrage zu den Forschungsinteressen von BSA-Mitgliedern und anderen Lehrern des Fachs vergleichen (Carter 1968). Tab. 2.5 zeigt die sechs Interessengebiete, die zusammen 59,2 % aller geäußerten Interessen ausmachen. Die Vorherrschaft des Bereichs „Bildung", der von 129 Personen genannt wurde und 13,5 % aller Interessenbekundungen ausmacht, spiegelt die wachsende Zahl der an Pädagogischen Hochschulen und Universitätsschulen tätigen Personen wider. Veröffentlichungen in diesem Bereich erfolgten hauptsächlich in Fachzeitschriften, aber die anderen Bereiche spiegeln im Großen und Ganzen die für die wichtigsten Fachzeitschriften angegebene Rangfolge wider. Das starke Interesse an „Gemeinden" spiegelt die Vielfalt der ortsbezogenen Studien mit den Schwerpunkten Industrie, Gesellschaftsschichten und Wohnen wider. Minderheiteninteressen, für die jeweils nur eine Person Interesse bekundete, waren Nomaden, Soziologie des Einzelhandels, Soziologie des Meeresbadens und Feminis-

Tab. 2.4 Themen der Artikel in soziologischen Fachzeitschriften 1950–1979

Thema	Prozentsatz der Artikel
Theoretisch und historisch	16,3
Gesellschaftsschichten	12,4
Organisation	7,8
Bildung	7,6
Politik	7.4

Quelle: Collison und Webber (1971, Tab. VIII, S. 538)

Tab. 2.5 Bereiche, an denen Interesse bekundet wurde 1966

Bereich der Interessenbekundung	Prozent
Bildung	14,6
Industrie	13,8
Grundlegende Theorie	12,9
Gesellschaftsschichten	9,5
Gemeinden	6,6
Religion	4,5

Quelle: Carter (1968, Tab. V, S. 15)

mus. Letzteres ist mit ziemlicher Sicherheit das erklärte Interesse von entweder Olive Banks oder Meg Stacey, aber überraschenderweise nicht von beiden.

Das kontinuierliche Wachstum des Umfangs soziologischer Forschung veranlasste die BSA-Sektion für Lehrer, 1967 eine zusätzliche Zeitschrift – *Sociology* – ins Leben zu rufen, die schnell als offizielle Zeitschrift der Vereinigung angenommen wurde. Ihr erster Redakteur war Michael Banton, der für die ersten Ausgaben ein breites Spektrum an Artikeln gewinnen konnte. Die Zeitschrift verfolgte eine Politik der vollständigen Trennung von der LSE und Keele, wobei die Herausgeberschaft alle drei Jahre wechselte und der Redaktionsausschuss aus dem gesamten Universitätssystem rekrutiert wurde. Auf Banton folgten John Goldthorpe, Gordon Horobin und Philip Abrams, die aus Bristol bis zum Nuffield College, Aberdeen und Durham kamen.

Es gab nur wenige allgemeine Lehrbücher, die zur Unterstützung des Unterrichts in dieser Zeit verwendet werden konnten. Selbst neu verfügbare Lehrbücher stützten sich stark auf Vorkriegsvorstellungen (z. B. Sprott 1949). Aus diesem Grund griffen viele Lehrer auf etwas aktuellere amerikanische Lehrbücher wie das des britischen Emigranten Robert MacIver zurück.[3] Die Schüler konnten jedoch auf das zugängliche spätere Werk von Sprott (1954) verwiesen werden, das sie in Parsons und andere neuere theoretische Diskussionen einführte. Erst 1959 erschien ein neues und aktuelleres Lehrbuch (Mitchell 1959).[4]

---

[3] MacIvers Text war in überarbeiteter Form als Robert MacIver und Charles Page, *Society*, erhältlich. London, Macmillan 1949.
[4] Bottomore (1962) verfasste ein Lehrbuch, das sich speziell an Studenten in Übersee richtete.

Forschungsmonografien waren in der Lehre weit verbreitet, viele von ihnen erschienen in der „International Library of Sociology" (ILS; Platt 2014). Die ILS wurde 1942 vom Verlag Routledge and Kegan Paul ins Leben gerufen, der Karl Mannheim und später Jack Sprott als Redakteure einstellte. Unter Mannheim brachte das ILS eine breite Palette theoretischer und historischer Studien heraus, viele von ehemaligen Mitarbeitern Mannheims in Deutschland und von anderen, die mit kontinentaleuropäischen Denkstilen vertraut waren. Sprott stellte klassische europäische Werke in Übersetzung und zeitgenössische amerikanische Soziologie sowie eine Reihe von empirischen Monografien vor. Die Reihe wurde bis zu Sprotts Tod im Jahr 1971 fortgesetzt. Danach wurden die einzelnen Disziplinen – Soziologie, Sozialpolitik und Anthropologie – zu separaten Reihen zusammengefasst und John Rex wurde Herausgeber der soziologischen Reihe. Während der gesamten Zeit des Aufschwungs der Soziologie stellte das ILS somit einen Kernbestand an Monografien für Forscher, Lehrkräfte und Studenten bereit. In den ersten 30 Jahren erschienen insgesamt 332 Bücher. Angesichts der geringen Größe des akademischen Marktes in der Soziologie ist es nicht überraschend, dass viele der Bücher für Planer, Praktiker und „intelligente Laien" bestimmt waren. Während eines Großteils der 1950er- und 1960er-Jahre veröffentlichte das ILS durchschnittlich 12 Bücher pro Jahr, von denen die Hälfte bis ein Drittel von britischen Autoren stammte.

1967 veröffentlichte Stephen Cotgrove das erste neue einführende Lehrbuch für Soziologiestudenten (Cotgrove 1967). Soziologie war 1964 vom Oxford Board und 1967 vom Associated Examining Board als A-Level-Fach in den Schulen eingeführt worden. Cotgroves Buch wurde sowohl von Studenten im ersten Studienjahr als auch von der wachsenden Zahl von A-Level-Studenten in Schulen und Colleges verwendet.[5] Dank Cotgroves Rolle innerhalb der CNAA wurde sein Buch zu einem unverzichtbaren Text für die Soziologie in den neuen Fachbereichen der 1960er- und 1970er-Jahre. Obwohl Cotgrove sich weitgehend auf die amerikanische strukturell-funktionale Theorie stützte, fiel die Veröffentlichung seines Buches mit dem Beginn des Interesses an radikaleren theo-

---

[5] Ein Jahr später erstellte John E. Goldthorpe (1968) in Leeds ein Lehrbuch, das für Studenten in Afrika bestimmt war.

Tab. 2.6 Die einflussreichsten britischen Monografien 1973

Rang	Monografie
3=	*The Affluent Worker* (Goldthorpe et al. 1969a)
	The Blackcoated Worker (Lockwood 1958)
	The Management of Innovation (Burns und Stalker 1961)
	Family and Social Network (Bott 1957)
7=	*Relative Deprivation and Social Justice* (Runciman 1966)
10=	*Industrial Organisation: Theory and Practice* (Woodward 1965)
	Prosperity and Parenthood (Banks und Banks 1954)
	Race, Community and Conflict (Rex und Moore 1969)
14=	*Hightown Grammar* (Lacey 1970)
	Knowledge and Control (M. F. D. Young 1971)

Quelle: Heath und Edmondson (1981)

retischen Ansätzen zusammen, die in kritischen Texten von Coulson und Riddell (1970) und Worsley et al. (1970) behandelt wurden.

Die Bedeutung von Monografien in der Lehre spiegelt sich in einer Studie wider, in der untersucht wurde, welche Bücher von Soziologielehrern als die einflussreichsten für ihre eigene Arbeit angesehen wurden. Die klassischen Werke von Durkheim und Weber (*Selbstmord* und die *Protestantische Ethik*) führten die Liste an, aber auch zehn britische Monografien wurden als einflussreich anerkannt (siehe Tab. 2.6). Die Liste bestätigt das Ergebnis der Erhebungen über Forschungsinteressen und Zeitschriftenveröffentlichungen insofern, als sich unter den zehn aufgelisteten Büchern drei über Gesellschaftsschichten, zwei über Industrie, drei über Bildung und zwei über Gemeinschaft befinden, wobei sich eines der Bücher über Gemeinschaft bezeichnenderweise mit „Rasse" befasst.

Innerhalb weniger Jahre begannen fortgeschrittene Texte zu Spezialthemen in der wachsenden Zahl von Soziologie-Reihen zu erscheinen, die von großen Verlagen herausgegeben wurden. In den 1960er-Jahren begannen alle großen Verlage, solche Reihen mit soziologischen Büchern in ihr Programm aufzunehmen. Diese Reihen umfassten einige Monografien, aber – im Laufe des Jahrzehnts – auch immer mehr Mischbände, die sowohl für Studenten als auch für Wissenschaftler interessant waren (siehe Tab. 2.7). 1970 begann die BSA in Zusammenarbeit mit Tavistock mit der Veröffentlichung ausgewählter Vorträge, die auf ihrer Jahres-

Tab. 2.7 Buchreihe Soziologie 1961–1976

Herausgeber	Serie	Erster Titel	Gründungsredakteur
Heinemann	Studies in Sociology	Sects and Society (Wilson 1961)	D. G. MacRae
Faber and Faber	Society Today and Tomorrow	Society in the Mind (Madge 1964)	A. H. Halsey
Frank Cass	New Sociology Library	The Established and the Outsiders (Elias und Scotson 1965)	N. Elias
Batsford	Foundations of Modern Society	Union Character and Social Class (Blackburn 1967)	-
George Allen and Unwin	Studies in Sociology	The Sociology of Industry (Parker et al. 1967)	W. M. Williams
Longman	Aspects of Modern Society	Population (Kelsall 1967)	J. B. Mays und M. Craft
Routledge and Kegan Paul	Students' Library of Sociology	A Sociological Approach to Social Problems (Timms 1967)	A. R. Emerson
Blackwell	Blackwell's Sociology Series	Methods of Social Inquiry (Mann 1968)	B. R. Wilson
Cambridge University Press	Sociological Studies	Social Stratification (Jackson 1968)	J. A. Jackson
Cambridge University Press	Cambridge Studies in Sociology	The Affluent Worker: Industrial Attitudes and Behaviour (Goldthorpe et al. 1969b)	-
Collier-Macmillan	Themes and Issues in Modern Sociology	The Business Enterprise (Child 1969)	J. H. Goldthorpe und J. Floud
Penguin	Modern Sociology Readings	The Sociology of Religion (Robertson 1969)	T. Burns
Blackwell	Key Concepts in the Social Sciences	Rationality (Wilson 1970)	B. R. Wilson und P. Rieff

(*Fortsetzung*)

Tab. 2.7 (Fortsetzung)

Herausgeber	Serie	Erster Titel	Gründungsredakteur
Hutchinson	Hutchinson University Library [Sociology]	The Sociological Study of Religion (Scharf 1970)	P. Cohen
McGibbon and Kee	–	Exploitation (Jenkins 1970)	J. A. Rex
Weidenfeld and Nicolson	Basic Ideas in the Human Sciences	Mathematics and the Study of Social Relations (Doreian 1970)	Alasdair MacIntyre und Patrick Doreian
Macmillan	New Perspectives in Sociology	Exploring the Industrial Subculture (Turner 1971)	John Wakeford
Thomas Nelson	The Making of Sociology	The Making of Sociology (Fletcher 1971)	R. Fletcher
Fontana	Fontana Sociology	Racial Minorities (Banton 1972)	M. Banton und W.A.T. Nichols
Macmillan	Studies in Sociology	Politics and Sociology in the Thought of Max Weber (Giddens 1972)	A. Giddens
George Allen and Unwin	Controversies in Sociology	Social Theory and Political Practice (Fay 1975)	T. B. Bottomore und M. Mulkay
Cambridge University Press	Themes and Issues in Sociology	Culture and Communication (Leach 1976)	J. Goody und G. Hawthorn
Macmillan	Critical Social Studies	The Political Economy of Science (Rose und Rose 1976)	–

konferenz präsentiert wurden, in der Reihe „Explorations in Sociology". Der erste Titel war eine Auswahl von der Konferenz über „Rasse" (Zubaida 1970), gefolgt von Beiträgen der Konferenz über Kriminalität und Abweichung (Rock und McIntosh 1974).

Die wichtigste und bekannteste Buchreihe war Bill Williams' „Studies in Sociology", die Titel zur Industriesoziologie von Stan Parker und Kollegen, zur Soziologie der Familie von Chris Harris, zur Soziologie der

Gemeinschaft von Colin Bell und Howard Newby, zu Gesellschaftsschichten von Jimmy Littlejohn und zahlreiche andere umfasste. Ein ähnliches Themenspektrum, das sich direkt an Studenten in der Einführungsphase richtet, enthielt Roy Emersons „Students' Library of Sociology" mit Büchern über soziale Probleme von Noel Timms, Kriminalität und Delinquenz von Michael Phillipson, Gesellschaftsschichten von Carol Owen und Bildung von Ronald King.

Die in dieser Zeit vorherrschende Professionalisierungsstrategie wurde durch die Studentenbewegung der späten 1960er-Jahre-herausgefordert, die sich von Frankreich, Deutschland und den Vereinigten Staaten ausbreitete und die Legitimität der etablierten akademischen Kultur und Arbeitsweise im Namen demokratischerer und partizipativerer Praktiken in Frage stellte. Die Argumente der Studenten für ein größeres Mitspracherecht bei der Festlegung der Lehrpläne wurden von Nachwuchskräften unterstützt, die sich selbst oft von der Entscheidungsfindung ausgeschlossen fühlten und in der Soziologie besonders zahlreich vertreten waren. Dies trug zweifellos zu einer Öffnung des Lehrplans und zu einem wachsenden Bewusstsein für die Notwendigkeit einer neuen Richtung bei, die mit den etablierten Anliegen brechen würde.[6]

Zwei Universitäten, an denen der Studentenprotest in der Soziologie seinen Schwerpunkt hatte, waren die LSE und Birmingham. Die Studentenproteste an der LSE hatten 1969 dazu geführt, dass in den Korridoren Tore aufgestellt wurden, um den unbefugten Zugang zu bestimmten Bereichen der Verwaltung zu verhindern. Dies führte zu weiteren Maßnahmen, um die Tore zu entfernen, und schließlich zur Schließung der Fakultät für einige Zeit. Die Mitarbeiter der Soziologie lehnten die Forderungen der Studenten im Allgemeinen ab, sie wurden aber von dem Soziologie-Dozenten Robin Blackburn und den Wirtschaftsdozenten Laurence Harris und Meghnad Desai unterstützt. Blackburns unverblümte Unterstützung führte zu seiner Entlassung aus seinem Lehrauftrag. Die mangelnde Unterstützung durch die Soziologie-Dozenten – mit Ausnahme von Gellner – war ein wichtiger Grund dafür, dass sein

---

[6] Siehe die unterschiedlichen Darstellungen der Studentenbewegung von Harry Kidd (1969), Tessa Blackstone (1970) und Colin Crouch (1970). Radikalere Ansichten werden von Alexander Cockburn und Robin Blackburn (1969) vertreten.

Einspruch gegen die Entlassung erfolglos blieb. Blackburn war nicht in der Lage, eine Karriere im britischen Universitätssystem zu verfolgen. Stattdessen war er Herausgeber und Autor für *New Left Review* und Verso Books, bis er 30 Jahre später eine Professur an der Universität Essex erhielt.

1971 kam es in Birmingham zu Problemen, als der LSE-Absolvent Dick Atkinson vom Leiter der Soziologie, Gi Baldamus, informell einen Lehrauftrag angeboten bekam. Der zentrale Ernennungsausschuss der Universität wollte seine Ernennung nicht bestätigen, weil Atkinson während seiner Tätigkeit als Lehrbeauftragter Studentenproteste unterstützt hatte. Anders als an der LSE gab es Unterstützung von Soziologiekollegen, einschließlich Baldamus. Die BSA kündigte ihre Unterstützung für den Fachbereich durch eine schwarze Liste von Ernennungen an, und die radikale Pressure Group Campaign for Academic Freedom and Democracy erstellte einen unterstützenden Bericht, der größtenteils von John Westergaard und Steven Lukes verfasst wurde. Norbert Elias reiste aus Leicester an, um einige Lehrveranstaltungen zu unterstützen, und es wurde ein Fonds eingerichtet, um Atkinson zu bezahlen, damit er inoffiziell und unter Missachtung der Universitätsbehörden eine Reihe von Vorlesungen hielt. Da die Schwarze Liste jedoch zu einem Personalabbau führte und die Durchführung des offiziellen Lehrprogramms erschwerte, war Baldamus gezwungen, sich den Gegebenheiten anzupassen, indem er seine Unterstützung für Atkinson zurückzog, und eine vorübergehende Aufhebung der Schwarzen Liste ermöglichte die Besetzung freier Stellen. Die Wiedereinführung der Schwarzen Liste wurde erst 1973 aufgehoben. Zu diesem Zeitpunkt hatte Atkinson einen befristeten Lehrauftrag in Manchester aufgegeben, um eine Karriere in der Gemeinwesenarbeit zu verfolgen.

Die BSA-Jahreskonferenz 1974 stand unter dem Thema der geschlechtsspezifischen Arbeitsteilung und markierte die wachsende Bedeutung feministischer Ansichten in der britischen Soziologie. Es sollte noch einige Jahre dauern, bis diese Arbeit die intellektuellen Anliegen der Soziologen zu verändern begann, aber sie hatte unmittelbare Auswirkungen auf die Organisation des Berufsstandes. Es wurde ein Women's Caucus gegründet, um organisatorische Veränderungen zu fördern und das Bewusstsein für geschlechts- und sexualitätsspezifische Fragen zu schärfen. Gleichzeitig wurde ein Ausschuss für die Gleichstellung der Geschlechter eingerichtet, der eine wirksame Überwachung und Maßnahmen in Bezug auf die Gleichstellung der Geschlechter in allen Bereichen der BSA gewährleisten soll.

Expansion und anschließende Konsolidierung schufen die Bedingungen, unter denen die soziologische Forschung, die weitgehend von akademischen Interessen geleitet wurde, gedeihen konnte. Der erste Teil des Zeitraums war durch einen relativen Konsens über bestimmte Kernaussagen zu Sozialstruktur und Konflikten gekennzeichnet, und ein weitgehend gemeinsamer theoretischer Ansatz untermauerte die Ansammlung von Forschungsergebnissen zur britischen Gesellschaft. Viele Mitarbeiter an den neuen Universitäten und Fachbereichen waren jedoch aus verwandten Disziplinen und ohne fundierte Kenntnisse der Arbeit britischer Soziologen eingestellt worden. Auf der Suche nach Lehrmaterial sahen sie sich weiter um und interessierten sich für die soziologische Arbeit in den Vereinigten Staaten, insbesondere für den symbolischen Interaktionismus, der als Herausforderer des Strukturfunktionalismus aufkam. Anfang der 1970er-Jahre wurde der intellektuelle Konsens abschätzig als „Funktionalismus" oder „Positivismus" bezeichnet. Die Studentenbewegung verstärkte diese radikale Herausforderung: Der Konsens hatte begonnen zu zerbrechen. Die Konturen dieses disziplinären Konsenses werden im folgenden Kapitel skizziert.

Literatur[7]

Banks, Joseph Ambrose and Banks, Olive. 1954. *Prosperity and Parenthood*. Routledge and Kegan Paul.
Banton, Michael. 1972. *Racial Minorities*. Fontana.
Blackburn, Robert M. 1967. *Union Character and Social Class*. Batsford.
Blackstone, Tessa. 1970. *Students in Conflict: L.S.E. in 1967*. Weidenfeld & Nicolson.
Bott, Elizabeth. 1957. *Family and Social Network*. Tavistock Publications.

---

[7] Alle Quellen sind hier aufgeführt und werden im Text mit dem Datum ihrer Erstveröffentlichung zitiert. Wenn ein zweites Datum angegeben ist, bezieht sich dies auf die spätere Ausgabe, den Nachdruck oder die Übersetzung. Wenn nicht anders angegeben, ist der Ort der Veröffentlichung London.

Bottomore, Thomas B. 1962. *Sociology. A Guide to Problems and Literature*. George Allen and Unwin.

Bulmer, Martin. 1985a. 'The Development of Sociology and Empirical Social Research' in Bulmer (ed.) 1985b.

Bulmer, Martin (ed.) 1985b. *Essays in the History of British Social Research*. Cambridge: Cambridge University Press.

Burns, Tom and Stalker, Graham M. 1961. *The Management of Innovation*. Tavistock.

Carter, Michael P. 1968. 'Report of a Survey of Sociological Research in Britain'. *Sociological Review* 16, 1: 5–40.

Child, John. 1969. *The Business Enterprise*. Collier-Macmillan.

Cockburn, Alexander and Blackburn, Robin (eds.). 1969. *Student Power. Problems, Diagnosis, Action*. Harmondsworth: Penguin.

Collison, Peter and Webber, Susan. 1971. 'British sociology 1950–1970: A journal analysis'. *Sociological Review* 19, 4: 521–542.

Cotgrove, Stephen F. 1967. *The Science of Society*. George Allen and Unwin.

Coulson, Margaret A. and Riddell, David. 1970. *Approaching Sociology. Critical Introduction*. Routledge and Kegan Paul.

Crouch, Colin. 1970. *The Student Revolt*. Bodley Head.

Doreian, Patrick. 1970. *Mathematics and the Study of Social Relations*. Weidenfeld and Nicolson.

Elias, Norbert and Scotson, John L. 1965. *The Established and the Outsiders*. Frank Cass.

Fay, Brian. 1975. *Social Theory and Political Practice*. George Allen and Unwin.

Fincham, J. 1975. *The Development of Sociology First Degree Courses at English Universities 1907–72*. City University.

Fletcher, Ronald. 1971. *The Making of Sociology. A Study of Sociological Theory*, Two Volumes. Michael Joseph.

Giddens, Anthony. 1972. *Politics and Sociology in the Thought of Max Weber*. Macmillan.

Goldthorpe, John Ernest. 1968. *An Introduction to Sociology*. Cambridge: Cambridge University Press.

Goldthorpe, John H., Lockwood, David, Bechhofer, Frank and Platt, Jennifer. 1969a. *The Affluent Worker in the Class Structure*. Cambridge: Cambridge University Press.

Goldthorpe, John H., Lockwood, David, Bechhofer, Frank and Platt, Jennifer. 1969b. *The Affluent Worker: Industrial Attitudes and Behaviour*. Cambridge: Cambridge University Press.

Hall, John A. 2010. *Ernest Gellner. An Intellectual Biography*. Verso.
Halsey, Albert H. 1973. 'Provincials and professionals: The British post-war sociologists'. *European Journal of Sociology* 23, 1: 150–175.
Halsey, Albert H. 2004. *A History of Sociology in Britain*. Oxford: Oxford University Press.
Heath, Anthony and Edmondson, Ricca. 1981. 'Oxbridge Sociology. The Development of Centres of Excellence' in Abrams et al. (1981).
Holmwood, J. M. and Scott, J. (eds.) 2014. *The Palgrave Handbook of Sociology in Britain*. Houndmills: Palgrave.
Husbands, Christopher T. 1981. 'The Anti-quantitative Bias in Post-war British Sociology' in Abrams et al. (1981).
Husbands, Christopher T. 2019. *Sociology at the London School of Economics and Political Science, 1904–2015*. Cham: Palgrave.
Jackson, Brian. 1968. *Working Class Community: Some General Notions Raised by a Series of Studies in Northern England*. Routledge and Kegan Paul.
Jenkins, Robin. 1970. *Exploitation: The World Power Structure and the Inequality of Nations*. MacGibbon and Kee.
Kelsall, Keith. 1967. *Population*. Longman.
Kidd, Harry. 1969. *The Trouble at LSE 1966–67*. Oxford: Oxford University Press.
Lacey, Colin. 1970. *Hightown Grammar: The School as a Social System*. Manchester: Manchester University Press.
Leach, Edmund R. 1976. *Culture and Communication*. Cambridge University Press.
Lockwood, David. 1958. *The Black-Coated Worker*. Oxford: Oxford University Press, 1993.
Madge, Charles. 1964. *Society in the Mind: Elements of the Social Eidos*. Faber and Faber.
Mann, Peter. 1968. *Methods of Social Inquiry*. Blackwell.
Martin, David A. 2013. *The Education of David Martin*. SPCK.
Mills, David. 2002. 'British anthropology at the end of empire: The rise and fall of the Colonial Social Science Research Council'. *Revue d'Histoire des Sciences Humaines* 1, 6: 161–188.
Mitchell, G. Duncan. 1959. *Sociology. The Study of Social Systems*. University Tutorial Press.
Oakley, Ann. 2014. *Father and Daughter. Patriarchy, Gender and Social Science*. Bristol: Policy Press.

Parker, Stanley R., Brown, Richard K., Child, John and Smith, M. 1967. *The Sociology of Industry*. George Allen and Unwin.

Payne, Geoff. 2019. '"Poor Cousins". The Lost History of Sociology in the Polys' in Panayotova, P. (ed.) *A History of Sociology in Britain*. Cham: Palgrave Macmillan.

Payne, Geoff, Dingwall, Robert, Judy, Payne and Carter, Mick. 1981. *Sociology and Social Research*. Routledge and Kegan Paul.

Platt, Jennifer. 2003. *The British Sociological Association: A Sociological History*. Durham: Sociology Press.

Platt, Jennifer. 2004. 'Women's and men's careers in British sociology'. *British Journal of Sociology* 55, 2: 187–210.

Platt, Jennifer. 2014. 'The International Library of Sociology and Social Policy and British Sociology' in Holmwood and Scott (2014).

Plummer, Ken. 2014. *Imaginations. Fifty Years of Essex Sociology*. Wivenhoe: Wivenbooks.

Rex, John A. and Moore, Robert. 1969. *Race, Community and Conflict: A Study of Sparkbrook [Corrected edition]*. Oxford University Press.

Roberts, Helen and Woodward, Diana. 1981. 'Changing patterns of women's employment in sociology'. *British Journal of Sociology* 32, 4: 531–546.

Robertson, Roland (ed.). 1969. *The Sociology of Religion*. Harmondsworth: Penguin.

Rock, Paul and McIntosh, Mary (eds.). 1974. *Deviance and Social Control*. Tavistock.

Rose, Hilary and Rose, Steven (eds.). 1976. *The Political Economy of Science: Ideology In/Of Natural Science*. Houndmills: Macmillan.

Runciman, W. G. 1966. *Relative Deprivation and Social Justice*. Routledge and Kegan Paul.

Savage, Mike. 2010. *Identities and Social Change in Britain Since 1940. The Politics of Method*. Oxford: Oxford University Press.

Scharf, Betty R. 1970. *The Sociological Study of Religion*. Hutchinson.

Sprott, W. J. H. 1949. *Sociology*. Hutchinson.

Sprott, W. J. H. 1954. *Science and Social Action*. Watts.

Timms, Noel. 1967. *A Sociological Approach to Social Problems*. Routledge and Kegan Paul.

Turner, Barry. 1971. *Exploring the Industrial Subculture*. Macmillan.

Turner, Charles. 2014. 'Exiles in British Sociology' in Holmwood and Scott (2014).

Willmott, Peter. 1985. 'The Institute of Community Studies' in Bulmer (ed.) 1985b.
Wilson, Bryan R. 1961. *Sects and Society*. Heinemann.
Wilson, Bryan R. (ed.). 1970. *Rationality*. Oxford: Basil Blackwell.
Woodward, Joan. 1965. *Industrial Organisation: Theory and Practice*. Oxford: Oxford University Press.
Worsley, Peter. 2008. *An Academic Skating on Thin Ice*. New York: Berghahn Books.
Worsley, Peter, Fitzhenry, Roy, Ward, Robin, Sharrock, Wesley W., Roberts, Bryan, Pons, Valdo, J., Morgan David H. and Mitchell, J. Clyde. 1970. *Introducing Sociology*. Harmondsworth: Penguin.
Young, M. F. D. 1971. *Knowledge and Control*. Macmillan.
Zubaida, Sami (ed.). 1970. *Race and Racialism*. Tavistock.

3
Erforschung der britischen Gesellschaft

Zusammenfassung Dieses Kapitel gibt einen Überblick über die wichtigsten Debatten und Ergebnisse der Forschung über die britische Gesellschaft in der Zeit der Expansion von 1945 bis 1979 und fasst sie zusammen. Die Forschungsaktivitäten werden den verschiedenen Instituten zugeordnet, an denen sie durchgeführt wurden. Zu den behandelten Themen gehören theoretische Debatten über Struktur, Funktion, Konflikt und Handeln sowie empirische Forschungen zu Klasse und Gesellschaftsschichten, Gemeinschaft und Verwandtschaft, „Rasse" und ethnischer Zugehörigkeit, Verbrechen und Abweichung, Arbeit, Industrie und Organisation sowie Religion.

Die Zeit der Expansion und Professionalisierung von 1945 bis Ende der 1970er-Jahre war auch eine Zeit des intellektuellen Wachstums. Das soziologische Denken und Verstehen entwickelte sich über die vereinzelten Errungenschaften der ersten Hälfte des Jahrhunderts hinaus weiter und baute ein umfangreiches theoretisches und empirisches Wissen auf. Theoretische Überlegungen verbanden Themen aus der frühen britischen Sozialtheorie mit einem dominierenden Element der amerikanischen „funktionalistischen" Theoriebildung und führten zu einer charakteristischen Form der „Konflikttheorie", die durch neuere Strömungen des Marxismus und der amerikanischen interaktionistischen Theorie zunehmend erweitert wurde.

Der Hauptstrom der empirischen Forschung betraf unweigerlich die britische Gesellschaft selbst. Dieses Interesse wurde wesentlich durch das politische Engagement vieler britischer Soziologen für die Labour Party bestimmt. Das Labour-Programm zur wirtschaftlichen Verbesserung und zu Reformen in den Bereichen Wohnungsbau, Wohlfahrt, Bildung und sozialer Zusammenhalt warf ein Schlaglicht auf die Forschungsbereiche, und die internen Debatten über die Misserfolge bei den Wahlen nach 1945 (Crosland 1962) weckten soziologische Bedenken hinsichtlich der Veränderungen in der Klassenstruktur und der Klassenbasis der politischen Unterstützung. Diese Forschungen, die den Kerninhalt der Kurse über die „Sozialstruktur des modernen Britanniens" bildeten, die in den meisten Studiengängen angeboten wurden, betrafen, wie in Kap. 2 dargelegt, die Gesellschaftsschichten, das Bildungswesen und die Industrie; sie wurden an bestimmten Orten durchgeführt und nahmen daher oft die Form von „Gemeinschaftsstudien" an, die inhaltliche Fragen mit Strukturen der Verwandtschaft und Nachbarschaft in Verbindung brachten. Diese Fokussierung auf das Gemeinwesen führte zu einem starken Interesse an Kriminalität und „rassischen" Unterschieden, die sich mit der Klasse überschnitten und die Muster von Ordnung und Unordnung bestimmten. Natürlich gab es auch ein Interesse an anderen Gesellschaften und an vergleichenden Fragestellungen, doch führte dies nicht zu einer nachhaltigen empirischen Forschung, und Kurse über vergleichende Soziologie stützten sich in der Regel auf Material, das von Forschern in anderen Ländern produziert wurde. In diesem Kapitel gebe ich einen Überblick über die wichtigsten Themen und Fragestellungen des Hauptstroms der Forschung und konzentriere mich dabei auf die Arbeiten in den Fachbereichen, die sich zunehmend mit der Soziologie als Disziplin identifizierten. Nützliche Übersichten über einige der in diesem Kapitel behandelten Themen finden sich in den Rezensionen von Ernest Krausz (1969) und John Eldridge (1980).

Theoretischer Konsens, Konflikt und Aktion

Die entwicklungspolitischen Ideen von Hobhouse und Ginsberg fanden bei den Soziologen der London School of Economics (LSE) der Nachkriegszeit keinen unmittelbaren Anklang, obwohl Tom Marshalls lockerere Ausdrucksweise und seine praktischere Ausrichtung großen Anklang fanden. Von größerem Interesse waren die funktionalistischen Ideen, die von Edward Shils während seiner Lehrtätigkeit an der LSE vertreten wurden. Wie Talcott Parsons, mit dem er nach seiner Rückkehr in die Vereinigten Staaten zusammenarbeiten sollte, erkannte Shils seine große Affinität zu einer Reihe britischer anthropologischer Studien. Parsons' eigener Entwurf einer strukturell-funktionalen Soziologie in *The Social System* wurde zu Beginn des neuen Jahrzehnts veröffentlicht und fand sofort die wohlwollende Zustimmung von Jack Sprott (1952), der darin eine analytische Sprache sah, die er seinen Soziologenkollegen ans Herz legte.

Einer der ersten Soziologen, der dies tat, war Ron Fletcher (1956), der der Ansicht war, dass Merton und Parsons wirksame Antworten auf einige der Hauptprobleme des anthropologischen Funktionalismus gegeben hatten. Strukturell-funktionale Ideen wurden auch in dem Fachbereich für Sozialanthropologie in Manchester begeistert aufgenommen, der Pionierarbeit bei der Anwendung anthropologischer Theorien und Methoden in Studien über das zeitgenössische Großbritannien leistete. Im Mittelpunkt dieses theoretischen Engagements stand Fred Nadel, ein LSE-Absolvent aus Australien, der 1956 an der LSE eine einflussreiche Vortragsreihe hielt (Nadel 1957). In Manchester vertrat Max Gluckman die Auffassung, dass Anthropologen auch die sozialen Spaltungen und Konflikte in den komplexen Strukturen der sozialen Beziehungen erkennen müssen. In enger Zusammenarbeit mit Gluckman und seinen Kollegen erläuterte die Philosophin Dorothy Emmet (1958) die Logik der funktionalen Erklärung, die auf der Vorstellung beruht, dass sich „Funktion" auf den Beitrag bezieht, den eine Tätigkeit zur Aufrechterhaltung der Struktur eines Systems leistet. Dieser Ansatz, so argumentierte sie, beruht auf der Idee der Selbstregulierung – der Homöostase – und beinhaltet die Identifizierung von Kontrollmechanismen, durch die

Informationen über Abweichungen vom „Gleichgewicht" in eine Aktivität „zurückfließen" und diese so verändern können, dass jegliche Tendenz des Systems zur Veränderung oder zum Zusammenbruch negiert wird. Diesen Ansatz verfolgte auch Duncan Mitchell (1959), der die Bedeutung der strukturellen Konzepte von Rolle und Institution in der strukturell-funktionalen Analyse betonte und dabei einen Artikel von Robert Merton über das „role set" aufgriff, der kurz zuvor im *British Journal of Sociology* erschienen war. Die Rollenanalyse und die strukturellen Dimensionen sozialer Systeme wurden in Edinburgh in einem einflussreichen Buch von Michael Banton (1965) systematisch weiterentwickelt, in dem die zentrale Bedeutung von Parsons' Diskussion ausdrücklich anerkannt und das Geflecht und die Dichte der Verbindungen zwischen den Rollen in komplexen Strukturen untersucht wurde. Bantons wichtigste Erkenntnis war, dass Analysen komplexer Gesellschaften Pluralität und Dissens in den Rollenbeziehungen berücksichtigen und Fragen des Rollenkonflikts in einer Weise untersuchen müssen, die über die Ideen von Gluckman und den Anthropologen aus Manchester hinausgeht. Diese Anliegen wurden später in Glasgow in Alan Wells' (1970) Darstellung sozialer Institutionen und in den Arbeiten über Rollen von John Urry (1970) in Lancaster und Margaret Coulson (1972) am Preston Polytechnic weiterentwickelt.

Diese Diskussionen zeigten die potenziellen Schwierigkeiten bei der Ausweitung des Strukturfunktionalismus von kleinen Gemeinschaften auf größere und komplexere Gesellschaften auf. Dies war auch von David Lockwood (1956) in seinem Beitrag zu den Debatten an der LSE als ein zentrales Problem für das Parsons'sche Schema erkannt worden. Sein Argument war, dass Parsons' Diskussion über Normen und Konsens durch eine ebenso zielgerichtete Diskussion über die „faktische" Verteilung von Ressourcen und die sich daraus ergebende Aufteilung komplexer Gesellschaften in Klassen- und Machtbeziehungen, die zu organisierten Konflikten führten, ergänzt werden müsse. Lockwood wandte sich an Marx und Weber, um die Variablen zu berücksichtigen, die im Parsons'schen Schema fehlten.[1] Sein LSE-Kollege, der deutsche Sozio-

---

[1] Im selben Jahr, in dem Lockwood seine Kritik veröffentlichte, arbeitete Tom Bottomore mit dem Austro-Marxisten Maximilien Rubel, damals an der Sorbonne, zusammen, um eine einflussreiche Auswahl von Auszügen aus Marx zu veröffentlichen (Bottomore und Rubel 1956).

loge Ralf Dahrendorf (1957), vertrat eine ähnliche Ansicht, dass getrennte „Konsens"- und „Zwang"-Theorien komplementäre Ansätze für das soziale Leben bieten könnten. Diese Ansicht wurde in Bantons (1965) Argumentation aufgenommen und von Percy Cohen (1968) systematisch untersucht.

John Rex (1959, 1961) in Leeds begann in einem Aufsatz über „pluralistische Gesellschaften" Konflikt, Spaltung und Macht zu betonen, und machte dies zur Grundlage einer umfassenden Konflikttheorie. Er argumentierte, dass die Verteilung wirtschaftlicher Ressourcen zu Klassensituationen führt, die das Bewusstsein von Akteuren prägen, die in Beziehungen von Herrschaft und Unterordnung involviert sind. Moderne Gesellschaften – die von orthodoxen Strukturfunktionalisten als durch „Wertekonsens" organisiert beschrieben werden – könnten vielmehr als ideologische Herrschaft einer Klasse über eine andere betrachtet werden. Einige Jahre später formulierte Dick Atkinson (1971) inmitten seines Kampfes um einen Arbeitsplatz in Birmingham einen „Handlungsansatz" für soziale Konflikte. Er argumentierte, dass Handlungen rationale und kooperative Mittel zur Verfolgung gemeinsamer Interessen sind und dass soziale Strukturen als „kaleidoskopische" Ergebnisse der Verkettung individueller und kollektiver Handlungen betrachtet werden müssen.

In den 1950er-Jahren hatte Parsons seine eigene Arbeit zu einer Sichtweise der Gesellschaft als „System" mit funktional miteinander verbundenen Subsystemen weiterentwickelt, was wiederum von Sprott (1963) begeistert aufgenommen wurde. Diese Arbeit inspirierte auch Lockwood dazu, über seine frühere Kritik hinauszugehen und die Ansicht zu entwickeln, dass interdependente und oft widersprüchliche Beziehungen zwischen normativen und materiellen Faktoren einen Zustand der „Systemintegration" oder Fehlintegration definieren, der die Bildung und Interaktion von Gruppen und Vereinigungen untermauert, die kooperative und konfliktive Beziehungen eingehen und so einen Zustand der „sozialen Integration" erzeugen. Diese Formulierung einer allgemeinen Theorie der Integrationsniveaus und der sozialen Unordnung wurde von Percy Cohen (1968) in einem breiteren Überblick über soziologische Konzepte untersucht, während die Grenzen der spezifisch parsonsianischen Version von dem Glasgower Philosophen Michael Lessnoff (1968) kritisch seziert wurden. Lockwoods eigener Ansatz wurde von dem Cambridge-Studenten Bob Jessop (1972), von Frank Parkin (1972) in Kent und von Nicos Mouzelis (1974) an der LSE weiterentwickelt. Ein zunehmend einflussreicher Theoretiker derselben Themen war Tony Giddens in Cambridge, der viele der Argumente von Lockwood und den Theoretikern des Konflikts und des Zwangs in seiner eigenen Erläuterung des Funktionalismus und der Machtbeziehungen (Giddens 1968, 1976) und in seiner Neubetrachtung und Versöhnung der Ansichten von Marx, Weber und Durkheim (Giddens 1971) aufgriff.

Die organische und „ganzheitliche" Sichtweise von Gesellschaften als Systeme wurde von dem Philosophen Karl Popper kritisiert, weil sie soziale Ganzheiten fälschlicherweise als unabhängig real darstellte. Sein Kollege John Watkins (1952, 1957) vertrat dieselbe Ansicht und schlug einen „methodologischen Individualismus" vor, um die Bedeutung von Zweck und Intentionalität im sozialen Handeln hervorzuheben. Der Einzelne handelt seiner Ansicht nach auf der Grundlage seiner Wahrnehmung der Umstände und der „Logik" seiner Situation. Ein wichtiger Beitrag zu diesem Argument war Peter Winchs (1958) Verwendung von Wittgensteins Analyse der Regelbefolgung, um eine alternative Sichtweise normativer Faktoren zu liefern. Diese wurde als Verkörperung von Max Webers Sicht des Handelns angesehen und beinhaltete eine Ablehnung aller Formen des Durkheim'schen „Kollektivismus" (siehe die Zusammenstellung der kontroversen Positionen in O'Neill 1973).

Es gab eine lang anhaltende Debatte darüber, inwieweit Handlungen und die ihnen zugrunde liegenden Überzeugungen als „rational" angesehen werden können (siehe die Zusammenstellung in Wilson 1970). Die Betonung des individuellen Handelns als Determinante sozialer Strukturen fiel zusammen mit einem wachsenden Interesse an amerikanischem symbolisch-interaktionistischem und phänomenologischem Denken, dessen theoretische Implikationen in einer kleinen Anzahl von Studien herausgearbeitet wurden (z. B. Coulter 1971; Filmer et al. 1972), obwohl die meisten methodologischen Individualisten ihre Opposition zum Holismus nicht so weit trieben (Goldthorpe 1973). Während die phänomenologische Arbeit weitgehend theoretisch war, untersuchten Forscher in Manchester, vor allem Jeff Coulter (1973) und Max Atkinson (1978), dies durch empirische Anwendungen. Gleichzeitig wuchs das Interesse an den strukturalistischen Ideen von Lévi-Strauss, die von Edmund Leach (1970) und Mary Douglas (1970) aufgegriffen wurden, sowie am Althusser'schen Strukturalismus, wie er von Barry Hindess und Paul Hirst (1975) entwickelt wurde.

Diese schärfere Unterscheidung zwischen Handlungs- und Strukturvorstellungen untermauerte die Behauptung des Leeds-Theoretikers Alan Dawe (1970), dass es „zwei Soziologien" gibt: eine Soziologie des Systems und der Ordnung und eine Soziologie des Handelns und der Kontrolle. Beide seien gleichermaßen gültig, und die Entscheidung zwischen ihnen erfordere moralische und politische Urteile. Dies förderte die Ansicht, dass die Soziologie eine pluralistische Disziplin mit inkommensurablen konzeptionellen Paradigmen ist, was viele jüngere Soziologen dazu veranlasste, die Veröffentlichung von Alvin Gouldners *Coming Crisis of Western Sociology* zu begrüßen (siehe auch Corrigan 1975).

Natürlich gab es auch andere theoretische Argumente, die sich mit diesen Debatten überschnitten. Das klassische Denken wurde in vielen Zeitschriftenartikeln und Büchern (z. B. Fletcher 1971) erörtert und war in der Arbeit des deutschen Emigranten Norbert Elias direkt vertreten. Elias' Werk wurde vor allem durch seine Lehrtätigkeit an der Universität Leicester bekannt; seine eigenen englischsprachigen Veröffentlichungen beschränkten sich auf einen einführenden Text, einen Artikel über methodologische Distanz und einen zweiteiligen Artikel über die Wissenssoziologie (Elias 1956, 1969, 1971). Er untersuchte die Art und Weise, wie sich individuelle Handlungen zu komplexen „Figurationen" zusammenfügen, die keine Systeme sind, sondern eine Realität und Autonomie besitzen, die sich menschlichen Kontrollversuchen entziehen. In Birmingham unternahm Charles Madge (1964) einen wissenssoziologischen Versuch, der darauf abzielte, die materielle Grundlage der zunehmenden „rationalen" Orientierung moderner Gesellschaften aufzudecken. Seine Arbeit war jedoch unausgegoren und bruchstückhaft, und es gelang ihm nicht, eine Verbindung zu breiteren Debatten herzustellen. Ebenfalls in Birmingham entstanden die kritischen Auseinandersetzungen mit Parsons, die Gi Baldamus in einer Reihe von Arbeitspapieren niederlegte, die bis zu ihrer Veröffentlichung in Buchform eine begrenzte Untergrundverbreitung fanden (Baldamus 1976).

Soziale Klasse, Chancen und Stratifikation

Der Einfluss dieses vorherrschenden theoretischen Ansatzes ist nirgendwo deutlicher zu erkennen als in den Studien zur sozialen Schichtung, die den Hintergrund für alle anderen Sozialforschungen in Großbritannien bildeten. Tom Marshall legte den Grundstein in einem Aufsatz über Staatsbürgerschaft (1950), in dem er argumentierte, dass die gesellschaftliche Entwicklung seit dem 17. Jahrhundert eine allmähliche Ausweitung gleicher Bürgerrechte vom zivilen auf den politischen und dann auf den sozialen Bereich mit sich brachte, ein Prozess, in dem die traditionellen Statusunterschiede durch die Ausweitung demokratischer und marktwirtschaftlicher Prinzipien untergraben wurden. Die Ausweitung der sozialen Rechte durch den Kampf um die Gesundheits-, Wohlfahrts- und Bildungspolitik stelle die faktischen Ungleichheiten der Klassen in Frage.

Diese Sichtweise der Klassenstruktur wurde in einer LSE-Studie zur sozialen Mobilität weiterverfolgt, die die Vorkriegsarbeit von Ginsberg verbessern sollte. Unter der Leitung von David Glass (1954) wurden in dieser Studie statistische Methoden eingesetzt, die Glass in seiner demografischen Arbeit mit Hogben entwickelt hatte. Mit Caradog Jones und später John Hall als Hauptforschern konstruierte er ein Modell der britischen Klassenstruktur, das auf der Auffassung beruht, dass Einzelpersonen und ihren Familien aufgrund ihrer verschiedenen sozialen Merkmale und Eigenschaften ein bestimmter Status zugewiesen wird. Diese Statusbeurteilungen führen zu einer hierarchischen Anordnung von Schichten, die durch eher undeutliche als scharfe Grenzen getrennt sind. Der Beruf, so Glass, ist ein leicht zu beobachtender Indikator für die verschiedenen statusbestimmenden Kriterien, und so können Schichten als Cluster von Berufen mit ähnlichem Status und, aufgrund ihrer internen Verbindungen, unterschiedlichen Mustern von Verwandtschaft, Freundschaft, Fruchtbarkeit und Morbidität betrachtet werden.

Die bei der offiziellen Volkszählung und verschiedenen anderen sozialen Erhebungen verwendete Statusklassifizierung war die Klassifizierung des Registrar General für England und Wales, die sieben Schichten auf der Grundlage der fundierten Einschätzungen der Mitarbeiter im Volkszählungsbüro festlegte. Glass argumentierte, dass eine neue empirische

Tab. 3.1 Die Hall-Jones-Klassifikation

Soziale Schicht
1 Professionell und mit hohem Verwaltungsaufwand
2 Manager und Führungskräfte
3 Inspektions- und Aufsichtspersonal sowie sonstige nichtmanuelle Mitarbeiter des höheren Dienstes
4 Inspektions-, Aufsichts- und sonstige nichtmanuelle Tätigkeiten des unteren Dienstes
5 Qualifizierte manuelle und routinemäßige nicht-manuelle Tätigkeiten
6 Halb gelernter Arbeiter
7 Ungelernter Arbeiter

Studie dieses willkürliche Schema verfeinern könnte. In der Studie (Jones und Hall 1950) wurde eine Stichprobe von Personen gebeten, die Berufe nach ihrer sozialen Stellung einzuordnen, und es wurde eine modifizierte Version der Klassifikation des Registrar General erstellt, die als Hall-Jones-Klassifikation bekannt wurde (siehe Tab. 3.1).

Eine spätere Prüfung der Klassifizierung (Moser und Hall 1954) ergab, dass sie eine gute Annäherung an die „Klassen"-Struktur der britischen Gesellschaft darstellt, soweit diese in Form von Statusurteilen gesehen wird. Die schärfsten Grenzen konnten zwischen den „Klassen" 1 und 2, 2 und 3 sowie 6 und 7 ausgemacht werden, alle anderen Grenzen waren eher undeutlich. Der Oxforder Soziologe Douglas Cole (1950, 1951, 1954) sah darin den Beweis für die Entstehung einer Zweiklassengesellschaft. Er vertrat die Auffassung, dass die traditionelle Oberschicht des Landadels und der Gentry im Verschwinden begriffen war und eine manuelle „Arbeiterklasse" übrig blieb, die zwei Drittel der Bevölkerung ausmachte, sowie eine nicht-manuelle „Mittelschicht", die ein Drittel ausmachte. Diese Klassen ließen sich in Bezug auf ihre soziale Stellung nur grob unterscheiden: Es gebe viele Überschneidungen, und jede Klasse sei intern durch Statuserwägungen in Bezug auf die Art und das Niveau der geleisteten Arbeit getrennt.

Diese Ansicht wurde von Fred Martin (1954) unterstützt, der einen recht engen Zusammenhang zwischen der Position in der Hall-Jones-Klassifikation und der selbst eingeschätzten sozialen Klasse feststellte. Er argumentierte, dass es eine gemeinsame mentale Landkarte gibt, die drei Klassen – Ober-, Mittel- und Arbeiterklasse – umfasst, innerhalb derer sich die Menschen verorten können. Die Mehrheit der Angehörigen der Klassen 1, 2 und 3 bezeichnete sich selbst als „Mittelschicht", obwohl einige in Klasse 1 sich als „obere Mittelschicht" und einige in Klasse 3 sich als „untere Mittelschicht" bezeichneten. Die Arbeiter in Klasse 5 sahen sich eher als „Arbeiterklasse", während die unteren nicht-manuellen Arbeiter sich unterschiedlich als Mittelklasse oder Arbeiterklasse sahen. Dies bildete die Grundlage für spätere Arbeiten, in denen die Klasse 5 in eine manuelle und eine nicht-manuelle Klasse aufgeteilt und eine einfachere Unterscheidung zwischen Mittelklasse (1, 2, 3, 4, 5a) und Arbeiterklasse (5b, 6, 7) verwendet wurde.

Die Mobilitätsstudie von 1949 (Glass und Hall 1954) zeigte, dass die höchste intergenerationelle Stabilität in den Klassen 1, 5 und 6 zu finden war, wo zwischen einem Drittel und der Hälfte der Männer in der gleichen Klasse wie ihre Väter lebten.[2] Bei denjenigen, die sozial auf- oder abwärts mobil waren, war die Aufwärtsmobilität in den Klassen 5 und 6 am höchsten: Zwischen der Hälfte und drei Viertel der in diese Klassen hineingeborenen Männer waren bis 1949 in eine höhere Klasse aufgestiegen. Bei der begrenzten Mobilität handelte es sich in der Regel um eine Kurzstreckenmobilität, bei der der Aufwärtsmobilität eine Abwärtsmobilität gegenüberstand. Der größte Teil der Aufwärtsmobilität war auf den industriellen Wandel zurückzuführen, der die Zahl der nichtmanuellen Berufe erhöht hatte und somit die Notwendigkeit mit sich brachte, für diese Positionen Personen mit manuellem Hintergrund zu rekrutieren. Es gab kaum Anzeichen für eine tatsächliche „Offenheit" in den Klassenbeziehungen.

Die Forschungsarbeiten von Glass regten zu einer umfassenderen Untersuchung der Frage an, ob die 1944 vorgenommenen Veränderungen im Bildungswesen unabhängig von den beruflichen Veränderungen zu einem höheren Maß an sozialer Mobilität in der kommenden Generation führen würden, die derzeit die Schule besucht. Die Diskussion in der Bildungssoziologie wurde von Floud, Halsey und Martin (1956; Floud

---

[2] Die Glass-Studie konzentrierte sich ausschließlich auf Männer. Bei der Untersuchung der Heiratsmuster wurden die Frauen auf der Grundlage des Berufs ihres Vaters oder ihres Ehemanns einer Klasse zugeordnet. Begründet wurde dies mit den damals vorherrschenden häuslichen und beruflichen Bedingungen der Frauen. Diese Annahme und Forschungspraxis wurde erst in den späten 1970er-Jahren zu einem wichtigen Diskussionsthema und wird in einem späteren Kapitel erörtert.

und Halsey 1958; siehe auch Banks 1955) unter dem Gesichtspunkt der Selektion und der Leistungen in Bezug auf die gemessenen Fähigkeiten aufgegriffen. Die 11+-Prüfung, durch die Kinder für Gymnasien, technische Schulen oder weiterführende Schulen ausgewählt wurden, gab vielen begabten Arbeiterkindern nicht die Möglichkeit einer gymnasialen Ausbildung. Längsschnittuntersuchungen von James Douglas (1964, 1968) haben gezeigt, dass soziale Klassenunterschiede bei den Haushaltsressourcen und der elterlichen Unterstützung für die Bildung die Kompetenzen beeinflussen, die Kinder in die Schule mitbringen, und somit ihre Fähigkeit bestimmen, von der Schulbildung zu profitieren. Basil Bernstein (1960, 1962, 1964) ermittelte Klassenunterschiede in den Sprechstilen, die Kinder verwenden können. Die Sozialisation von Kindern aus der Mittelschicht, so argumentierte er, verleiht ihnen die Fähigkeit, den von Lehrern und in Lehrbüchern verwendeten „formalen" oder „elaborierten" Sprachcode zu verwenden. Kinder aus der Arbeiterklasse hingegen neigen dazu, nur einen „eingeschränkten" Sprachstil zu verwenden, der sie in der Bildung benachteiligt.

Brian Jackson (1964) zeigte, dass diese frühen Klassenunterschiede durch die Verteilung der Kinder auf die Grundschulen verstärkt werden, wobei die Unterschiede zwischen Kindern aus der Arbeiterklasse und Kindern aus der Mittelschicht im Laufe der Jahre bis zur Prüfung im Alter von 11 Jahren zunehmen. In Zusammenarbeit mit Dennis Marsden zeigte er außerdem, dass Arbeiterkinder, die im Alter von 11 Jahren erfolgreich waren, wahrscheinlich aus Familien stammten, in denen die Mutter Beziehungen zur Mittelschicht hatte und Unterstützung bieten konnte, die bei anderen Kindern fehlte oder schwächer war (Jackson und Marsden 1962). Der Erfolg auf dem Gymnasium hing von der Fähigkeit dieser Kinder ab, sich von ihrer Heimatgemeinde zu distanzieren und sich mit dem bürgerlichen Umfeld der Schule zu identifizieren. Wenn Gymnasien und Realschulen auch nach gemessenen oder wahrgenommenen Fähigkeiten sortieren, wurde eine fortschreitende Polarisierung zwischen höheren und niedrigeren Klassen festgestellt, die die ursprünglichen Klassenunterschiede widerspiegelt (Lacey 1970; Hargreaves 1967; Willis 1977). Es gab auch Belege dafür, dass solche Prozesse in nicht selektiven Sekundarschulen fortbestehen können (Ford 1969). Die allgemeine Schlussfolgerung lautete, dass die Reformen in der Primar-

und Sekundarstufe die Mobilitätschancen nicht verbessert haben und bei den Kindern eine fatalistische Sichtweise auf die Bildung und begrenzte Aussichten auf eigene Leistungen hinterlassen haben.

Der Soziologe Garry Runciman (1966) aus Cambridge untersuchte in einer 1962 für das Institute of Community Studies (ICS) durchgeführten Umfrage einige Folgen der begrenzten Mobilität. Er stellte fest, dass die Menschen ihre eigenen Vor- und Nachteile anhand von Maßstäben beurteilen, die sie von den Vorteilen ableiten, die ihrer Meinung nach diejenigen genießen, die ihnen in der Hierarchie der Ungleichheit am nächsten stehen. Die Beschränkung ihrer Vergleiche auf diejenigen, die knapp über oder knapp unter ihnen stehen, führte dazu, dass sie relativ bescheidene Forderungen nach sozialen Verbesserungen stellten. Runciman kam zu dem Schluss, dass Ungleichheit akzeptiert wird, weil man ihr wahres Ausmaß nicht kennt. Hochgradig ungleiche Gesellschaften können daher geordnet und sehr stabil sein, ohne dass sie einer einvernehmlichen Legitimation bedürfen.

Diese Anerkennung der materiellen Ungleichheit veranlasste einige zu dem Schluss, dass der Ansatz von Glass nicht weit genug ging. Insbesondere David Lockwood (1958) stützte sich auf seine Diskussion der Parsons'schen Theorie, um das Modell der Stratifikation zu rekonstruieren. Er argumentierte, dass das normative Element des sozialen Status mit einer Analyse der zugrunde liegenden „faktischen" Verteilung der wirtschaftlichen Macht, die die „Klasse" im Sinne von Marx und Weber ausmacht, kombiniert werden müsse. In seiner eigenen Studie über Büroangestellte unterschied er, in Anlehnung an ähnliche Berufsstudien von Keith Kelsall (1955) und Asher Tropp (1957), die „Statussituation" von Individuen von ihrer „Klassenposition", wobei letztere den Komplex wirtschaftlicher Beziehungen umfasst, die die Lebenschancen einer Person bestimmen und so die Eigenschaften formen, die Gegenstand der Statusbewertung sind. Es ist das Zusammenwirken dieser Klassen- und Statusfaktoren, die das System der sozialen Schichten bilden, die als „soziale Klassen" bezeichnet werden und in der Hall-Jones-Klassifikation enthalten sind, so argumentierte er.

Die Klassensituation selbst, so argumentierte Lockwood, umfasst eine „Marktsituation" und eine „Arbeitssituation". Die Marktsituation umfasst die Quelle, die Höhe und die Sicherheit des Einkommens, die durch die Eigentums- und Beschäftigungsverhältnisse bestimmt werden. Eine „proletarische" Marktsituation ist also eine Situation, in der es an Eigentum oder Kontrolle über die Produktionsmittel mangelt und in der man folglich seine Arbeitskraft verkaufen muss, um seinen Lebensunterhalt zu sichern. Proletarische Arbeitnehmer unterscheiden sich durch Unterschiede in diesen Aspekten ihrer Marktsituation. Angestellte, so Lockwood, haben im Vergleich zu Arbeitern ein höheres Einkommen, mehr Arbeitsplatzsicherheit und bessere Rentenaussichten und befinden sich daher in einer besonderen proletarischen Marktsituation. Die Arbeitssituation hingegen umfasst spezifische Beziehungen, die sich aus der Position in der Arbeitsteilung ergeben, da diese durch sekundäre Unterschiede in den Eigentums- und Beschäftigungsverhältnissen konstituiert wird. Der Arbeiter in einer großen Fabrik hat beispielsweise nur wenig Kontakt mit dem Eigentümer oder dem Manager und ist tief in die Beziehungen zu seinen Kollegen eingebettet. Büroangestellte hingegen arbeiten in einem Büro, wo sie häufig mit Managern in Kontakt kommen und nur begrenzte Beziehungen zu anderen Arbeitern haben, obwohl sich ihre Situation in beiderlei Hinsicht mit der zunehmenden Bürokratisierung der Büroarbeit verändert hat.

Lockwoods Ansatz wurde durch die Diskussion mit Dahrendorf geschärft, der ebenfalls eine Darstellung der Bedeutung von Klassenposition und wirtschaftlicher Macht in sozialen Konfliktmustern entwickelte (Dahrendorf 1957). Etwas später fügte Rex' Argumentation einer Klassenkonflikttheorie hinzu, dass auch die Wohnsituation einer Person zu sozialen Spaltungen führen kann (Rex und Moore 1969). Diese Merkmale der Klassensituation prägen das soziale Bewusstsein des Angestellten als individualistischer Anwärter auf einen Mittelklassestatus, dem jedoch die Gleichstellung mit Managern und Arbeitgebern verweigert wird. Der Status und das Identitätsgefühl des Angestellten sind also zwischen Mittelklasse und Arbeiterklasse unklar und spiegeln eine allgemeine Marginalität der sozialen Lage wider. Ihr soziales Bewusstsein prägt ihre Einstellung zu Politik und Arbeitskampfmaßnahmen: Sie wählen nach ihrem individuellen Eigeninteresse und meiden gewerkschaftliches Engagement.

Lockwoods Argumentation wurde in einem Aufsatz über Veränderungen in der Arbeiterklasse (Lockwood 1960) und in einem gemeinsam mit John Goldthorpe durchgeführten Projekt über Arbeiter weiterentwickelt. Letzteres Projekt, das als „Affluent Worker" bekannt ist, wurde zu einem soziologischen Klassiker und bestimmte für mehr als ein Jahrzehnt die Agenda für die Forschung in den Bereichen soziale Schichtung, Industriesoziologie und politische Soziologie. Das Projekt wurde 1962 geplant, als sowohl Lockwood als auch Goldthorpe in Cambridge waren. Die integrative Grundlage des Projekts wurde in einem großen Artikel (Goldthorpe und Lockwood 1963) dargelegt und die Ergebnisse in einer Reihe von Büchern (Goldthorpe et al. 1969a, b, c) veröffentlicht.

Der unmittelbare Anlass für diese Untersuchung war die dritte Wahlniederlage der Labour Party in Folge im Jahr 1959, die viele zu der Frage veranlasste, warum die Unterstützung der Arbeiterschaft für die Partei zurückgegangen war (Abrams und Rose 1960; Butler und Rose 1960). Eine gängige Vermutung war, dass eine zunehmend wohlhabende Arbeiterklasse zu einer „Mittelschicht" geworden war – das so genannte „Embourgeoisement" – und daher ihre Orientierung und ihre Ansichten nicht mehr automatisch der Labour Party verpflichtet waren. Ziel des Projekts war es, diese Behauptung durch eine Studie über die „neue" Arbeiterklasse in sicheren und besser bezahlten Arbeitsplätzen in fortschrittlichen Industrien zu untersuchen. Die Forscher wählten Luton als Forschungsstandort und untersuchten die Vauxhall-Autofabrik, die Skefco-Kugellagerfabrik und die Laporte Chemical Works. Zu Vergleichszwecken nahmen sie eine Stichprobe von Büroangestellten in den drei Unternehmen auf.

Sie argumentierten, dass, wenn eine Verbürgerlichung stattgefunden hätte, die neuen Arbeiter in wirtschaftlicher, relationaler und normativer Hinsicht den Angestellten, die in der Klassenstruktur unmittelbar über ihnen stehen, ähnlicher wären. Das heißt, die neuen Arbeiter- und Angestelltenklassen würden eine größere Gleichheit in Bezug auf Einkommen, Arbeitsplatzsicherheit und Arbeitsbedingungen aufweisen, sie würden häufig und auf der Grundlage der Gleichheit miteinander interagieren und Verbindungen eingehen und sie würden die gleichen normativen Ansichten und Bestrebungen annehmen. In Wirklichkeit, so die Schlussfolgerung, zeigen die Beweise, dass nichts davon eingetreten ist.

Die neuen Arbeiter von Luton waren trotz ihres relativen Wohlstands den Angestellten wirtschaftlich unterlegen, und ihre Geselligkeitsmuster unterschieden sich deutlich. In normativer Hinsicht unterscheidet sich ihr Lebensstil in den neuen Siedlungen von dem in den etablierten Arbeitervierteln dadurch, dass sie familienzentrierter und „privatisierter" geworden sind. Diese normative Veränderung war jedoch eher eine Anpassung an ihre neue Situation als die Übernahme eines Lebensstils der Mittelklasse. Die Arbeiter strebten nach höherem Einkommen, um die Lebensbedingungen ihrer Familien zu verbessern, aber diese Bestrebungen nach wirtschaftlicher Verbesserung und ihre Befreiung von den von Runciman dokumentierten eingeschränkten Horizonten waren nicht mit einem Status verbunden, der danach strebte, der Mittelklasse nachzueifern.

Die positive Schlussfolgerung aus der Untersuchung in Luton war, dass der wirtschaftliche Wandel zu Veränderungen in der normativen Einstellung *sowohl* der neuen Arbeiter als auch der Angestellten geführt hat. Die Abkehr von der gemeinschaftlichen Solidarität der „traditionellen" Arbeitergemeinschaften und die Hinwendung zu einem privatisierten und familienzentrierten Lebensstil ging einher mit der Abkehr der Angestellten von ihrem tief verwurzelten Individualismus und der Akzeptanz einiger Formen kollektiver Maßnahmen zur wirtschaftlichen Verbesserung. Die starke solidarische Unterstützung der Arbeiter für die Labour Party und die Gewerkschaften ging zwar zurück, doch wurde dies durch eine teilweise Abkehr der unteren Mittelschicht von ihrer traditionellen Unterstützung für die Konservative Partei und ihrer Abwendung von der Gewerkschaftsbewegung ausgeglichen. Sowohl die neuen Arbeiter als auch die Angestellten waren in ihrer politischen und industriellen Einstellung instrumenteller und in ihrem Wahlverhalten pragmatischer geworden.

Um zu ihrem Ausgangspunkt zurückzukehren – dem Rückgang der Unterstützung der Labour Party bei allgemeinen Wahlen – kamen Goldthorpe und Lockwood zu dem Schluss, dass sich die Labour Party nicht mehr auf die gewohnte und automatische Wahlunterstützung der Arbeiter für die Partei verlassen könne. Die Partei könne diesen Rückgang jedoch umkehren, indem sie eine Politik verfolge, die auf die Bestrebungen der neuen Arbeiterklasse ausgerichtet sei, und dies könne auch zu einer Wählerunterstützung durch Teile der Mittelschicht führen.

Lockwood (1966) erläuterte die Auswirkungen des Projekts und stellte eine Typologie der Arbeiterklasse auf, in der er die „proletarischen", die „ehrerbietigen" und die „privatisierten" Arbeitnehmer unterschied.[3] Proletarische Arbeiter sind diejenigen, die in Industrien wie dem Bergbau, den Docks und dem Schiffbau arbeiten, in denen eine große Anzahl von Arbeitern relativ isolierte Ein-Klassen-Gemeinschaften bilden. Diese Arbeitsbedingungen erzeugen ein hohes Maß an Solidarität unter denjenigen, die ihre Arbeit und Freizeit gemeinsam verbringen. Proletarische Arbeiter entwickeln ein Gefühl von „uns", das sie von „denen", die die Macht haben, unterscheidet. Ihre mentale Landkarte oder ihr „Bild der Gesellschaft" ist ein Zwei-Klassen-Machtmodell, wie es von Richard Hoggart (1957) beschrieben wurde. Diese Form des Klassenbewusstseins ist die Grundlage für eine rege Beteiligung an kollektiven Arbeitskämpfen und für die Unterstützung der Labour Party.

„Ehrerbietige" Arbeitnehmer hingegen sind in handwerklichen Berufen oder im Dienstleistungsbereich in kleineren Organisationen tätig, die sie mit Arbeitgebern und Managern in Kontakt bringen. Sie sind in kleinen, berufsübergreifenden Lokalitäten zu finden. Zusammen mit einer persönlichen und partikularen – oft paternalistischen – Beziehung zum Arbeitgeber fördert dies ein respektvolles Verhalten des Arbeitnehmers. Tom Pear (1955) hatte zuvor vorgeschlagen, dass begrenzte Vergleiche ein Merkmal der Akzeptanz „traditioneller" Statusunterschiede und der Ehrerbietung gegenüber denjenigen sind, die als einer höheren Klasse angehörend angesehen werden. Das soziale Bewusstsein der „ehrerbietigen" Arbeitnehmer ist das eines hierarchischen Modells von drei oder mehr Klassen, die nach ihrem relativen Prestige organisiert sind.

Bei den privatisierten Arbeitnehmern handelt es sich um die „neuen" Arbeiter der expandierenden Massenproduktionsindustrien, die in Siedlungen in den neuen und wachsenden Städten leben. Ihre Arbeitssituation bringt es mit sich, dass sie repetitive und hochspezialisierte Aufgaben aus-

---

[3] Die ersten beiden Kategorien wurden etwas irreführend als „traditionell" bezeichnet, obwohl Lockwood einfach die alteingesessenen Klassen des Industriekapitalismus meinte.

führen, die ihnen keine Autonomie und kein Gefühl der Beteiligung vermitteln. Ihre Bindung an ihre Arbeit ist kalkulatorisch oder instrumentell und erzeugt ein soziales Bewusstsein, das zu einer privatisierten Einbindung in ihren Wohnort und die Gesellschaft im weiteren Sinne führt. Sie übernehmen ein „pekuniäres" oder geldbasiertes Gesellschaftsmodell: Klassenunterschiede werden in Form von Einkommen und materiellem Besitz gesehen, und sie sehen eine einzige, große Klasse, die sich durch das Einkommen unterscheidet und einfach von „den Reichen" oben und „den Armen" unten abgegrenzt wird.

Eine Reihe weiterer Studien bestätigte und erweiterte diese Typologie. In Essex zeigte Howard Newby (1977), dass die Klassensituation der Landarbeiter viele Gemeinsamkeiten mit der des „ehrerbietigen" Arbeiters aufwies. In Aberdeen untersuchte Robert Moore (1974) die proletarische Arbeiterklasse des Durhamer Kohlereviers, zeigte aber, dass der Methodismus der Bergarbeiterführer ihr soziales Bewusstsein in eine versöhnliche und entgegenkommende Haltung lenkte, die erst abnahm, als der Einfluss des Methodismus nachließ und ihre Arbeitgeber berechnend wurden. In Durham zeigten Jim Cousins und Richard Brown (1975) in ähnlicher Weise, dass die Schiffbauarbeiter an der Tyne zwar viele proletarische Merkmale aufwiesen, ihre Beschäftigung aber oft eher Gelegenheitsarbeit als regelmäßig war und die Solidarität durch die Rivalität zwischen den Werften eingeschränkt wurde.

Peter Townsend, jetzt in Essex, untersuchte die unteren Schichten der Arbeiterklasse, um das Ausmaß ihrer Armut zu ermitteln. In Anlehnung an Marshall verstand er Armut als Entbehrung im Verhältnis zu dem, was für einen vollwertigen Bürger einer Gesellschaft als normal angesehen wird, und nicht als Zustand, der durch ein absolutes Existenzminimum definiert ist (Townsend 1954, 1962, 1974). Eine große Erhebung, die diesen Ansatz verfolgte, kam zu dem Ergebnis, dass 25,2 % der Haushalte in Großbritannien als benachteiligt angesehen werden konnten, während in den offiziellen Statistiken, die einen Existenzminimum-Standard verwendeten, nur 6 % erfasst wurden (Townsend 1979).

Der Soziologe Frank Parkin (1971) aus Kent verfolgte einen Ansatz zu Klassen und Konflikten, der sich weitgehend an den von Lockwood und Rex anlehnte, und betrachtete die Kultur jeder Gesellschaft als einen

Komplex von klassenbasierten „Bedeutungssystemen", die um die Macht der verschiedenen Klassen herum organisiert sind, um sie aufrechtzuerhalten und anderen aufzuzwingen. Das vorherrschende Bedeutungssystem in Großbritannien ist seiner Ansicht nach das der Manager- und Unternehmer-Mittelschicht. Im Mittelpunkt steht ein Bild der Gesellschaft, das der Statushierarchie der Hall-Jones-Klassifikation entspricht. In dem Maße, in dem dieses Bild den Mitgliedern anderer Klassen durch Sozialisierung und durch seine „ideologische" Verkörperung in sozialen Institutionen aufgezwungen werden kann, wird es einvernehmlich als Beschreibung des tatsächlichen Zustands der sozialen Schichtung angesehen. Parkin argumentierte, dass dieses dominante Bedeutungssystem von den Mitgliedern untergeordneter Klassen auf eine von zwei Arten interpretiert wird. Eine „ehrerbietige" Interpretation findet sich, wie Lockwood vorschlug, bei Kleinstadtarbeitern, die in engem Kontakt mit ihren Arbeitgebern stehen, während eine „aufstiegsorientierte" Interpretation bei Büroangestellten und Vorgesetzten von Arbeitern zu finden ist. Die mentale Landkarte der Gesellschaft, die Glass und seine Mitarbeiter ausgemacht haben, ist also im Wesentlichen die der Mittelschicht, der Büroangestellten und der „ehrerbietigen" Arbeiter.

Parkin zufolge ist ein ausgeprägtes untergeordnetes Bedeutungssystem, das soziale Spaltungen abbildet, charakteristisch für etablierte Arbeiterklassengemeinschaften und beinhaltet eine fatalistische „Anpassung" an die bestehenden Bedingungen. Dieses proletarische Bewusstsein kehrt die vorherrschende Statushierarchie teilweise um, indem es qualifizierte manuelle Berufe höher einstuft als routinemäßige Bürotätigkeiten, wie in der von Young und Willmott (1956) für Arbeiter in Bethnal Green berichteten „umgekehrten" Prestige-Rangliste zu sehen ist.

Oppositionelle Bedeutungssysteme, die eine radikale Herausforderung für die soziale Ordnung darstellen, so Parkin, entstehen nur innerhalb politischer Massenparteien und können von denjenigen übernommen werden, die sich in einer untergeordneten Klassensituation befinden, wenn sich eine solche Partei erfolgreich innerhalb einer Arbeitergemeinschaft etabliert, die einen fruchtbaren Boden für oppositionelle Ansichten bietet. Die Parteiführung ist in der Lage, die Auswirkungen der herrschenden Ideologie in Frage zu stellen und so die Entwicklung radikaler Ideen zu ermöglichen. In vielen Gemeinschaften wird das soziale Bewusstsein der Arbeiterklasse daher eher ambivalent und verworren sein und Aspekte der miteinander unvereinbaren akkommodierenden und radikalen Bedeutungssysteme kombinieren.

Goldthorpe führte kurz darauf seine eigene Mobilitätsstudie durch, um die Arbeit von Glass mit den Fortschritten zu aktualisieren, die Blau und Duncan in den Vereinigten Staaten gemacht hatten. Zu diesem Zweck verwendete er gängige Einstufungen von Berufen nach Lebensstandard, Prestige, Macht und Wert, um eine Skala für die „allgemeine Qualität" von Berufen zu erstellen (Goldthorpe und Hope 1972). Die sich daraus ergebende Skala von 124 Berufskategorien wurde in Pfaddiagrammen verwendet, um die an der sozialen Mobilität beteiligten Faktoren zu messen. Der Vergleich mit Glass erforderte jedoch, dass diese Skala verwendet wurde, um Klassenkategorien zu erstellen, die die von Hall und Jones ersetzen konnten. Zu diesem Zweck „kollabierten" Goldthorpe und Hope die Skala, indem sie die Grenzen auf der Grundlage des Skalenabstands zwischen benachbarten Kategorien festlegten. Ursprünglich wurden 36 solcher Kategorien für die Klassensituation ermittelt (Goldthorpe und Hope 1974), die dann in sieben soziale Klassen unterteilt wurden, die sich grob in drei Gruppen zusammenfassen lassen (Goldthorpe und Llewellyn 1977), wie in Tab. 3.2 dargestellt. Untersuchungen an einer Stichprobe von Männern zeigten einen allgemeinen Anstieg der absoluten Aufwärtsmobilitätsraten, aber eine Stabilität der

Tab. 3.2 Die Goldthorpe-Klassifikation

	Soziale Schicht	
I	Höhere Fachkräfte, Verwaltungsangestellte, Manager; Großunternehmer	
II	Fachkräfte des unteren Dienstes und Techniker des oberen Dienstes; Verwaltungsangestellte und Führungskräfte des unteren Dienstes	Dienstklasse
III	Nicht-manuelle Routinearbeiten in Verwaltung, Handel und Vertrieb	
IV	Kleingewerbetreibende; selbstständige Handwerker	Mittlere Klasse
V	Techniker und Aufsichtspersonal des unteren Dienstes	
VI	Facharbeiter	
VII	An- und ungelernte Arbeiter	Arbeiterklasse

relativen Mobilitätschancen der Angehörigen der verschiedenen sozialen Klassen (Goldthorpe et al. 1978). Die Mobilität wurde durch berufliche Veränderungen vorangetrieben, und die Herkunftsschicht blieb das stärkste Hemmnis für die Mobilitätschancen.

Giddens (1973) hat eine wichtige theoretische Synthese über die soziale Schichtung vorgelegt und versucht, den Begriff der Klasse für die vergleichende Forschung nützlicher zu machen. Er ersetzte Lockwoods Konzept der Marktsituation durch das der „Marktkapazität", um die den Marktbeziehungen innewohnenden Machtunterschiede zu betonen. Eine Vielzahl von Marktkapazitäten, so argumentierte er, kann durch Prozesse der „Strukturierung", die ihre Grenzen festlegen, zu einer begrenzten Anzahl von sozialen Klassen geformt werden. Diese Prozesse strukturieren die Art und Weise, in der Marktkapazitäten und die damit verbundenen Arbeits- und Konsumformen in der Lage sind, unterschiedliche und abgegrenzte soziale Klassen zu bilden.

Prozesse der „vermittelten Strukturierung" beruhen auf der Verteilung von Mobilitätschancen und schaffen eine soziale Schließung, die eine Gruppierung hervorbringt, innerhalb derer bestimmte Lebenschancen generationenübergreifend reproduziert werden. Dies geschieht typischerweise in Bezug auf drei große Arten von Marktkapazitäten: Eigentum an Produktionsmitteln, Bildung und technische Qualifikation sowie manuelle Arbeitskraft. Diese bilden die Grundlage für eine Oberschicht, eine Mittelschicht bzw. eine Arbeiterklasse. Westergaard und Resler (1975) haben gezeigt, dass solche Prozesse zu anhaltenden Unterschieden in den wirtschaftlichen Lebenschancen führen. Die Prozesse der „unmittelbaren Strukturierung" entsprechen weitgehend dem, was Lockwood als „Arbeitssituation" bezeichnete, und umfassen die Arbeitsteilung, die Autoritätsbeziehungen und die „distributiven Gruppierungen" beim Konsum (einschließlich Wohnen). Diese Prozesse verstärken die aus der mittelbaren Strukturierung resultierenden Spaltungen, können aber auch zu Differenzierungen innerhalb der Basisklassen führen.

Giddens nutzte dieses Argument, um eine Grundlage für die Analyse politischer Eliten zu schaffen, die einen wichtigen, aber weitgehend separaten Aspekt der Stratifikationsforschung darstellte. Cole (1955a) hatte „Eliten" als die auf jeder Ebene der Gesellschaft existierenden Führungsgruppen identifiziert, argumentierte jedoch, dass die wichtigsten Eliten für empirische Untersuchungen diejenigen sind, die in „leitenden" Positionen im Staat und in großen gesellschaftlichen Organisationen wie der Kirche, den Universitäten, den Unternehmen und den Gewerkschaften tätig sind. Nach den Grundsätzen einer Mobilitätsstudie untersuchte er die Offenheit dieser Eliten in Bezug auf ihren sozialen Hintergrund und ihre Rekrutierung. Er zeigte, dass der Trend des 20. Jahrhunderts zu offeneren und diffuseren Machtstrukturen ging, obwohl Willi Guttsman (1963) die Ansicht vertrat, dass die Staatselite selbst geschlossen blieb und sich weitgehend selbst rekrutierte. Ralph Miliband (1969) zeigte die Grundlage der staatlichen Elite in einer dominanten, kapitalistischen Klasse.

Giddens vertrat die Auffassung, dass die Formen der politischen Kontrolle je nach der Art und Weise variieren, in der Prozesse der Vermittlung und der unmittelbaren Strukturierung die dominante oder obere Klasse mit dem Regierungsapparat verbinden. Es sind vor allem die Prozesse der Rekrutierung und Integration, die die verschiedenen Arten von Eliten als mehr oder weniger solidarisch oder einheitlich definieren. Auf dieser Grundlage konnte er zwischen herrschender Klasse, regierender Klasse, Machtelite und pluralistischen Führungsgruppen als unterschiedlichen Formen der Beziehung zwischen diesen Elitetypen und der Machtverteilung unterscheiden. Dieses Argument wurde in einer Aufsatzsammlung über Eliten in Großbritannien (Stanworth und Giddens 1974) weiterentwickelt.

Während die Forschung das Fortbestehen einer dominanten Klasse oder Elite zeigte und Westergaard und Resler das Fortbestehen von Klassenunterschieden zwischen Arbeitern und Angestellten nachgewiesen hatten, gab es auch Hinweise darauf, dass diese Unterschiede nicht mehr mit einer scharfen Abgrenzung einer klassenbewussten „Mittelklasse" und „Arbeiterklasse" verbunden waren. Ken Roberts (1977) vertrat die Auffassung, dass die von Giddens erörterten Strukturierungsprozesse die in der Goldthorpe-Klassifikation festgestellten „internen" Klassenunterschiede verstärkten und dass die von Parkin in Studien der 1950er- und 1960er-Jahre ermittelten Klassenbilder in den 1970er-Jahren zu einem komplexeren Muster „zersplittert" waren. Die meisten Menschen sind sich zwar nach wie vor der übergreifenden Klassenkategorien bewusst, aber diese sind nicht die alltägliche Grundlage für ihre Identifikation und soziale Solidarität.

Lokalität, Region und Gemeinschaft

Lokale und regionale Erhebungen in der Vorkriegszeit basierten häufig auf den „bürgerlichen" und ländlichen Ansätzen der regionalen Soziologie von Patrick Geddes und wurden im Allgemeinen von lokalen und geografisch interessierten Amateuren und Freiwilligen oder als Teil der Aktivitäten außerhalb des Lehrplans von Mass-Observation in Bolton und Blackheath durchgeführt. Eine der ersten Gemeinschaftsstudien, die nach dem Krieg veröffentlicht wurde, war ein Bericht über das Dorf Luccombe in Somerset, das von Mass-Observation in den frühen 1940er-Jahren untersucht worden war (Turner 1947). Die Abneigung der Soziologen der LSE gegenüber Geddes' Ansatz hatte zur Folge, dass viele der in den 1940er- und 1950er-Jahren erscheinenden Ortsstudien aus geografischen und anthropologischen Fachbereichen stammten, in denen Mitarbeiter und Anhänger von Geddes eine stärkere Position eingenommen hatten, oder aus universitären Einrichtungen für Sozialarbeit, die solche Studien als Mittel zur sozialen Verbesserung und zum Wiederaufbau betrachteten.

Eine frühe Studie, die den Ansatz von Geddes aufgreift, stammt von seinem Sohn Arthur, einem Professor für Geografie in Edinburgh. In einer Studie über Lewis und Harris, die größtenteils in den 1920er- und 1930er-Jahren durchgeführt wurde, zeichnete er die Beziehung zwischen Landwirtschaft und Fischerei und dem familiären und religiösen Leben der Inselbewohner nach und entdeckte eine egalitäre Gemeinschaft, die in kleinen Weilern und Gehöften verstreut war, mit verwandtschaftlichen und nachbarschaftlichen Bindungen, die durch Vorstellungen von Clanship organisiert waren (A. Geddes 1954).

Der geografische Fachbereich in Aberystwyth wurde nacheinander von Herbert Fleure und Daryll Forde geleitet und war ebenfalls stark an Patrick Geddes' Auffassung von lokalen und regionalen Studien und an der Verbindung von Geografie mit sozialanthropologischen Anliegen orientiert. Dort führte Alwyn Rees (1961) in den Kriegsjahren der 1940er-Jahre eine Studie in Llanfihangel-yng-Ngwynfa in Zentralwales durch. Die Gemeinde wurde als isoliertes, für das walisische Hochland typisches Gebiet ausgewählt, und es folgten Studien in anderen walisischen Gemeinden (Jenkins et al. 1960). Unter Verwendung des Geddes-Rahmens ordnete Rees die Weiler und verstreuten Bauernhöfe in ihren ökologischen Kontext ein: Hügelige Moorlandschaften, die von Flusstälern durchschnitten werden und eine natürliche Vegetation aufweisen, die für die Schaf- und Rinderhaltung geeignet ist.

Llanfihangel umfasste 61 Bauernhöfe und 53 Kleinbetriebe, wobei die überwiegende Mehrheit der Landwirte aus Familien stammte, die das Gebiet seit vielen Generationen bewirtschafteten. Diese langfristige Kontinuität der Familien bedeutete, dass die verwandtschaftlichen Beziehungen weitreichend waren und fast jeder mit drei Verwandtschaftsgraden verwandt war. „Verwandte" wurden jedoch im Allgemeinen nur bis zum zweiten Grad von Onkeln, Tanten und Cousins anerkannt. Die Verwandtschaft wurde durch die Nachbarschaft verstärkt, und jeder Hof stand im Zentrum eines Kooperationsnetzes, das sich in überlappenden solidarischen Gruppierungen der gegenseitigen Unterstützung und sozialen Kontrolle über die ganze Gemeinde erstreckte. Rees zeigte, dass diese Gemeinschaftsstruktur der organischen Einheit ihren Ausdruck in der Religion, der Freizeitgestaltung bei Messen, Sonntagsschultees, Konzerten, dem Fraueninstitut und Sommersport fand. Es gab keine nennenswerten Klassenunterschiede, und der lokale Status war eine rein persönliche Angelegenheit, die von der Arbeitsleistung einer Person und ihrer Rolle in Gemeindeangelegenheiten abhing. Die Begeisterung für die Politik und die Beteiligung an ihr war gering, abgesehen von der üblichen Unterstützung der Kirchenbesucher für die Konservativen und der Kapellenbesucher für die Liberalen. In den verwandten Studien, die in Aberystwyth durchgeführt wurden, fand Hughes in dem nordwalisischen Dorf Aberdaron ein weitgehend ähnliches Muster, ebenso wie Owen in Glan-Llyn.

Diese Auffassung von Verwandtschaft und Gemeinschaft wurde von Rees' Schüler Bill Williams unterstützt, der Geograf am University College of North Staffs geworden war. Williams war mit dem in Devon ansässigen Dartington Hall Trust verbunden, der in der Tradition von Geddes gegründet wurde, und der Trust finanzierte seine Studie über Northlew, das in seinem Buch als „Ashworthy" bezeichnet wird (Williams 1963). Williams zeigte, dass die Verwandtschaftsnetze durch die Instabilität des Landbesitzes und die daraus resultierende geringere Abhängigkeit von Erbschaft und Familienbesitz etwas geschwächt worden waren.

Isabel Emmett, eine an der LSE in Manchester tätige Anthropologin, untersuchte in den Jahren 1958–1962 das nordwalisische Dorf Llanfrothen (1964). Emmetts Studie widmete der Verwandtschaft wenig Aufmerksamkeit, stellte aber eine Kluft zwischen den walisischen Bauernfamilien und den überwiegend englischen oder anglisierten Grundbesitzern fest. Diese Kluft wurde auch im 20 Meilen entfernten Glynceiriog deutlich, das der Anthropologe Ronnie Frankenberg (1957) aus Manchester untersuchte. Glynceiriog, dem Frankenberg das Pseudonym Pentrediwiath gab und in dem zufällig der Sozialbiologe Lancelot Hogben lebte, lag an der Grenze zwischen Wales und England und war früher vom Steinbruch und dem Verkauf von Wolle und Schafen der umliegenden Bauernhöfe abhängig gewesen. Der Steinbruch war jedoch geschlossen worden, was zu einem Verlust von Arbeitsplätzen führte, die Schafe wurden zu größeren Märkten gebracht, und viele Dorfbewohner fuhren nun weg, um in Chirk („Castel") oder Wrexham („Bigtown") zu arbeiten. Es gab jedoch ein starkes Gefühl der Verbundenheit mit dem Ort, und sowohl im Dorf als auch in der Nachkriegssiedlung betrachteten sich die Menschen als „Glyn-Leute" und unterschieden sich von den „Außenseitern", die in großen Häusern außerhalb des Dorfes lebten. Die Einheimischen schätzten das Gefühl, „einer von uns" zu sein, und brachten dies mit den verwandtschaftlichen Beziehungen unter den Alteingesessenen in Verbindung.

In dem nordirischen Bezirk, den Rosemary Harris, eine Studentin von Daryll Forde am University College London (UCL), als „Ballybeg" bezeichnete, erwiesen sich Verwandtschaft und Nachbarschaft ebenfalls als wichtiges Merkmal der lokalen Gesellschaft, als sie 1952–1953 eine Studie durchführte (Harris 1972). In diesem Fall gab es eine Unterscheidung zwischen Hochland- und Tieflandbezirken und eine wichtigere religiöse Trennung zwischen katholischen und protestantischen Familien. Dies war die Grundlage für die Vereinsstrukturen – Katholizismus im Hibernianischen Orden und Protestantismus in der Oranierloge – und für die Freizeitgestaltung. Die Bedeutung der Verwandtschaft verhinderte eine Integration der beiden Gruppen, da Heiratsbeziehungen auf die jeweilige Religion beschränkt waren. Harris fand zwar kaum Beweise für offene Feindseligkeit, aber sie fand eindeutige Belege für die vorurteilsbehaftete Haltung protestantischer Bauern gegenüber Katholiken.

Williams führte in den Jahren 1950–1953 Feldforschungen im Dorf Gosforth am Rande von Lakeland durch. Es wurde als isolierte Gemeinde ausgewählt und lag nur drei Meilen von Seascale entfernt, wo es Arbeitsplätze in einer Rüstungsfabrik und in einem im Bau befindlichen Kernkraftwerk (dem heutigen Sellafield) gab. Die Wirtschaft der Gemeinde basierte jedoch noch weitgehend auf der Landwirtschaft. Das Dorf, das aus Landarbeitern, Handwerkern und anderen Erwerbstätigen bestand, war von 67 Bauernhöfen unterschiedlicher Größe umgeben. Das auffälligste Merkmal von Gosforth waren laut Williams die deutlich ausgeprägten Klassenbeziehungen. Die anerkannten sozialen Unterschiede beruhten zwar auf Unterschieden bei Besitz, Beruf und Einkommen, berücksichtigten jedoch eher den persönlichen Status und den Lebensstil.

Die Menschen in Gosforth, so Williams, teilten das Bild ihrer lokalen Gesellschaft als ein System von sieben Klassen oder Statusgruppen, wobei die genauen Details und Grenzen von Gruppe zu Gruppe leicht variierten. In den Augen der meisten Dorfbewohner gab es eine „Oberschicht", die sich in zwei Ebenen gliederte: den Adel oder „vornehme Leute" und die aufstrebenden „Geldmacher", die als „Snobs" und „nosey parkers" (neugierige Personen) bezeichnet wurden. Sie erkannten auch eine Klasse der einfachen Leute – das „Dorf" – an, die in vier Stufen unterteilt war, von denen die höchste eine wohlhabende Klasse von Bauern und Handwerkern war. Diese Klassen wurden durch eine Zwischengruppe von gebildeten Dorfbewohnern getrennt, die „weder hier noch dort" waren. Die Dorfbewohner unterschieden sich von einer echten „Unterschicht" von „Raufbolden" und „Hartgesottenen". Die verwandtschaftlichen und freundschaftlichen Beziehungen in Gosforth waren weitgehend auf die einzelnen Klassen beschränkt. Die Bauern zum Beispiel waren, wie ihre Kollegen in Llanfihangel, durch weitreichende verwandtschaftliche Beziehungen verbunden. Die beiden Oberschichten hatten dagegen nur wenige familiäre und freundschaftliche Verbindungen in der Gemeinde, sondern waren stattdessen in der ganzen Grafschaft und darüber hinaus vernetzt.

Das Entstehen von sozialen Klassenunterschieden wurde auch in anthropologischen Untersuchungen festgestellt, die 1949–1951 in Edinburgh durchgeführt wurden. Zur gleichen Zeit, als der amerikanische Soziologe Erving Goffman seine Studie über die Shetlandinseln durchführte, untersuchte der Doktorand Jimmy Littlejohn (1963) Eskdalemuir, dem er das Pseudonym „Westrigg" gab. Der Herzog von Buccleuch besaß einen Großteil der Ländereien in diesem Gebiet, und die Landwirtschaft war in Form einer Aufteilung zwischen Pachtbauern und ihren Arbeitern organisiert. Der Wandel in der Landwirtschaft bedeutete, dass die örtliche Landwirtschaft und das Dorf selbst stärker mit der Außenwelt verflochten waren. Infolgedessen erstreckten sich die Klassenbeziehungen, die in der Beschäftigung wurzelten, über ein größeres Gebiet und glichen immer mehr denen der Industriestädte. Es begann der Übergang von persönlichen zu unpersönlichen Klassenbeziehungen.

„Clement Harris" – in Wirklichkeit der Anthropologe William Lancaster – führte eine Studie über das Dorf Thornage in Norfolk durch (Harris 1974), wo er eine ähnliche Klasseneinteilung feststellte. Er sah die Mittelschicht und einen „Kern" verbundener Arbeiterfamilien als Grundlage einer „traditionellen" Struktur, die durch den landwirtschaftlichen Wandel unter Druck geriet.[4] In ähnlicher Weise zeigte Peter Ambrose (1974), dass in Ringmer, Sussex, in den 1920er-Jahren der etablierte Adel und die „ehrerbietigen" Arbeiter die Neuankömmlinge auf einem neuen Gut als „raue" Außenseiter betrachteten, die die traditionelle Gesellschaftsordnung bedrohten.

Die Klassenunterschiede in Gosforth, Eskdalemuir, Thornage und Ringmer waren ein altes Merkmal des Gemeindelebens. Sie waren ein Überbleibsel der alten Gesellschaft des 18. und 19 Jahrhunderts, die im Laufe des 20. Jahrhunderts durch den landwirtschaftlichen Wandel geschwächt wurde. Dieser Niedergang des „Traditionalismus" wurde auch in Okehampton von dem unabhängigen Forscher Ernest Martin (1965)

---

[4] Siehe auch den Bericht von Ronald Blythe (1969) über das Dorf Charsfield in Suffolk, dem er das Pseudonym „Akenfield" gab.

festgestellt, der im Rahmen eines Leverhulme-Stipendiums an der Universität Sussex forschte. Okehampton war 1951 eine Großstadt mit etwa 4000 Einwohnern in der landwirtschaftlich geprägten Grafschaft Devon, die im Zentrum von drei Marktstädten und einer Vielzahl von Dörfern und Weilern lag. Martin beschrieb, dass die zunehmende Beteiligung der Grafschaft und der Zentralregierung „demokratische" Strukturen und Prozesse eingeführt hatte, die das traditionelle oder „zeremonielle" System untergruben. Die Stadt wurde früher von einer Handvoll Familien kontrolliert, die in ein Netzwerk von Grafschaftsfamilien eingebunden waren und sich auf traditionelle Autorität und Ehrerbietung stützten, die in den ausbeuterischen Beziehungen zwischen Adel und Arbeitern wurzelten. Sie stand jedoch zunehmend im Mittelpunkt von Konflikten und Widerständen, die durch den politischen und wirtschaftlichen Wandel ausgelöst wurden, der in den Kapellen der Methodisten und ihres Ablegers, der Bibelchristen, gefördert wurde. Die zeitgenössische Klassenstruktur in Okehampton bestand laut Martin aus einer einfachen Unterteilung in eine Oberschicht aus Adels-, Geschäfts- und Militärfamilien, eine Mittelschicht aus Fachleuten, Bauern und Ladenbesitzern und eine Arbeiterklasse aus Handwerkern. Innerhalb der Klassen gab es jeweils Unterteilungen nach der Art des Besitzes, der Art der Arbeit und dem Niveau der Fähigkeiten.[5]

Diese Frage des Niedergangs des Traditionalismus mit dem Wachstum der Industrie wurde von der LSE-Absolventin Meg Stacey (1960) in ihrer Studie über Banbury, wo sie zwischen 1949 und 1951 lebte, weiter untersucht. Die Studie, die in dem außeruniversitären Institut von Oxford durchgeführt wurde, wurde teilweise von Philip Florence aus Birmingham betreut. Stacey ging der Frage nach, ob sich Banbury aufgrund des industriellen Wandels zu einer Industriestadt entwickeln würde, ähnlich wie das nahe gelegene Swindon (Hudson 1967). Zu Beginn des 20. Jahrhunderts war Banbury wie Okehampton eine Marktstadt, die weitgehend von der Landwirtschaft und den damit verbundenen Industrien abhängig war. Wer in Banbury wohnte, konnte viele andere Einwohner kennen oder von ihnen wissen, obwohl die verwandtschaftlichen Beziehungen weitaus weniger ausgeprägt waren als in den ländlichen Dörfern. 1930

---

[5] Eine ähnliche Ansicht vertritt Moore (1945) in seinem autobiografischen Bericht über das Vorkriegs-Tewkesbury.

jedoch eröffnete die Aluminium Company of Canada eine neue, große Verarbeitungsfabrik, die die Einwohnerzahl der Stadt um mehr als ein Drittel ansteigen ließ und die bauliche Struktur und die Einrichtungen der Stadt veränderte. Neue Privat- und Sozialwohnungen wurden gebaut, um die wachsende Bevölkerung unterzubringen, von denen viele von außerhalb der unmittelbaren Umgebung kamen.

Stacey entdeckte eine scharfe Trennung zwischen „traditionellen" und „nicht-traditionellen" Sektoren der Gesellschaft von Banbury, die jeweils entlang von Klassenlinien geteilt waren. Es gab unterschiedliche soziale Welten mit ihren eigenen Kulturen und Lebensweisen, die sich jeweils auf besondere Weise in die lokalen Angelegenheiten einmischten. Die traditionelle Mittelschicht, die aus denjenigen bestand, die schon lange in der Stadt ansässig waren, war durch Verwandtschaft und Freundschaft eng miteinander verbunden. Watson (1964) beschrieb sie als „Bürger", die eine persönliche und oft paternalistische Beziehung zu ihren Arbeitern hatten und die Aktivitäten der Kirche und der konservativen Partei dominierten. Die traditionelle Arbeiterklasse der lokal ansässigen Arbeiter war den traditionellen Bürgern gegenüber respektvoll und bildete die Basis der von ihnen geführten freiwilligen Vereinigungen. Der nicht-traditionelle Sektor hingegen hatte sich seit der Ansiedlung der Aluminiumfabrik stark erweitert. Die nicht-traditionelle Mittelschicht unterschied sich von der traditionellen Mittelschicht, hatte ihre eigenen Vereine und gesellschaftlichen Zusammenkünfte und war mehr auf Karriere und Außenwelt ausgerichtet. Sie waren, um es mit Watsons Worten zu sagen, „Spiralisten". Die nicht-traditionelle Arbeiterklasse engagierte sich aktiv in den Gewerkschaften und der Labour Party und war, wie die nicht-traditionelle Mittelschicht, weniger in lokale Aktivitäten eingebunden. Dieser Wandel war der Ausgangspunkt für Lockwoods (1966) Überlegungen zu den sozialen Vorstellungen der Arbeiterklasse.

Diese Ergebnisse veranlassten Stacey (1969) zu der Schlussfolgerung, dass es in Banbury kaum ein Gefühl von „Gemeinschaft" gab. Die Traditionalisten fühlten sich vielleicht noch zugehörig, aber sie fühlten sich auch von den Neuankömmlingen getrennt, und die Neuankömmlinge selbst hatten kein starkes Gefühl der Zugehörigkeit zur örtlichen Gemeinschaft. „Gemeinschaft", so Stacey, ist an Traditionalismus gebunden und verschwindet in dem Maße, in dem Orte immer stärker in nationale und internationale wirtschaftliche und politische Strukturen eingebettet werden. Das Großbritannien der zweiten Hälfte des 20. Jahrhunderts sei keine Gesellschaft lokaler Gemeinschaften mehr, sondern eine Gesellschaft ausgedehnter unpersönlicher Strukturen. Die verschiedenen in den 1940er- und 1950er-Jahren durchgeführten Ortsstudien legten nahe, dass die mit dem landwirtschaftlichen Wandel und der Industrialisierung einhergehende Verstädterung die „traditionellen" Strukturen unter Druck setzte und die soziale Spaltung innerhalb der expandierenden Industriestädte verstärkte.

Eine Untersuchung von Claus Moser und Wolf Scott (1961) für das Centre for Urban Studies am UCL entwickelte einen Rahmen für das Verständnis dieser Veränderungsprozesse in einem größeren Rahmen. Anhand einer Reihe sozialer und wirtschaftlicher Variablen erstellten sie eine multivariate Typologie von 14 Stadtgruppen, die in drei große Kategorien eingeteilt wurden: Verwaltungs- und Handelsstädte, Industriestädte und Vorstadtstädte. Diese wurden nach Klassen unterschieden – das Verhältnis von Arbeitern und Angestellten variiert je nach Region entlang einer Nord-Süd-Achse – sowie nach dem Tempo und dem Zeitpunkt des jüngsten industriellen Wandels. Der LSE-Soziologe John Westergaard (1964) erweiterte diese Typologie, um den besonderen Charakter Londons zu berücksichtigen. In Abwandlung des ökologischen Modells der Chicagoer Schule zur Stadtentwicklung zeigte er, dass das Zentrum Londons von einer Reihe konzentrischer, aber diskontinuierlicher Zonen umgeben ist. Diese reichten von einer „inneren Arbeiterklassenzone" (die das East End, die Stadtbezirke von Essex und die South Bank umfasst) über ein wohlhabendes West End bis hin zu einer „südlichen Zwischenzone" mit Gebieten wie Battersea und Balham. Schließlich gab es die wohlhabenden „Außenzonen" im Süden und Norden, zu denen Woodford, Wood Green, Bromley und Sutton gehörten, sowie die relativ statusarmen Zonen in West-London (Hounslow, Acton und Brentford) und im Osten (Lea Valley und Dagenham).

Diese Typologien bieten eine Grundlage für das Verständnis des Wachstums der Städte und der Beziehungen zwischen den Innenstädten und den Vorstädten. Die Art von Stadt, aus der sich die großen Industrie- und Handelsstädte entwickelt hatten, wurde von Norman Dennis und dem Anthropologen Fernando Henriques zusammen mit Cliff Slaughter in Leeds untersucht. Ihre Studie (Dennis et al. 1956) über die Yorkshire-Bergbaustadt Featherstone – genannt „Ashton" – dokumentierte eine geschlossene und autonome Arbeiterwelt, die sich um die Bergwerke, den Arbeiterclub und die Labour Party herum entwickelte. Die langen Reihen aneinander gereihter Häuser bildeten die Grundlage für einen nachbarschaftlichen Zusammenhalt und eine Solidarität, die eine gemeinsame Weltanschauung und ein Klassenbewusstsein der Trennung zwischen „uns" und „ihnen" aufrechterhielt. Eine ähnliche Sichtweise der Arbeiterkultur wurde von Brian Jackson (1968) in Huddersfield offengelegt.

Die verschiedenen Studien von Tom Brennan über die industriellen und sozialen Strukturen der Großstädte in den Midlands und in Südwales, die zunächst von der Universität Birmingham unter der Leitung von Florence durchgeführt wurden, zeigten, dass sie alle durch das Wachstum oder die Agglomeration kleinerer Industriestädte entstanden. Worcester war eine Stadt des „kommerziellen" Typs mit diversifizierter Industrie, während Wolverhampton eine starke Konzentration der Metallindustrie aufwies und als Industriestadt rasch expandierte (Glaisyer et al. 1946; Brennan 1948). In die gleiche Kategorie fiel Swansea, wo Brennan zeigte, dass der industrielle Wandel, der mit einer Zunahme der Eigentumsverhältnisse außerhalb der Region, einer Zunahme der Frauenbeschäftigung und der Integration der Industrien mit England einherging, die etablierte Lebensweise veränderte (Brennan et al. 1954). Er verfolgte dies anhand der Muster des Engagements in freiwilligen Vereinen und stellte fest, dass sich die Bewohner der Arbeiterklasse in Kapellen, Gewerkschaften und in der Lokalpolitik engagierten, während die berufstätigen und anglisierten Mittelschichten in Kultur und Freizeit dominierten.

Die Kunsttherapeutin und Malerin Marie Paneth (1945) und die neuseeländische Psychologin Betty Spinley (1953) untersuchten beide den im Niedergang begriffenen Londoner Innenstadtbezirk Westbourne Green, Paddington, ein Gebiet, das in dem Film *Die blaue Lampe* von 1950 als „Dock Green" fiktionalisiert dargestellt wurde. Zwischen 1941 und 1950, als die Studien durchgeführt wurden, war dies ein armes und benachteiligtes Gebiet mit Mehrfamilienhäusern und einer weitgehend fluktuierenden Bevölkerung, darunter viele irische Migranten. In Anlehnung an den Ansatz von Charles Booth dokumentierten sie die Überbelegung und die schlechten Wohnverhältnisse, die sie für ein instabiles und unsicheres Familienleben verantwortlich machten. Die Männer waren häufig nicht zu Hause, und viele Familien wurden von Frauen geführt, die alleinerziehend waren. Die Kinder wuchsen mit geringen Erwartungen an das Leben, dem Wunsch nach sofortiger Befriedigung und einem Mangel an Selbstkontrolle auf. Die Autoren teilten die offizielle Bezeichnung dieses Viertels als „Slum".

Madeline Kerr (1958), die in Liverpool unter der Leitung von Dennis Chapman arbeitete, untersuchte ein ähnliches Gebiet im Dockland-Viertel von Toxteth. Die Armut hatte sich durch die Bombenangriffe während des Krieges noch verschlimmert, und die Bevölkerung bestand aus denjenigen, die zurückgeblieben waren, weil die besser gestellten Bewohner wegen besserer Arbeitsplätze und Wohnungen weggezogen waren. Die Bewohner waren in der Regel in zweiter oder dritter Generation katholischer und irischer Abstammung. Die Familien waren stabiler als in Westbourne Green, obwohl die als Hafenarbeiter oder Matrosen beschäftigten Männer ebenfalls häufig von zu Hause weg waren. Die Familien verfügten also über eine gut entwickelte häusliche Arbeitsteilung, in der die distanzierte, aber dominante Rolle des Mannes einen Raum für die alltägliche weibliche Kontrolle über die Kinder und für die zentrale Rolle der „Mutter" im lokalen Verwandtschaftsnetz schuf. Es fehlte jedoch an nachbarschaftlichen Freundschaftsbeziehungen.

Zwei Jahrzehnte später berichteten Ken Coates und Bill Silburn (1970) über einen ähnlichen Stadtteil von St. Ann's, Nottingham. In diesem von extremer Armut und Entbehrungen geprägten Gebiet, das durch niedrige Löhne gekennzeichnet war, akzeptierten die Bewohner ihre Situation fatalistisch. Die Autoren stellten Ähnlichkeiten mit der von amerikanischen Schriftstellern beschriebenen „Kultur der Armut" fest, verfolgten aber eine ähnliche Linie wie Parkin, indem sie diese als eine Kultur betrachteten, die das Potenzial für radikales kollektives Handeln birgt, wenn das Bewusstsein durch politische Akteure von außen geweckt werden kann.

Die einflussreichste Studie über eine innerstädtische Gemeinschaft wurde vom Institute of Community Studies durchgeführt, das seinen

Sitz in Bethnal Green hat.[6] Dabei handelte es sich um eine Verwandtschaftsstudie, die Michael Young zunächst im Rahmen seiner Doktorarbeit im Jahr 1955 durchgeführt hatte, deren Ergebnisse er jedoch zwei Jahre später zusammen mit Peter Willmott veröffentlichte (Young und Willmott 1957; siehe auch Townsend 1957). Bethnal Green war zu dieser Zeit ein Einklassenvorort, der vom Möbelhandwerk, der Hafenarbeit und den Londoner Lebensmittelgroßmärkten abhängig war. Die familiären Beziehungen waren stabiler als in den „Slum"-Vierteln: Die Familienhaushalte bestanden überwiegend aus einer Generation, und zwischen Mann und Frau entwickelte sich eine Partnerschaft, obwohl beide in ein ausgedehntes Netz von Verwandtschaftsbeziehungen eingebettet waren, das sich mit dem Wachstum von Bethnal Green seit Mitte des 19. Jahrhunderts entwickelt hatte (Bott 1957). Die Mutter-Tochter-Beziehung war ein zentraler Bestandteil des Verwandtschaftsnetzes, wobei die Mutter der Ehefrau eine wichtige Rolle bei dem Finden einer Wohnung spielte und im Mittelpunkt der täglichen Unterstützung stand. Die Väter waren wichtig, um ihren Söhnen eine Beschäftigung in den örtlichen Fabriken und Werkstätten zu sichern.

Brennan (1959), der zum Department of Social and Economic Research in Glasgow gewechselt war, untersuchte den Stadtteil Govan, der viele Ähnlichkeiten mit Bethnal Green aufwies. Es handelte sich um ein weitgehend homogenes Industriegebiet, in dem fast ausschließlich Arbeiter im Schiffbau und im Maschinenbau beschäftigt waren. Starke verwandtschaftliche und freundschaftliche Bande hielten die Menschen zusammen und untermauerten das Engagement in der Labour Party, den Gewerkschaften und den Kirchen. Es gab jedoch eine soziale Kluft zwischen den alteingesessenen protestantischen Einwohnern und den überwiegend katholischen Neuankömmlingen. In ihrer Studie über Swansea dokumentierten Rosser und Harris (1965) in ähnlicher Weise die Bedeutung von Verwandtschaftsbeziehungen, die sich jedoch – aufgrund der geringeren Größe der Stadt – auf die ganze Stadt erstreckten und nicht auf einen bestimmten Bezirk beschränkt waren.

Eine erneute Untersuchung von Banbury in den Jahren 1966–1969 (Stacey et al. 1975), die durchgeführt wurde, nachdem Stacey von Swan-

---

[6] Die Arbeit des ICS wurde von Jennifer Platt (1971) kritisch untersucht.

sea an den neuen Lehrstuhl für Soziologie in Warwick gewechselt war, ergab, dass sich eine Reihe weiterer Industrieunternehmen in Banbury niedergelassen hatte. Am bemerkenswertesten waren ein Automobilunternehmen und die Bird's-Cremefabrik, die aus Birmingham umgezogen war.[7] Infolgedessen wurde Banbury offiziell als „Overspill"-Stadt eingestuft, und es kamen Zuwanderer aus Birmingham, London und anderen Städten.

Die Bevölkerung war zu diesem Zeitpunkt nach Beruf und Lebenschancen in drei große „soziale Schichten" eingeteilt, die jedoch nur ein begrenztes Klassenbewusstsein besaßen und nicht als eigenständige soziale Klassen oder als hierarchisch geordnet angesehen werden konnten. Vor allem die Größe von Banbury bedeutete, dass es nicht mehr den Grad an persönlicher Kenntnis der anderen gab, der die Konstruktion einer Hierarchie des lokalen sozialen Status ermöglicht hätte. Es gab nun viel weniger verwandtschaftliche Verbindungen zwischen den lokalen Familien als noch 1950, als die Verbindungen bereits viel geringer waren als in Kleinstädten wie Okehampton und den Dörfern von Wales. Die Haushalte bestanden nur aus einer Generation, und es gab nur wenige Verwandte, die in der Nähe wohnten, insbesondere natürlich unter den Migranten in den neuen Siedlungen. Nachbarschaft war nur dann üblich, wenn die Familien einen ähnlichen Herkunftsort hatten, am gleichen Ort arbeiteten oder Kinder im gleichen Alter hatten.

Frauen spielten beim Aufbau dieser Nachbarschaftsmuster eine besonders wichtige Rolle: Nicht erwerbstätige Frauen bauten Freundschafts- und Unterstützungsbeziehungen rund um ihre Kinder auf, während Haushalte, in denen beide Partner erwerbstätig waren, nur wenige Verbindungen außerhalb des eigenen Haushalts hatten. Stacey hatte festgestellt, dass die Rolle der Frauen nach wie vor weitgehend häuslich ist, auch wenn immer mehr Frauen außerhalb des Familienhauses arbeiten. Diese Veränderung der Stellung der Frau hatte jedoch keine wirklichen Auswirkungen auf andere Aspekte ihres Lebens. Ihre Beteiligung am Erwerbsleben war nach wie vor an den Lebenszyklus der Familie gebunden und folgte eher einem diskontinuierlichen Muster, und der Grund für

---

[7] Die Verlagerung der Bird's-Arbeiter von Birmingham nach Banbury wurde von Michael Mann (1973) untersucht.

ihre Erwerbstätigkeit bestand darin, dass sie nur einen kleinen Beitrag zum Familieneinkommen leisteten. Die Studie rückt die früheren Argumente von Alva Myrdal und Viola Klein (1956) über die „zwei Rollen" der Frauen in ein neues Licht.

Diese Befürchtungen regten zu zahlreichen Diskussionen über das Wachstum der „isolierten Kernfamilie" an, in der Frauen „Hausfrauen" waren und kaum Gelegenheit hatten, einer bezahlten Arbeit nachzugehen. Während Fletcher (1966) eine optimistische Sichtweise der Kernfamilie vertrat, stellte seine Doktorandin am Bedford College, Hannah Gavron (1968), die konventionelle Sichtweise der geselligen Kernfamilie in Frage. In ihrer Studie über Kentish Town zeigte sie, dass viele Frauen sich als „gefangene" Ehefrauen fühlten.[8] Die Stellung der Ehefrauen der Mittelschicht wurde von Jan und Ray Pahl (1971) erörtert.

Der Traditionalismus, wie er 1950 in Banbury bestand, war also zusammengebrochen. In wirtschaftlicher Hinsicht gab es nun eine Trennung zwischen lokalen, inhabergeführten Unternehmen mit überwiegend lokaler Ausrichtung und den Managern der großen Unternehmen, die von außerhalb Banburys kamen und sich kosmopolitisch orientierten. Diese Kluft war nicht mehr mit der Religion verbunden. Die anglikanische Kirche und die Freikirche waren nun miteinander verbunden und wurden mit der Mitgliedschaft in der Konservativen Partei und der Stimmabgabe in Verbindung gebracht, obwohl die Beziehung zwischen Kirche und Partei nicht mehr so eng war wie 1950. Die Labour Party blieb außerhalb dieser anglikanischen, freikirchlichen und konservativen Gruppierung. Wichtige Bereiche des Lebens in Banbury unterlagen nun dem Einfluss und der Kontrolle von außen, wobei lokale politische Aktivitäten in diesen neuen Prozessen und Strukturen eine Rolle spielten, aber weniger wichtige Entscheidungen von Banbury aus kontrolliert wurden.

In einer Studie über den Vorort South Wigston in Leicester (Elias und Scotson 1965) wurde ein ähnlicher Gegensatz zwischen ansässigen und zugewanderten Arbeitnehmern festgestellt. Die Migranten, die in einer neuen Siedlung lebten, wurden als „Außenseiter" wahrgenommen, die

---

[8] Hannah Gavron war die Tochter von Tosco Fyvel und beging vor der Veröffentlichung ihres Buches Selbstmord. Siehe Gavron (2015).

nicht bereit waren, die lokalen Bräuche und Verhaltensweisen zu übernehmen. Die alteingesessenen Arbeiter wiederum fühlten sich mit der etablierten Mittelschicht als Vertreter der „traditionellen" Gemeinschaft verbunden, die durch die Migranten gestört wurde. Die extremste Form dieser sozialen Polarisierung fand sich in Cutteslowe, Oxford, wo Collison (1963) Ziegelmauern vorfand, die die Straße trennten, die eine Mittelklassesiedlung mit einer Arbeitersiedlung verband.

Hilda Jennings (1962), die Leiterin der Sozialarbeitssiedlung der Universität Bristol, übernahm die Methodik von Geddes bei einer 1953 durchgeführten Untersuchung von Barton Hill im östlichen Teil des Stadtzentrums von Bristol. Es handelte sich dabei um ein Gebiet mit rückläufiger Entwicklung, das wie Toxteth Gegenstand eines Umquartierungsprogramms war. Jennings vertrat die Ansicht, dass bei dieser Umsiedlung die bereits bestehenden nachbarschaftlichen Beziehungen außer Acht gelassen wurden und somit die gemeinschaftlichen Bindungen, die früher ein Gefühl von Identität und Zusammenhalt vermittelten, zerstört wurden. Dies zeigte sich auch in den vom Liverpooler Department of Social Science durchgeführten Studien über Sheffield und Liverpool (Mitchell und Lupton 1954; Hodges und Smith 1954). Die Bewohner der neuen Siedlungen waren in der Lage, eine nachbarschaftliche Unterstützung aufzubauen, die auf einem ähnlichen Hintergrund beruhte, als sie auf Nachbarschaftsbasis umgesiedelt wurden, aber die Tatsache, dass die Siedlung Menschen aus verschiedenen Teilen der Städte zusammenbrachte, führte stattdessen zu einem Gegensatz zwischen einer „rauen" Arbeiterklasse aus den am stärksten benachteiligten Gebieten und einer „respektablen" Arbeiterklasse aus eher aufstrebenden Menschen. Brennan (1959) fand eine ähnliche Situation in Pollock vor, wohin viele Bewohner von Govan umgesiedelt worden waren. John Mogey (1956) stellte in seiner Untersuchung für das Cole's Social Survey Programm fest, dass die Bewohner einer neuen Siedlung in Barton am östlichen Stadtrand von Oxford, die aus verschiedenen Teilen des Landes stammten, nicht über die weitreichenden verwandtschaftlichen Beziehungen verfügten, wie sie in länger etablierten innerstädtischen Ortschaften anzutreffen sind. Es herrschte ein familienorientierter Lebensstil und nicht der nachbarschaftsorientierte Lebensstil, der im innerstädtischen St. Ebbe's fortbestand. Das Versagen des Planungssystems, lokale Bedürfnisse zu berücksichtigen, wurde auch in Sunderland (Dennis 1970) und Newcastle (Davies 1972) untersucht.

Die ICS-Studie über Bethnal Green ergab, dass die Bewohner, die in Debden untergebracht wurden, von ihren Familien getrennt wurden. Die Verwandten wurden seltener gesehen und die einzelnen Familien wurden unabhängiger. Die wachsende Partnerschaft von Mann und Frau wurde noch stärker, und die Paare lebten mehr zu Hause. Das Gemeinschaftsgefühl war weit weniger ausgeprägt, und die Forscher werfen die Frage auf, ob bei fortgesetzter Migration erweiterte Verwandtschaftsnetze wiederhergestellt werden könnten.

In Woodford, einem Wohnheimvorort mit Bewohnern aus verschiedenen Bezirken von Essex und Teilen des ländlichen Essex, die durch einen besser bezahlten Arbeitsplatz oder eine bessere Wohnung angezogen wurden, stellten Willmott und Young (1960) fest, dass die Familien nur wenige Verwandte in der Nähe hatten und abends und an den Wochenenden weitgehend zu Hause waren, um ihre Häuser durch Heimwerken zu verschönern oder den wöchentlichen Einkauf zu erledigen. Man war stolz darauf, an einem „schönen" Ort zu leben, aber es gab kein Gefühl der Gemeinschaft und Zugehörigkeit. Willmott berichtete in seiner Studie über die Becontree-Siedlung in Dagenham (1963) von einer ähnlichen Isolierung der „unmittelbaren Familie" von der weiteren Verwandtschaft. Die Siedlung war jedoch lange genug existent, um Freundschafts- und Nachbarschaftsbande wiederherzustellen, wo immer die räumliche Anordnung der Siedlung dies ermöglichte. Diese Bindungen waren räumlich auf „Banjo"-Sackgassen mit einer nachbarschaftlichen Nähe ähnlich den Closures und Yards von Bethnal Green beschränkt. Weitreichendere Bindungen wurden jedoch durch die strukturlose Ausdehnung der Siedlung als Ganzes begrenzt. Ähnliche Schlussfolgerungen wurden in einer Studie über South Oxhey gezogen (Jefferys 1964).

In vielen Studien wurde impliziert, dass der Prozess der Verstädterung die „traditionellen" Lebensweisen, die nur in isolierten „ländlichen" Teilen des Landes fortbestanden, zerstört oder verändert hat. Diese Ansicht stand im Mittelpunkt von Frankenbergs (1967) großer Synthese von Studien, die einen Rückgang der „Gemeinschaft" postulierte. Gleichzeitig wurde jedoch deutlich, dass einige Bewohner städtischer Gebiete versuchten, ein Gemeinschaftsgefühl auf der Grundlage eines idealisierten Bildes des „traditionellen" Dorfes aufzubauen. Dies wurde in der Arbeit über die Pendlerdörfer in dem Gebiet erörtert, das Westergaard als den „nördlichen Rand" von London bezeichnete. Diese Dörfer waren in den 1960er-Jahren gewachsen, als relativ wohlhabende Manager und Fachleute aus den Londoner Vororten in die „ländlichen" Dörfer von Hertfordshire, Kent und Surrey zogen. Sie wurden zu „Schlafsiedlungen" und bekamen dadurch einen eher „städtischen" Charakter als Außenbezirke von London. Dies wurde in Studien von zwei Geografie-Absolventen untersucht: Ray Pahl (1965a, b) untersuchte Tewin in Hertfordshire (unter dem Pseudonym „Dormersdell") und John Connell (1978) die Horsleys und Clandons in Surrey. Die Neuankömmlinge aus der Mittelschicht in den überwiegend aus der Arbeiterklasse stammenden Dörfern wurden von der Idee angezogen, auf dem Land zu leben. Sie kamen mit einem arkadischen Bild im Kopf an, wie ein „traditionelles" Dorf aussehen und wie sich seine Bewohner verhalten sollten. Pahl beschrieb sie als „Gemeinschaft im Kopf", ein Bild vom Dorfleben, das ihr gesamtes Handeln prägte. Diese Neuankömmlinge kauften große, neu gebaute Häuser und bauten ältere Dorfhäuser zu Nachahmungen des Landhauses um. Die Einheimischen zogen sich in angemietete Sozialwohnungen zurück, und die daraus resultierende räumliche Trennung zwischen Zuzüglern und alteingesessenen Dorfbewohnern veränderte die Muster des Gemeinschaftslebens grundlegend.

Die Zuzügler aus der Mittelschicht in Tewin waren die wichtigsten Teilnehmer an den dörflichen Vereinen und Aktivitäten und fühlten sich als Teil des „echten" Dorfes, das sie sich vorgestellt hatten. Die alteingesessenen Dorfbewohner hingegen hatten keine solche idealisierte Sichtweise und wollten einfach mehr Arbeitsplätze und bessere Wohnungen, was die Zuzügler als unvereinbar mit der „traditionellen" dörflichen Lebensweise ansahen. Die räumliche und klassenmäßige Trennung zwischen Einheimischen und Zuzüglern führte zu einer politischen Spaltung zwischen denjenigen, die das Dorf „bewahren" wollten, und denjenigen, die es „verbessern" wollten.

Dies war jedoch nicht in allen Pendlerdörfern der Fall. Peter Ambrose (1974) zeigte, dass Pendler aus Brighton und Lewes nach Ringmer ein langfristiges, planerisch gesteuertes Wachstum bewirkt hatten. Die Neuankömmlinge kamen mit einer idealisierten Vorstellung von der „freundlichen" Dorfgemeinschaft, und das Ausmaß der fortgesetzten Expansion verhinderte eine deutliche Kluft zwischen dem Dorfkern und den Neuankömmlingen.

‚Rasse' und ethnisch getrennte Orte

Die bisher besprochenen Gemeinschaftsstudien wurden in Orten durchgeführt, die größtenteils ethnisch homogen waren. In einer Reihe der ersten Studien wurden jedoch Orte identifiziert, in denen die Beziehungen zwischen den Gemeinschaften einen damals als „rassisch" bezeichneten Charakter hatten. Die erste dieser Studien wurde 1940 von Kenneth Little in Cardiffs Bute Town durchgeführt (Little 1948). Anthony Richmond (1954) begann daraufhin seine Arbeit in Toxteth, während er am Liverpool Department of Social Science arbeitete. Als sowohl Richmond als auch Little nach Edinburgh zogen, schuf ihre Anwesenheit einen Schwerpunkt des Interesses an „Rassenbeziehungen" für spätere Arbeiten. Die erste Frucht davon war die Arbeit von Michael Banton (1955), dessen Studie über das Londoner Hafenviertel Stepney an der LSE begann und nach seiner Ernennung zum Dozenten für Sozialanthropologie in Edinburgh abgeschlossen wurde. Zu Little, Richmond und Banton gesellte sich Sheila Patterson, die ihre Studie (Patterson 1963) über Brixton, London, 1954 begann. Unabhängig davon, aber eng verbunden mit Michael Youngs Arbeit in Bethnal Green, war die Arbeit des Neuseeländers James Robb (1954), dessen Studie über das Gebiet sich auf die Psychologie der Vorurteile gegen die jüdischen Bewohner konzentrierte.

Die frühen Studien waren weitgehend deskriptiv, verwendeten die herkömmliche Terminologie der „Rassen"-Beziehungen und bezeichneten die schwarzen Einwohner als *„Negroes"* oder „Farbige". Sie befassten sich mit der Art und Weise, wie beobachtbare Unterschiede in der Hautfarbe und andere physische Merkmale als Marker sozialer und kultureller Unterschiede genutzt werden können, um die Beziehungen von Migranten zur einheimischen Bevölkerung zu gestalten (siehe insbesondere Banton 1959). So war in Hafengebieten mit einer langen Geschichte der Besiedlung durch afrikanische und westindische Seeleute die Haltung der weißen Mehrheitsbevölkerung von dem Wunsch geprägt, eine „erniedrigende" Interaktion mit den Schwarzen zu vermeiden, die sie als Menschen mit niedrigem Status und als mit den englischen Normen nicht vertraut ansahen. Die Begegnungen mit den als „Fremde" bezeichneten Menschen basierten auf Stereotypen und ethnozentrischen Einstellungen. Robb fügte hinzu, dass einige in Bethnal Green den autoritären Persönlichkeitstyp des Faschisten hätten und extreme Vorurteile zeigten. Diese Menschen behandelten die jüdische Bevölkerung als Sündenböcke für ihre eigenen Probleme.

Pattersons Studie teilte den Ansatz der früheren Edinburgh-Studien, obwohl ihre Arbeit in einem Viertel durchgeführt wurde, das seit der Ankunft des Empire Windrush sechs Jahre zuvor eine umfangreiche Einwanderung westindischer und anderer Gruppen erlebt hatte. Patterson vertrat die Ansicht, dass die Situation in der Gemeinde Brixton als Ausdruck einer „Anpassung" zwischen den Einwanderern der ersten Generation und der lokalen „Gastbevölkerung" betrachtet werden kann. Da die Migranten auf ihre Heimatgesellschaft blickten und mit einer Rückkehr rechneten, sobald sich ihre Lebensumstände verbesserten, wurden sie von der lokalen Bevölkerung weiterhin als „Fremde" oder Außenseiter betrachtet. Unter diesen Umständen kam es zu Diskriminierung in Situationen, in denen Einwanderer als Konkurrenten um Arbeitsplätze und Wohnungen empfunden wurden, die eigentlich den dauerhaft ansässigen (weißen) Menschen zustehen. Patterson fand kaum Belege für extreme Vorurteile, sondern lediglich eine allgemeine Antipathie gegenüber denjenigen, die als anders und der britischen Gesellschaft nicht zugehörig angesehen wurden. John Jackson (1963) berichtete von einer ähnlichen Situation in Bezug auf die Iren in Großbritannien.

Am Ende ihres Feldforschungszeitraums fand Patterson jedoch Anzeichen dafür, dass die wahrgenommene „Fremdheit" in dem Maße abnahm, wie die Anwesenheit von Migranten ein vertrauterer und dauerhafterer Teil des täglichen Lebens wurde. Eine langsame Verbesserung sowohl bei der Beschäftigung als auch bei der Wohnsituation deutete darauf hin, dass sich die Beziehungen zwischen den Gemeinschaften in Richtung „Assimilation" oder „Integration" bewegten. Es gab jedoch auch Gegenargumente dafür, dass die Konzentration von Migranten in bestimmten Gebieten – ein Vorteil in der Anfangsphase der Migration, da sie die Entwicklung gegenseitiger Unterstützung ermöglichte – ein Ghetto und damit eine größere soziale Distanz zwischen der schwarzen und der weißen Bevölkerung schaffen könnte. Trotz der begrenzten Fortschritte bei der Integration blickte Patterson im Allgemeinen optimistisch in die Zukunft.

Richmond und Banton legten jeweils allgemeine theoretische Interpretationen vor, um die in ihren empirischen Studien entwickelten Argumente zu untermauern (Richmond 1955; Banton 1967). Sie waren sich einig, dass rassisches Denken in der Geschichte des Kolonialismus verwurzelt ist und die Situation von Migranten nicht losgelöst von der kolonialen Situation betrachtet werden kann. Rassenkategorien waren in den Kolonialgebieten während der Geschichte der Sklaverei, der Kastenunterschiede und der Apartheid institutionalisiert worden, und diese Kategorien prägten die Erfahrungen und Ansichten sowohl der kolonisierten Migranten als auch der weißen britischen Bevölkerung. Aus diesem Grund unternahmen beide Autoren Studien im kolonialen Sierra Leone, Little (1951) über einen ländlichen Stamm und Banton (1957) über ein städtisches Gebiet.

Bantons Text war ein wichtiger Schritt zur Anerkennung der zentralen Bedeutung von Machtbeziehungen. Er entwickelte jedoch auch ein Argument, das sich als äußerst umstritten erwies. Banton zeigte, dass es keine biologische Grundlage für Rassenunterschiede gibt und dass biologische Theorien über „Rasse" in Misskredit geraten sind. Da sich Politiker und Aktivisten nicht mehr auf diese diskreditierten Theorien beriefen, könnten sie auch nicht als „rassistisch" angesehen werden, argumentierte er. Der diskriminierende Diskurs beruft sich nicht auf die biologische „Rasse", sondern einfach auf die physische Erscheinung, die in Bezug auf historische kulturelle Annahmen beurteilt wird. Die Verwendung des Begriffs „Rasse" zeige, dass die öffentliche Meinung durch ungerechtfertigte Annahmen über die Beziehung zwischen Hautfarbe (ein sichtbares Rollenmerkmal) und kulturellen Merkmalen „rassifiziert" werde. Der zeitgenössische Rassismus sei eine Form des Ethnozentrismus.

Dieses Argument brachte Banton in Konflikt mit John Rex, einer aufstrebenden Führungsfigur eines radikaleren Ansatzes in Bezug auf die Rassenbeziehungen, und ihre Meinungsverschiedenheit wurde 1969 auf der Konferenz der British Sociological Association (BSA) zum Ausdruck gebracht. Rex vertrat die Auffassung, dass die zeitgenössischen Lehren zu Recht als „rassistisch" bezeichnet werden können, da die Verwendung der Sprache der Rasse auf biologische Konzepte wie die Hautfarbe zurückgeht. Er lehnte sowohl die „Fremden"- als auch die „Culture-Clash"-Theorie ab, da sie selbst rassistischen Charakter hätten. Rex' Ansicht wurde teilweise von Lockwood unterstützt, der betonte, dass Rasse neben Klasse als zentrales Konzept zu betrachten sei (siehe die Debatte in Zubaida 1970). In einem späteren Aufsatz wies Rex (1973a) ebenfalls auf die Notwendigkeit hin, eine Stadt- oder Klassenanalyse mit der Vorstellung von „Rasse" als dauerhaftem Statusmerkmal zu verbinden, einem askriptiven physischen und kulturellen Kriterium, das in einem deterministischen Glaubenssystem formuliert ist.

Rex' Argumentation war durch einen erbitterten Streit um die Veröffentlichung eines wichtigen Berichts des Institute of Race Relations (IRR) ins Blickfeld geraten. 1952 war innerhalb des Royal Institute of International Affairs eine Forschungsstelle für Rassenbeziehungen eingerichtet worden, um die Verbesserung der Rassenbeziehungen zu fördern. Die Besorgnis über rassistisch motivierte Ausschreitungen weißer Jugendlicher gegen westindische Einwanderer in Notting Hill – nur fünf Meilen von dem Ort entfernt, an dem Patterson ihr Studium absolvierte – führte dazu, dass der Fachbereich unter dem Vorsitz von Alexander Carr-Saunders zu einem Institut umgestaltet wurde. Mit finanzieller Unterstützung der Nuffield Foundation richtete das IRR ein Forschungsprogramm ein, um politikorientierte Studien zu den Faktoren zu unterstützen, die die Rassenbeziehungen prägen. Seine Hauptarbeit (Rose et al. 1969) war eine umfangreiche empirische Beschreibung der rassischen Benachteiligung mit einem starken politischen Schwerpunkt. Die Mitarbeiter des IRR und John Rex, der Leiter einer der in diesem Rahmen finanzierten Studien, übten jedoch heftige Kritik an diesem Ansatz und an der Duldung durch die Leitung des IRR. Der daraus resultierende öffentliche Disput führte zum Rücktritt des gesamten Vorstands des IRR, zum Entzug seiner Finanzierung und zur Einschränkung seiner Aktivitäten.

Rex' Studie wurde in einer Weise fortgeführt, die der Forschung eine neue Richtung gab, indem sie sich auf seine Beiträge zur Konflikttheorie stützte (Rex 1961). In Zusammenarbeit mit Robert Moore als Forschungspartner machte Rex Sparkbrook in Birmingham zum Mittelpunkt seiner Arbeit (Rex und Moore 1969). Sparkbrook hatte eine starke Zuwanderung aus Irland, Westindien, Indien und Pakistan erlebt, und die Forscher nutzten die Ideen der Chicagoer Ökologen, um ihre Daten über die soziale Verteilung dieser Gruppen zu ordnen. Sie zeigten, dass Sparkbrook eine bestimmte Zone innerhalb der Stadt darstellte: eine „Übergangszone", in der die alteingesessenen Bewohner auszogen und sich die Einwanderer in Unterkünften und Mehrfamilienhäusern niederließen. Rex und Moore vertraten jedoch die Ansicht, dass dies nicht nur auf den ökologischen Wettbewerb zurückzuführen ist. Sie stellten Macht und Konflikt in den Mittelpunkt ihrer Analyse und vertraten die Auffassung, dass die Kontrolle über Wohnraum eine entscheidende Form des ökonomischen Kapitals ist, das die Bevölkerungsbewegungen und die Beziehungen zwischen den verschiedenen einheimischen und zugewanderten Gruppen strukturiert. Sie sahen in einem Konflikt der Wohnklassen den Schlüssel zum Verständnis städtischer Prozesse.

Rex (1970) war sich darüber im Klaren, dass die Rassenbeziehungen in Großbritannien nicht verstanden werden können, ohne den kolonialen Kontext zu berücksichtigen, aus dem die Migranten gekommen waren. Dies war natürlich auch die Ansicht von Banton und Little gewesen, aber sie hatten sich darauf beschränkt zu verstehen, wie sich die Lebensweise in kolonialen Gesellschaften von der in Großbritannien unterscheidet. Rex wies darauf hin, dass es wichtig ist, die Struktur der kolonialen Beziehungen zu verstehen, die das Leben der Menschen sowohl in den Kolonien als auch in den Großstädten in Großbritannien prägen.[9] Kulturell differenzierte Bevölkerungen, so argumentierte er, werden als „Rassen" und als Objekte „rassistischer" Theorien und Ideen definiert, wenn die Beziehungen zwischen zwei oder mehreren Bevölkerungen durch politischen und wirtschaftlichen Zwang organisiert werden, wie es in den sozialen Institutionen des Kolonialismus geschieht. So untersuchte er die Formen der politischen und militärischen Eroberung, durch die sich in

---

[9] Dieses Argument wurde in den zwischen 1968 und 1970 veröffentlichten Arbeiten erweitert und in Rex (1973b) neu veröffentlicht.

den Gesellschaften, die der europäischen Kolonisierung unterworfen waren, Formen unfreier Arbeit etabliert haben. Es entstehen komplexe Formen der rassischen Stratifikation, die sowohl die Muster der Migration in die Metropolen als auch die Haltung der Mehrheitsbevölkerung gegenüber den Migranten prägen. Die Hautfarbe der Migranten wird als Indikator für einen kolonialen rassischen Status angesehen, und so werden sie außerhalb des etablierten Systems von Gesellschaftsschichten in eine „Unterschicht" eingeordnet, die gegenüber den einheimischen, weißen Arbeitern benachteiligt ist. Migranten, denen ein bestimmter Status zugeschrieben wird, leiden unter Diskriminierung, Ausbeutung und Unterdrückung.

Rassismus ist also nicht das Ergebnis des Festhaltens an Rassentheorien, sondern ein integraler Aspekt der Klassen- und Machtverhältnisse und -praktiken, die in rassistischen Ideen als Rechtfertigung dieser Praktiken zum Ausdruck kommen. Diese Ideen können als Legitimationstheorien verinnerlicht und systematisiert werden, wie es in der Anfangsphase des Kolonialismus und in den Rassentheorien des 19. Jahrhunderts der Fall war, aber sie existieren in der Regel eher als alltägliche „Volksweisheit", die durch die Massenmedien vermittelt wird.

In Zusammenarbeit mit Sally Tomlinson (1979) verfolgte Rex diesen Ansatz in einer Studie über den Stadtteil Handsworth im Nordwesten Birminghams, etwa drei Meilen von Sparkbrook entfernt. Sie zeigten, dass sich die Rassenbeziehungen über den relativen Optimismus hinaus entwickelt hatten, der für die frühere Studie über Sparkbrook kennzeichnend war, und sahen das Konfliktniveau aufgrund der anhaltenden rassischen Ausgrenzung und Unterdrückung als gestiegen an. Die Migrantenverbände waren militanter geworden und hatten ein stärkeres Gefühl für ihre ethnische Identität entwickelt, und die weiße Arbeiterklasse war offen rassistisch geworden. Angesichts dieser anhaltenden Unterdrückung haben westindische und asiatische Gruppen weit weniger Vertrauen in den guten Willen der Weißen. Der koloniale Status von Westindern und Asiaten verstärkt ihre Identifikation mit ihren Herkunftsorten und führt dazu, dass sie sich in Bezug auf die Geschehnisse in der Dritten Welt und mit Bewegungen, die sich gegen den Kolonialismus wenden, definieren. Die britische Parteipolitik müsse einen Weg finden, die Eskalation des Rassenkonflikts zu verhindern. Die Politiker müssen die Wahlvorteile aufgeben, die sich aus der Ablehnung der Einwanderung ergeben und stattdessen Ungleichheit bekämpfen und multikulturelle Erziehung fördern.

Kriminalität, Subkulturen und Devianz

Das Studium der Kriminalität war bis in die 1960er-Jahre eine Option in vielen Studiengängen der Soziologie und Sozialverwaltung. Diese Bezeichnung spiegelte die interdisziplinären Ursprünge des Fachs wider, und der Lehrplan umfasste in der Regel biologische, psychologische und juristische Konzepte, die sowohl in psychologischen und juristischen als auch in sozialwissenschaftlichen Fächern gelehrt werden konnten. In den 1950er-Jahren begannen Soziologen, die sich für lokale und kommunale Fragen interessierten, einen spezifisch soziologischen Ansatz zur Kriminalität zu entwickeln, der ein wichtiges Element in diesen Kursen darstellen konnte.

Dies war im Wesentlichen die Arbeit von John Barron Mays in Liverpool und Terry Morris an der LSE, die beide daran interessiert waren, Kriminalität und Jugendkriminalität mit spezifischen strukturellen und kulturellen Merkmalen von Orten in Verbindung zu bringen. Mays (1954) untersuchte ebenso wie Madeline Kerr und Anthony Richmond das Hafenviertel Toxteth, wo Mays Leiter der Universitätssiedlung für Sozialarbeit gewesen war. Morris (1957) untersuchte die Lokalisierung der Kriminalität im Londoner Vorort Croydon. Beide griffen auf die Arbeiten von Henry Mayhew (1861) und anderen Ethnografen und Sozialstatistikern des 19. Jahrhunderts zurück, um die Kriminalität von Jugendlichen aus der unteren Arbeiterklasse auf subkulturelle Normen zurückzuführen, die sich in bestimmten städtischen Gegenden entwickeln. Morris verknüpfte diese Überlegungen ausdrücklich mit der räumlichen Differenzierung von Städten, die in den ökologischen Studien von Chicago eine Rolle gespielt hatte.

Mays zeigte, dass Liverpools Dockland ein Milieu von Armut, Arbeitslosigkeit, schlechten Wohnverhältnissen und Chancenlosigkeit war, das vom Rest der Stadt relativ abgeschottet war. In diesem „Slum" fand Mays eine „raue" Arbeiterklasse vor, die sich an Normen hielt, die sich von denen des Mainstreams der britischen Gesellschaft unterschieden. Es handelte sich dabei um Normen der Härte, des Wagemuts, der Ablehnung von Privilegien und Vorteilen und des Trotzes gegenüber Autoritäten, die mit Gefühlen der Vernachlässigung und des Mangels an Unterstützung und Fürsorge seitens der breiteren Gesellschaft koexistierten. Junge Männer, die von klein auf mit diesen Normen der Selbstbehauptung und Männlichkeit sozialisiert wurden, bringen diese in „delinquenten" Handlungen von geringerer Kriminalität in Situationen zum Ausdruck, in denen sie keiner äußeren Kontrolle unterliegen. Es wurde festgestellt, dass Delinquenz ein Merkmal der Straßenecken ist, an denen sich die jungen Männer nach der Schule, beim Schwänzen und am Abend treffen. Erfolgreiche Jugendclubs und Sozialarbeitssiedlungen könnten die Tendenz zum „Abdriften" in die Kriminalität bei unbeaufsichtigten Jugendlichen verringern, aber nicht beseitigen. Die Kriminalität würde erst dann zurückgehen, wenn diese Jugendlichen in die Arbeitswelt eintreten und heiraten würden und ihre neuen Verpflichtungen sie dazu veranlassten, sich aus den Gruppen auf der Straße zurückzuziehen und sich stärker in häusliche und berufliche Aktivitäten einzubringen. Zwei Jahrzehnte später wurde die Forschung von Mays auf der Grundlage von teilnehmenden Beobachtungen in Howard Parkers (1974) *View from the Boys* erweitert.

Morris setzte ein breites Spektrum statistischer Verfahren ein, um die Verteilung der Kriminalität in Croydon zu dokumentieren, und zeigte, dass die wegen krimineller Handlungen Verurteilten überwiegend entweder aus heruntergekommenen Slumvierteln oder aus den neuen Siedlungen des Stadtrats stammten, in die ehemalige Slumbewohner im Zuge der Slumräumungspolitik umgesiedelt worden waren. Er erweiterte das Argument von Mays, um zu zeigen, dass ein ökologischer Ansatz offenlegen kann, wie der Ort beschaffen sein muss, an dem die subkulturellen Normen gedeihen. Eine aus den Slums stammende Subkultur und Lebensweise wird auf die neuen Siedlungen übertragen, so dass sich die Kriminalität dort fortsetzt, wo es an Möglichkeiten und Gemeinschaftseinrichtungen mangelt.

Der in diesen frühen Studien verfolgte Ansatz wurde in den Untersuchungen fortgeführt, die David Downes (1966) im Rahmen seiner LSE-Doktorarbeit über „Bandenkriminalität" in Spitalfields und Cable Street im Stadtteil West Stepney im Londoner East End durchführte. Er konnte keine Unterstützung für die populären amerikanischen subkulturellen Theorien finden, da diese Theorien nur in Gegenden anwendbar sind, in denen die Erwachsenenkriminalität und illegale Gelegenheitsstrukturen ausgeprägt sind. Das von ihm untersuchte Gebiet sei ein „desorganisierter" Slum, wie ihn Walter Miller beschrieben habe, und das Fehlen einer gut entwickelten Struktur illegaler Gelegenheiten in West Stepney schließe die Entwicklung der Erwachsenenkriminalität aus, die in den Vereinigten Staaten die Grundlage für die Bildung von Banden gewesen sei. Es gab keinen „alternativen Weg" zu materiellem Gewinn, und der verzweifelte Gelegenheitsdiebstahl und das Laster, die in diesem Gebiet anzutreffen waren, stellten keine attraktive Lösung für unzufriedene Jugendliche dar.

Downes stützte sich auf eine Studie von Tosco Fyvel (1961), der einen Zusammenhang zwischen der Kriminalität und dem zunehmenden Wohlstand der Jugendlichen in den 1950er-Jahren hergestellt hatte. Fyvel hatte über die Entstehung und das Wachstum einer „Teddy-Boy"-Kultur berichtet, die sich von London aus in die Vororte ausbreitete und 1955–1956 zu einem nationalen „sozialen Problem" geworden war, was in der Öffentlichkeit zu großer Besorgnis über eine wahrgenommene Zunahme der „Bandengewalt" führte. Downes griff Fyvels These auf, dass die Kriminalität der Teddyboys Ausdruck einer Unzufriedenheit sei, die aus der Wahrnehmung der Jungen resultiere, dass es eine Diskrepanz zwischen den schlechten Lebensbedingungen in ihren Familien und den Möglichkeiten der wohlhabenden „Teenager"-Kultur mit Musik, Mode und Konsum gebe, von der sie ausgeschlossen seien. Die verschiedenen Formen der Delinquenz wurden durch unterschiedliche Reaktionen auf diese Teenager-Kultur geprägt, und Downes kam zu dem Schluss, dass Delinquenz ein Ergebnis der „Distanzierung" von Jungen aus der Arbeiterklasse von der Mainstream-Kultur ihrer Gesellschaft ist. Mays und Morris argumentieren, dass ihre Autonomie in den Teenagerjahren gegenüber der Arbeits- und Familienwelt und ihr Übermaß an Freizeit die Kriminalität erst möglich machten. Die meisten kriminellen Handlungen wurden von kleinen Gruppen auf der Straße begangen, die sich nur gelegentlich und vorübergehend zu größeren „Beinahe-Gruppen" zusammenschlossen, die von Außenstehenden als Gangs bezeichnet wurden.

Die neue Generation von Soziologen, die in den 1960er-Jahren mit der Lehre der Kriminologie betraut wurde, fühlte sich von den neuen interaktionistischen und etikettierenden Theorien von Howard Becker und Erving Goffman angezogen, die die amerikanische Soziologie veränderten. Laurie Taylor, Ian Taylor, Stan Cohen, Jock Young und Paul Rock waren die führenden Köpfe bei der Gründung der National Deviancy Conference im Jahr 1968, um diese Ideen zu entwickeln und die „Kriminologie" durch eine radikalere „Soziologie der Abweichung" zu ersetzen. Diese jungen Soziologen arbeiteten hauptsächlich in den neueren Fachbereichen und Universitäten: Laurie Taylor in York, Ian Taylor in Bradford und dann in Sheffield, Stan Cohen am Enfield College of Technology und dann in Durham, und Jock Young ebenfalls in Enfield (kurz darauf Middlesex Polytechnic). Weitere aktive Mitglieder der Gruppe waren Frank Pearce, ein Absolvent aus Leeds, der am North London Polytechnic arbeitete, und Mary McIntosh, eine Absolventin aus Leicester, die am Borough Polytechnic tätig war. Nur Paul Rock studierte und arbeitete in den traditionellen Zentren Oxford und LSE, obwohl Cohen und Young beide Absolventen der LSE waren. Cohen und McIntosh arbeiteten später an der Universität Essex, wo auch der LSE-Absolvent Ken Plummer tätig war.

Ein Schlüsselereignis für die Entwicklung dieser neuen Forschung war die BSA-Konferenz von 1971 zum Thema „Social Control, Deviance and Dissent", an der Becker teilnahm und auf der er seinen Plenarvortrag „Labelling theory reconsidered" hielt. Viele der neuen Forscher stellten ihre Arbeiten auf der Konferenz vor, und der veröffentlichte Konferenzband (Rock und McIntosh 1974) wurde zu einem zentralen Lehrtext für die wachsende Zahl von Kursen über die Soziologie der Abweichung. Auch wenn sich diese Arbeit auf eine etwas überzogene Kritik an den früheren Studien stützte, brachte sie doch wichtige Forschungsergebnisse hervor, die den früheren Ansatz zur Delinquenz weiterentwickelten.

Die Idee der Etikettierung bzw. der „gesellschaftlichen Reaktion" wurde mit einem vom Kriminologen des Innenministeriums, Leslie Wilkins (1964), entwickelten Systemmodell kombiniert, einem Modell, das die Bedeutung von Rückkopplungen bei der Aufrechterhaltung oder Veränderung eines Systemzustands betont. Das Modell von Wilkins war mit den Konfliktideen von Dennis Chapman (1968) verbunden, der die Art und Weise hervorhob, in der soziale Reaktionen auf Abweichung auf verzerrende Stereotype für ihre soziale Etikettierung zurückgreifen. Wilkins' Idee eines „Verstärkungsprozesses der Abweichung" wurde zu einem zentralen Mechanismus in der Arbeit der neuen Soziologen der Abweichung. Dieser Gedankenkomplex wurde am stärksten in den Studien von Ian Taylor, Stan Cohen und Jock Young entwickelt.

Ian Taylor (1971) entwickelte eine Erklärung für Jugendgewalt bei Fußballspielen, die die Argumentation von Downes erheblich erweiterte. Er vertrat die Ansicht, dass Jugendliche aus einer Subkultur der unteren Arbeiterklasse von Zeit zu Zeit in delinquente Handlungen „abdriften", die zufällige Aspekte ihrer Freizeitaktivitäten sind. Taylor sah in der Delinquenz bei und im Umfeld von Fußballspielen jedoch auch eine Reaktion auf die Kommerzialisierung von Sport und Freizeit, die mit dem Wachstum der Populärkultur einherging. Seit der Gründung lokaler Fußballvereine und der Football League im späten 19. Jahrhundert konzentrierten sich die männlichen Freizeitaktivitäten der Arbeiterklasse auf den Fußball. Die in den Gemeinden gegründeten Vereine ermöglichten es den Männern, sich auf vielfältige Weise am Spiel zu beteiligen: als Teilnehmer, Trainer, Funktionäre, Zuschauer und sogar als Spieler, so dass eine starke Identifikation zwischen der Gemeinde und dem Verein entstand. Diese Einbindung und Identifikation förderte die Ausprägung von Männlichkeitsnormen, die für die Arbeiterkultur von zentraler Bedeutung waren, doch die Professionalisierung und Kommerzialisierung des Fußballs veränderte dies. Zuschauer und Anhänger verloren jegliches Gefühl der Kontrolle über „ihre" Mannschaft, da der professionelle und kommerzielle Fußball seine Verbindung mit den Werten der Arbeiterklasse und dem Lokalismus aufgab. Der Rest der jungen Männer, die die Spiele in ihrem örtlichen Stadion besuchten, entwickelte Feindseligkeit und Widerstand gegen diese Entwicklungen und gegen den Wohlstand des Vereins, von dem sie ausgeschlossen waren. Ihr Widerstand war ein Versuch, die Kontrolle über ihre Mannschaft wiederzuerlangen, und äußerte sich in der Ablehnung aller Außenstehenden und vor allem der Anhänger anderer Mannschaften. Taylor fügte dem die aufkommenden Ideen über die soziale Reaktion und die Verstärkung durch die Medien hinzu: Die Etikettierung der jungen Männer als „Fußball-Hooligans" durch die Polizei und die Massenmedien führte seiner Ansicht nach zu einer Verfestigung ihrer abweichenden Identität und einer daraus folgenden Eskalation der Gewalt bei Fußballspielen.

Cohen (1972) zeichnete den Übergang von den Teddy Boys Mitte der 1950er-Jahre zu den neuen, modisch orientierten „Mods" der 1960er-Jahre nach. Diese Jugendlichen aus der Arbeiterklasse, die sich durch ihre „modernistische" italienische Kleidung auszeichneten, wurden als Gegensatz zu den Leder- und Motorradgruppen der „Rocker" gesehen. Cohen akzeptierte weitgehend Downes' Erklärung für die Kriminalität dieser Gruppen und befasste sich mehr mit der gesellschaftlichen Reaktion auf Jugendkriminalität und Gewalt sowie mit der Rolle der Massenmedien bei der Gestaltung und Aufrechterhaltung der stereotypen Bilder dieser Art von Abweichung. Die Bezeichnungen „Mod" und „Rocker" wurden von den Zeitungen geschaffen, um die an der Teenager-Kultur beteiligten Jugendlichen zu beschreiben. Diese Bezeichnungen prägten die öffentliche und offizielle Meinung und veränderten so die Art und Weise, wie Polizei, Gerichte und andere diese Bezeichnungen auf diejenigen anwandten, die an kriminellen Handlungen beteiligt waren. Die an der Kriminalität Beteiligten ihrerseits akzeptierten das ihnen angeheftete Etikett – auch wenn sie es eher positiv als negativ sahen – und begannen, ihr Verhalten daraufhin zu ändern. Das Zusammenspiel von Abweichung und sozialer Reaktion führte zu einer Verstärkung der Abweichung und einer daraus resultierenden „moralischen Panik" in der Öffentlichkeit.

Ähnliche Argumente wurden in Jock Youngs (1971) Studie über Drogenkonsum vorgebracht. Das Stereotyp des Drogenkonsumenten, so argumentierte er, prägt die Reaktionen auf den wahrgenommenen oder erwarteten Drogenkonsum, wobei die moralische Empörung die offiziellen Kontrollversuche auszeichnet. Polizeiliche Maßnahmen gegen den Drogenkonsum verändern die Situation, in der sich die Drogenkonsumenten befinden, und verändern die Struktur der ihnen zur Verfügung stehenden Möglichkeiten, indem sie sie auf ein begrenztes Spektrum von Handlungen beschränken, die die ihnen zugewiesene Identität in ihrem eigenen Bewusstsein und in den Handlungen anderer verstärken. Das Ergebnis ist eine Zunahme des Drogenkonsums.

Diese neue Soziologie der Abweichung wurde auf weitere Bereiche der Kriminalität und der Kontrolle ausgedehnt. Neue Bereiche der Kriminalität wurden von Mary McIntosh (1975) über Raub, Mike Hepworth

(1975) über Erpressung und Frank Pearce (1976) über Wirtschafts- und Unternehmenskriminalität erschlossen. Was die soziale Kontrolle betrifft, so bauten Cohen und Taylor (1972) auf der Studie von Terry und Pauline Morris (1963) über Pentonville auf, um die Gefängniskultur zu untersuchen, und Maureen Cain (1973) untersuchte die Polizei und baute dabei auf den früheren Arbeiten von Michael Banton (1964) auf. Ihre Arbeiten gingen auch über den Bereich der Kriminalität hinaus und befassten sich mit anderen Aspekten von Abweichung und Kontrolle: Paul Rock untersuchte Schuldner und Schuldeneintreiber (1973), während Ken Plummer die sexuelle Orientierung untersuchte (1975). Das Interesse an der Kontrolle führte zu einer Beschäftigung mit der Rechtssoziologie, die mit Kit Carsons Studien (1970a, b) über die Fabrikgesetzgebung begann.

Diese Entwicklungen in der Erforschung von Kriminalität und Devianz führten zum Erscheinen zahlreicher Fachtexte, da jeder Verlag versuchte, von dem wachsenden Gebiet zu profitieren. Das innovativste dieser Werke war die radikale Synthese des Fachgebiets von Ian Taylor, Paul Walton und Jock Young (1975). Ihr Ziel war es, die Komplementarität der verschiedenen Perspektiven aufzuzeigen, wenn sie in einen Rahmen gestellt werden, der sich stark auf Durkheim und Marx stützt. Sie argumentieren, dass Theorien der räumlichen Ökologie und der sozialen Strukturierung von Möglichkeiten in Verbindung mit subkulturellen Theorien des Lernens und differenzieller Gemeinschaften eine zufriedenstellende Erklärung für die Ursprünge von Abweichungstendenzen liefern können – was der amerikanische Theoretiker Edwin Lemert als „primäre Abweichung" bezeichnete –, dass sie aber auch im Zusammenhang mit Ungleichheiten von Macht, Reichtum und Autorität innerhalb eines Rahmens der politischen Ökonomie gesehen werden müssen. Die Dynamik einer kapitalistischen Industriegesellschaft erzeugt die Muster von Klassenvorteilen und -nachteilen, die die individuellen Reaktionen auf Situationen und die Formen des Bewusstseins prägen, die innerhalb dieser sozialen Bedingungen entstehen.

Sie argumentieren, dass Individuen innerhalb dieser strukturellen Zwänge handeln, aber sie handeln immer auf der Grundlage der von ihnen getroffenen Entscheidungen. Eine Entscheidung, sich in einer Weise zu verhalten, die von anderen als abweichend wahrgenommen wird, stößt wahrscheinlich auf eine Reaktion seitens dieser anderen. Auch diese Reaktion ist freiwillig, und die jeweilige Form der Reaktion ist für den einzelnen Abweichler schicksalhaft, weil sie ihm Handlungsmöglichkeiten eröffnet oder verschließt. Die Reaktion auf Abweichung ist jedoch durch die strukturelle Verortung der reagierenden Person begrenzt. Die Vorstellungen, die der Reaktion zugrunde liegen, sind Merkmale der klassenbedingten Verortung innerhalb der sozialen Struktur. Die Reaktionen und sozialen Ordnungsprozesse müssen daher im Zusammenhang mit den verschiedenen organisierten Konfliktgruppen gesehen werden, die an der sozialen Kontrolle beteiligt sind, aber diese müssen ihrerseits auf dieselbe politische Ökonomie zurückgeführt werden, die die abweichende Handlung erklärt. Diese Prozesse können die Entwicklung einer „Verpflichtung" erklären, durch die das Abdriften in die primäre Abweichung zu einem erhöhten Maß an „sekundärer Devianz" führt.

Taylor, Walton und Young erkennen also die Interdependenz der Durkheim'schen und Marx'schen Strukturvorstellungen an, so wie es Lockwood in seiner kritischen Studie über Parsons und die Systemintegration sowie in seiner Klassentheorie getan hatte. Sie erkennen auch an, dass interaktionistische Theorien des Handelns und der Wahlmöglichkeiten notwendig sind, um Prozesse der sozialen Integration zu verstehen. Kurz gesagt, sie sehen die Handlungs- und Systemsoziologie als komplementäre Aspekte eines einzigen Schemas.

Arbeit, Industrie und Organisation

Die industriesoziologische Forschung untersuchte umfassend die institutionellen und relationalen Strukturen des wirtschaftlichen Handelns und ihre Auswirkungen auf das Verhalten in den verschiedenen Wirtschaftsorganisationen. Dies betraf insbesondere die Strukturierung von Berufen durch Arbeitsteilung und Arbeitsmärkte, die Herausbildung von Arbeitsorientierungen und deren Einfluss auf Anstrengung und Leistung, die Management- und Verwaltungskontrollen der Arbeit und ihre Beziehung zu Eigentumsstrukturen sowie die Muster der Arbeitsbeziehungen und Tarifverhandlungen, die sich aus den Beziehungen zwischen Arbeitnehmern und Eigentümern ergeben. Diese Forschungsarbeiten bildeten die Grundlage für viele der bereits vorgestellten Untersuchungen zu den sich verändernden Stratifikationsmustern und lokalen „Gemeinschafts"-Beziehungen. Von den wenigen allgemeinen Texten, die veröffentlicht wurden, hat nur der von John Eldridge (1971) das Gebiet umfassend behandelt. Seine weitreichende Übersicht verknüpfte sehr erfolgreich die britischen Forschungen mit denen in den Vereinigten Staaten, die von britischen Forschern nur am Rande behandelt wurden.

In Liverpool begann schon früh ein dauerhaftes Forschungsprogramm über sich verändernde Arbeitsmuster und Einstellungen zur Arbeit. Tom Simey, Bill Scott und ihre Kollegen interessierten sich besonders für die neuen Technologien, die die Arbeit seit den 1930er-Jahren verändert hatten. Sie untersuchten zunächst die Hafenarbeit im Hafen von Manchester (Simey 1954), die Stahlarbeit in den Shotton-Werken in Nordwales (Scott et al. 1956; Banks 1960) und die Arbeit in den Bergwerken in Lancashire (Scott et al. 1963). Ihr Ansatz wurde durch die Untersuchung des Managements in den kürzlich verstaatlichten Stahlwerken veranschaulicht, wo ein Investitionsprogramm mit dem Ziel einer vollständigen vertikalen Integration der Arbeitspraktiken eingeführt worden war. Sie untersuchten die Art und Weise, in der formelle und informelle Reaktionen auf diese Veränderungen durch Traditionalismus und kommunale Zwänge geprägt waren.

Im Anschluss an Lockwoods (1958) einflussreiche Studie über Büroarbeit beteiligte sich Enid Mumford unter der Leitung von Liverpool an einem international vergleichenden Forschungsprogramm über die Auswirkungen der Einführung von Computern in der Büroarbeit (Dale 1962; Mumford und Banks 1967). Ihre Studie über die Martins Bank untersuchte die Entbürokratisierung und Routinisierung der Büroarbeit und die Faktoren, die für den Widerstand gegen den technischen Wandel verantwortlich sind. Sie kam zu dem Ergebnis, dass es sich dabei nicht um eine irrationale Angst vor Veränderungen handelte, sondern um eine rationale Reaktion auf die Auswirkungen der reorganisierten Arbeitsmuster auf die persönlichen Ziele, Bestrebungen und Interessen. Dies inspirierte eine Reihe weiterer berufsbezogener Studien. Peter Hollowell (1968) vom Department of Industrial Relations in Cardiff nutzte die Rollentheorie, um die Karrierestruktur von Lastwagenfahrern zu untersuchen, wobei er die Fahrer als Teil eines „mobilen technischen Systems" betrachtete. Andere Studien über Berufe mit unterschiedlichen Arbeitsbedingungen und Statusniveaus waren Cyril Cannon (1967) über Druckereibeschäftigte, Jeremy Tunstall (1962) über Fischer, Andrew Sykes (1969a, b) über Seeleute, Brian Abel-Smith (Abel-Smith und Stevens 1967) über Rechtsanwälte, Michael Banton (1964) über Polizisten, Ken Prandy (1965) über Wissenschaftler und Ingenieure, Jan und Ray Pahl (1971) über Manager sowie Bob Towler und Tony Coxon über Geistliche (Towler und Coxon 1979; siehe auch Ranson et al. 1977). Geoffrey Millerson (1964) von der Universität Bristol untersuchte die „professionelle" Organisation von Angestellten durch die Verbände, die ihre Qualifikationen und ihre berufliche Kompetenz anerkennen und so ihren sozialen Status definieren. Noel und Josie Parry (1976) wandten dieselbe Idee auf den medizinischen Beruf an und konzentrierten sich auf die kollektiven Strategien, die eine soziale Geschlossenheit herstellen, um die berufliche Macht zu stärken. Eine ähnliche Auffassung vertrat Terry Johnson (1972) in einer allgemeinen Darstellung der Machtbeziehungen zwischen Fachleuten und ihren Kunden.

Bob Blackburn (1967), ein Mitarbeiter der Liverpooler Studie über Büroangestellte, untersuchte die gewerkschaftliche Organisation und die Arbeitseinstellung von Bankangestellten. Er kam zu dem Schluss, dass Angestellte ebenso wie Arbeiter aus rationalen, instrumentellen Gründen Gewerkschaften beitreten, dass sich die Gewerkschaften jedoch in ihrer „Gewerkschaftsfreundlichkeit" unterscheiden, womit er ihre politische Ausrichtung und ihre Einstellung zu Arbeitskampfmaßnahmen meinte. Unterschiedliche Muster gewerkschaftlicher Aktivitäten spiegeln eher den unterschiedlichen Charakter der Gewerkschaften als die Merkmale der Arbeitnehmer selbst wider.

Die Forschung zur Arbeitsorganisation wurde in zwei konvergierenden Richtungen vorangetrieben: zum einen in Bezug auf die „Orientierungen" zur Arbeit, vorwiegend in Cambridge, und zum anderen in Bezug auf Konflikte, vorwiegend in Oxford. Goldthorpes Beitrag zur Affluent Worker Study hatte das Konzept der Arbeitsorientierungen (Goldthorpe 1966; Goldthorpe et al. 1969b) als Kern eines handlungsorientierten Ansatzes in der Soziologie eingeführt, und es wurde zum Mittel, mit dem seine Kollegen in dem Fachbereich für angewandte Wirtschaftswissenschaften verwandte Studien durchführten. Geoff Ingham (1970) untersuchte, wie die Orientierungen mit der Größe der Produktionseinheit variierten, während Huw Beynon und Bob Blackburn (1972) über unterschiedliche Orientierungen innerhalb einer Fabrik berichteten, um die Grenzen eines einfachen technologischen Determinismus aufzuzeigen. Dies wurde in einer Untersuchung der Auswirkungen von Variationen auf dem Arbeitsmarkt (Blackburn und Mann 1972) weitergeführt, die auf den früheren Arbeiten von Margot Jefferys (1954) am Bedford College aufbaute. Jefferys stellte die Ansichten der Ökonomen über den reibungslosen Arbeitsmarkt in Frage und untersuchte, wie Einstellung, Arbeitsplatzwechsel und Karrieren in Battersea und Dagenham tatsächlich von familiären und kommunalen Faktoren geprägt sind. Dorothy Wedderburn, die aus Liverpool kam, um am Imperial College einen Fachbereich für Industriesoziologie einzurichten, arbeitete mit Rosemary Crompton, einer ehemaligen Juniorforscherin der Affluent Worker Study, zusammen, um eine ähnliche Frage der Beziehung zwischen den Einstellungen der Arbeitnehmer und der Technologie zu untersuchen (Wedderburn und Crompton 1972).

In Oxford formulierte Alan Fox auf der Grundlage einer Konfliktperspektive eine Ansicht über die gegensätzlichen Orientierungen von Managern und Arbeitnehmern und die sich daraus ergebenden Auswirkungen auf das Maß an „Vertrauen", das in Arbeitgeberorganisationen hergestellt werden kann (Fox 1974a, b). Er betrachtete Arbeitsorientierungen, die gewünschte Ziele und bevorzugte Verfahrensweisen definieren, als kulturell geprägt in historisch spezifischen Situationen. Sie werden durch Sozialisierung in einer bestimmten Kultur oder Subkultur erworben und durch Erfahrungen in bestimmten organisatorischen und technischen Kontexten verfeinert. Eine Organisation sei mehr als nur eine vertragliche Einheit und müsse als ein Komplex von inhaltlichen und verfahrenstechnischen Normen gesehen werden, die zwischen Managern und Arbeitnehmern ausgehandelt werden, um die Kontrollmechanismen, die Formen der Kommunikation und der Beteiligung sowie die Statussysteme festzulegen, unter denen die Arbeit verrichtet wird. Diese ausgehandelte Ordnung muss durch Macht und Sanktionen aufrechterhalten werden, wenn sie nicht einvernehmlich legitimiert wird (Fox 1971; siehe auch Turner 1971). In ähnlicher Weise haben Studien zur nationalen Kultur den Kontrast zwischen britischen Arbeitsbeziehungen und japanischen Organisationen mit hohem Vertrauen (Dore 1973) und französischen Organisationen mit geringem Vertrauen (Gallie 1978) hervorgehoben.

Als Tom Lupton von Liverpool nach Manchester wechselte, um dort die neue Business School zu leiten, begann er, mit Sozialanthropologen an wichtigen ethnografischen Studien über Arbeit und Löhne zusammenzuarbeiten, die das wachsende Interesse an der Lohnpolitik widerspiegelten, das Barbara Wootton (1955) dokumentiert hatte. Studien über Arbeiter in Maschinenbau- und Bekleidungsfabriken (Lupton 1963; Cunnison 1966) zeigten, dass die kollektive Kontrolle der Produktion durch Produktionsnormen von der Markt- und Arbeitssituation der Arbeiter abhing. Produktionsnormen sind kein irrationaler Ausdruck von „Traditionalismus", sondern rationaler Ausdruck von Interessen.

Diese Forschungsarbeiten liefen parallel zu den Arbeiten, die Gi Baldamus (1961) in Birmingham über die Lohn-Arbeits-Vereinbarung durchführte. In Anlehnung an Florence (1949) hob er die inhärente Unbestimmtheit der Lohnbeziehung hervor. Der Arbeitnehmer verkauft eher seine Arbeitskraft als einen festen Beitrag zur Produktion, und daher muss es eine „Anstrengungsverhandlung" über das Tempo und die Intensität der für einen bestimmten Lohn geleisteten Arbeit geben. Die Arbeitnehmer verhandeln auf der Grundlage sozialisierter Arbeitsverpflichtungen, die ihnen eine besondere Orientierung in Bezug auf die Entbehrungen und die „relative Befriedigung" bei ihrer Arbeit geben. Das tatsächliche Muster der Arbeitstätigkeit ist ein Ergebnis der von den Managern auferlegten „administrativen Aufwandskontrollen" und des Widerstands, den die Arbeitnehmer gegen diese Kontrollen leisten können. Dieser Widerstand kann in Form eines Streiks oder einer Arbeitsniederlegung erfolgen, aber auch in Form von Leistungseinschränkungen, Arbeitsplatzwechsel oder Fernbleiben von der Arbeit.

Die Auswirkungen der Technologie auf die Führungsarbeit wurden zunächst von Forschern des Tavistock-Instituts untersucht, vor allem von Eric Trist und Elliot Jacques. Trist sah die formale aufgabenbezogene Struktur einer Organisation mit ihrer Technologie in einem „soziotechnischen System" verbunden. Die Aufgabe des Managements sei es, flexibel auf die technischen Anforderungen zu reagieren. Diese Auffassung wurde durch Analysen der Kohleproduktion (Trist und Bamforth 1951; Trist 1963) und der Glacier Metal Company (Jacques 1951) entwickelt. Jacques vertrat die Auffassung, dass der „Spannweite" der Führungskontrolle und damit der Zahl der direkt zu beaufsichtigenden Untergebenen Grenzen gesetzt sind. Joan Woodward, die von Liverpool an das South East Essex Technical College gewechselt war, begann mit Forschungsarbeiten, die in dem neuen Fachbereich für Industriesoziologie am Imperial College fortgesetzt wurden (Woodward 1958, 1965). Sie führte die Erkenntnisse von Tavistock als „Kontingenztheorie" weiter und vertrat die Auffassung, dass unterschiedliche Organisationsstrukturen in verschiedenen Umfeldern angemessen sind und dass die Technologie ein wichtiger Aspekt des Umfelds des Managementsystems ist. Woodward erstellte eine Typologie von Technologien, die von der Kleinserienfertigung über die Großserienfertigung bis hin zu „Prozess"-Systemen reichte, und zeigte, dass die Kontrollspanne, die Zentralisierung der Autorität und der Grad der Formalisierung durch die Technologie und andere Umweltbedingungen bestimmt werden.

Ein wichtiger Schritt in der Entwicklung dieses Ansatzes war der Umzug von Tom Lupton aus Manchester, um am Birmingham College of Advanced Technology einen neuen Fachbereich zu gründen, bevor es zur Aston University wurde. Die Forschungsarbeiten, die er zusammen mit Derek Pugh und David Hickson leitete, wurden als „Aston-Programm" bekannt und befassten sich mit der Ermittlung der formalen Dimensionen, anhand derer Produktionsorganisationen verglichen werden konnten. Mit Hilfe der Hauptkomponentenanalyse wurden vier zugrunde liegende Dimensionen aus einer Reihe von Maßnahmen in Bezug auf Eigentum und Kontrolle, Technologie und Größe ermittelt. Dabei handelt es sich um die Spezifität der Rollendefinitionen, die Zentralisierung der Autorität, die Einrichtung eines „Linien"-Managements und den Umfang der unterstützenden Büro- und Vertriebstätigkeiten. Anhand typischer Kombinationen dieser Variablen könne eine Typologie von Organisationen erstellt werden, und es sei möglich, organisatorischen Wandel als Neupositionierung einer Organisation entlang jeder Dimension zu betrachten (Pugh et al. 1969). Ein besonders wichtiger Beitrag, der die Argumentation von Beynon und Blackburn ergänzte, war das Argument von John Child (1972), dass Manager bei der Gestaltung ihrer Organisationen eine „Wahl" haben und dass die Entwicklung soziotechnischer Systeme nicht als technologischer Determinismus angesehen werden darf.

Diese Auffassung wurde durch Webers Argumente zur Bürokratie weiterentwickelt und führte zu einer wichtigen Studie über Organisationen von Tom Burns und Graham Stalker (1961) in Edinburgh. In ihrer Studie über eine Elektronikfabrik von Ferranti unterschieden sie die „organische" Form der Verwaltung von dem klassischen Modell der Bürokratie. Bei der organischen Verwaltung handelt es sich um eine laterale, netzwerkartige Kommunikations- und Kontrollstruktur, die eher durch Überzeugung und Beratung als durch Anweisung und Befehl funktioniert. Dies führte zu Versuchen von Martin Albrow (1970), Nicos Mouzelis (1967) und John Eldridge (Eldridge und Crombie 1974), Typologien von Organisationsstrukturen zu erstellen, die einen starken Einfluss auf die Entwicklung von „Organisational Behaviour" als Spezialgebiet in den expandierenden Business Schools hatten.

David Silverman (1970), ein Doktorand an der LSE, untersuchte die Industrie- und Organisationssoziologie, um eine Handlungstheorie zu entwickeln, die seiner Meinung nach einen befriedigenderen Ansatz als die soziotechnische Systemtheorie bietet. Die Wurzeln seiner Theorie lagen bei Weber und in den Entwicklungen des symbolischen Interaktionismus und der Phänomenologie, und Silvermans Argumente konvergierten mit denen von Fox (1971) und mit den gleichzeitigen theoretischen Arbeiten von Atkinson (1971) und Dawe (1970). Ebenso wie Cohen (1968) betrachtete er den Handlungs- und den Systemansatz als komplementär: Handlungen finden innerhalb eines bereits bestehenden Systems statt, aber dieses System ist das Ergebnis von freiwilligen Handlungen. Silvermans Ansatz hob die von den Akteuren verfolgten Bindungen, Orientierungen, Entscheidungen und Strategien hervor und verknüpfte die Organisationsstudien erfolgreich mit den Argumenten von Baldamus über die Bedeutung des „effort bargain" (siehe Ackroyd 1974).

Die Sorge um die Auswirkungen des Eigentums auf das Management stand im Mittelpunkt von Florence' (1953, 1961) „realistischem" Ansatz zur industriellen Organisation. Darin setzte er sich mit amerikanischen Argumenten zu den Auswirkungen des Industrialismus auf die Eigentumsverhältnisse in den Unternehmen – der so genannten „managerial revolution" – auseinander und zeigte, dass die Kontrolle durch die Eigentümer in vielen großen und erfolgreichen britischen Unternehmen fortbesteht. Dieses Argument wurde auch von Joe Banks (1960) und John Goldthorpe (1960) in ihren Anfechtungen der industriellen „Konvergenz"-These aufgegriffen, aber sie erkannten an, dass die Zahl und Bedeutung technischer und professioneller Manager in großen Unternehmen zugenommen hatte. Dieses Argument wurde von John Child (1969) und Theo Nichols (1969) und dann von John Scott (1979) überprüft, der die Koexistenz von Aktienbesitz und Managementinteressen in großen Unternehmen aufzeigte. Scott argumentierte, dass das direkte Eigentum zwar rückläufig sein mag, dass aber die Zunahme des Aktienbesitzes durch Finanzinstitute große Unternehmen in „Interessenkonstellationen" einbindet, die die Autonomie des Managements erheblich einschränken.

Douglas Cole vom Nuffield College hatte Allan Flanders und Hugh Clegg in eine Reihe von Studien über Gewerkschaftsaktivitäten einbezogen, die sie dazu veranlassten, eine neue Konfliktorientierung in der Forschung über Arbeitsbeziehungen zu entwickeln, was zu einem Schlüsseltext (Flanders und Clegg 1954) und einer einflussreichen Studie über die Rolle der Vertrauensleute bei den Produktivitätsvereinbarungen führte, die in der Esso Ölraffinerie in Fawley ausgehandelt wurden (Flanders 1964). Dies führte zu ihrer Beteiligung an der Arbeit der Donovan-Kommission für Arbeitsbeziehungen und zu ihrer Opposition gegen die von der Arbeitsministerin Barbara Castle vorgeschlagene Politik. Fox und Flanders (1969) betrachteten daraufhin Tarifverhandlungen als einen Prozess der Normsetzung, der Konflikte in Grenzen halten und so die Klassenbeziehungen „institutionalisieren" kann. Das Scheitern einer solchen normativen Ordnung führt zu einem Durkheim'schen Zustand der Anomie und ermöglicht häufige Streiks und andere Formen der Unzufriedenheit, die zu chaotischen und ungeregelten Lohnunterschieden führen. Goldthorpe (1978) zeigte daraufhin auf, dass Anomie immer dann zu Lohn- und Preisinflation führt, wenn die zugrunde liegenden Ungleichheiten nicht angegangen werden, die traditionelle Legitimität und die eingeschränkten Vergleiche geschwächt sind und keine rationale Legitimation geschaffen wurde.

Die Bedeutung von Eigentum und Gewinn in den Arbeitsbeziehungen wurde von einer Reihe von Forschern untersucht. An der neuen Warwick

Industrial Relations Unit akzeptierte Richard Hyman (1972; Hyman und Brough 1975) einen Großteil von Fox' Kritik an der strukturell-funktionalen und der Systemtheorie, argumentierte jedoch, dass die relativen Verhandlungspositionen von Managern und Arbeitnehmern in erheblichem Maße durch Machtunterschiede geprägt sind, die den Eigentums- und Marktbeziehungen, in die sie eingebettet sind, innewohnen.[10] Arbeitskonflikte sind daher durch den „unüberbrückbaren Interessenkonflikt" geprägt, der auf der Ebene der Systemintegration systematisch durch Eigentums- und Kontrollstrukturen erzeugt wird. Huw Beynon und Theo Nichols vertraten in einer Studie über die ICI-Düngemittelfabrik in Severnside eine ähnliche Auffassung (Nichols 1977), und Beynon erstellte eine verwandte Ethnografie der Arbeitsregulierung und der Arbeitsorientierungen im „vertrauensarmen" Heywood-Werk von Ford in Liverpool (Beynon 1973).

Die in diesem Kapitel behandelten Bereiche umfassen natürlich nicht alles, was britische Soziologen in den ersten rund 30 Jahren nach dem Zweiten Weltkrieg produziert haben. Sie umfassen jedoch die wichtigsten Themen, die in den disziplinären Debatten und Diskussionen in den in den Tab. 2.4 und 2.5 aufgeführten Bereichen untersucht wurden. Ich hoffe, gezeigt zu haben, dass in allen betrachteten Fällen ähnliche theoretische Anliegen erkennbar sind. Ein klarer theoretischer Gedankenkonsens, wenn auch natürlich kein vollständiger theoretischer Konsens, war in den verschiedenen Studien über Stratifikation, Arbeit und Organisation sowie über Gemeinschaftsbeziehungen, Verwandtschaft, ethnische Zugehörigkeit und Kriminalität zu erkennen, die der britischen Soziologie einen unverwechselbaren Charakter verliehen.

Es gab jedoch noch zahlreiche andere Forschungsstränge. Am wichtigsten war – wie in Tab. 2.5 dargestellt – die Religionssoziologie. Hier war das vorherrschende Thema die langfristige Säkularisierung der britischen Gesellschaft. Dabei ging es um den vermeintlichen Rückgang des konsensualen Glaubens und der konsensualen Praxis, wie er von David Martin (1969) kritisch bewertet wurde. Bryan Wilson (1961, 1966) vertrat die Ansicht, dass in einer Gesellschaft, in der die organisierte Religion abgenommen habe, die sektenartige Religion zunehme. Forscher

---

[10] Eine eher orthodoxe marxistische Darstellung wurde von Vic Allen (1975) vorgelegt.

erstellten eine Reihe wichtiger Studien über Sekten wie den Spiritismus (Nelson 1969), den Positivismus (Campbell 1971; Budd 1977) und die Zeugen Jehovas (Beckford 1975). Es gab auch Studien in der politischen Soziologie, die sich mit Arbeiten in der Politikwissenschaft überschnitten, und Studien in der vergleichenden Soziologie, die sich mit Arbeiten in der Geschichte und in den Entwicklungsstudien überschnitten. Nichtsdestotrotz fassen die hier besprochenen Arbeiten die zentralen Ideen und theoretischen Erkenntnisse zusammen, um die herum sich die soziologischen Debatten in der Zeit der Expansion und Konsolidierung der Soziologie entwickelten.

Literatur[11]

Abel-Smith, Brian and Stevens, Robert. 1967. *Lawyers and the Courts*. Heinemann.
Abrams, Mark and Rose, Richard. 1960. *Must Labour Lose?* Harmondsworth: Penguin Press.
Ackroyd, Stephen C. 1974. 'Economic rationality and the relevance of Weberian sociology to industrial relations'. *British Journal of Industrial Relations* 12, 2: 236–248.
Albrow, Martin. 1970. *Bureaucracy*. Macmillan.
Allen, V. L. 1975. *Social Analysis: A Marxist Critique and Alternative*. Longman.
Ambrose, Peter. 1974. *The Quiet Revolution: Social Change in a Sussex Village, 1871–1971*. Chatto and Windus.
Atkinson, Dick. 1971. *Orthodox Consensus and Radical Alternative*. Heinemann.
Atkinson, J. Max. 1978. *Discovering Suicide*. Macmillan.
Baldamus, Wilhelm. 1961. *Efficiency and Effort*. Tavistock.
Baldamus, Wilhelm. 1976. *The Structure of Sociological Inference*. Oxford: Martin Robertson.
Banks, Joseph Ambrose. 1960. 'The structure of industrial enterprise in industrial society'. *Sociological Review Monographs* No. 8: 43–61.
Banks, Olive. 1955. *Parity and Prestige in English Secondary Education*. Routledge and Kegan Paul.

---

[11] Alle Quellen sind hier aufgeführt und werden im Text mit dem Datum ihrer Erstveröffentlichung zitiert. Wenn ein zweites Datum angegeben ist, bezieht sich dies auf die spätere Ausgabe, den Nachdruck oder die Übersetzung. Wenn nicht anders angegeben, ist der Ort der Veröffentlichung London.

Banton, Michael. 1955. *The Coloured Quarter*. Cape.
Banton, Michael. 1957. *West African City*. Oxford: Oxford University Press.
Banton, Michael. 1959. *White and Coloured*. Cape.
Banton, Michael. 1964. *The Policeman in the Community*. Tavistock.
Banton, Michael. 1965. *Roles: An Introduction to the Study of Social Relations*. Tavistock.
Banton, Michael. 1967. *Race Relations*. Tavistock.
Beckford, James. 1975. *The Trumpet of Prophecy*. Oxford: Basil Blackwell.
Bernstein, Basil. 1960. 'Language and social class'. *British Journal of Sociology* 11, 3: 271–276.
Bernstein, Basil. 1962. 'Linguistic Codes, Hesitation Phenomena and Intelligence' in Bernstein, B. (ed.) *Classes, Codes, and Control, Volume 1*. Routledge and Kegan Paul, 1971.
Bernstein, Basil. 1964. 'Elaborated and Restricted Codes: Their Social Origins and Some Consequences'. *American Anthropologist* 66, 6: 55–69.
Beynon, Huw. 1973. *Working for Ford*. Harmondsworth: Penguin.
Beynon, Huw and Blackburn, Robert. 1972. *Perceptions of Work*. Cambridge: Cambridge University Press.
Blackburn, Robert M. 1967. *Union Character and Social Class*. Batsford.
Blackburn, Robert M. and Mann, Michael. 1972. *The Working Class in the Labour Market*. Cambridge: Cambridge University Press.
Blythe, Ronald. 1969. *Akenfield*. Allen Lane.
Bott, Elizabeth. 1957. *Family and Social Network*. Tavistock.
Bottomore, Thomas B. and Rubel, Maximilien (eds.). 1956. *Karl Marx*. Harmondsworth: Penguin.
Brennan, Thomas. 1948. *Midland City: Wolverhampton, Social and Industrial Survey*. Dennis Dobson.
Brennan, Thomas. 1959. *Reshaping a City*. Glasgow: House of Grant.
Brennan, Thomas, Cooney, E. W. and Pollins, H. 1954. *Social Change in South-West Wales*. Watts.
Budd, Susan. 1977. *Varieties of Unbelief*. Heinemann.
Burns, Tom and Stalker, Graham M. 1961. *The Management of Innovation*. Tavistock.
Butler, David and Rose, Richard. 1960. *The British General Election of 1959*. Macmillan.
Cain, Maureen. 1973. *Society and the Policeman's Role*. Routledge and Kegan Paul.
Campbell, Colin. 1971. *Towards a Sociology of Irreligion*. Houndmills: Macmillan.

Cannon, I. C. 1967. 'Ideology and occupational community: A study of compositors'. *Sociology* 1, 2: 165–185.
Carson, Wesley George. 1970a. 'Some sociological aspects of strict liability and the enforcement of factory legislation'. *Modern Law Review* 33, 4: 396–412.
Carson, Wesley George. 1970b. 'White collar crime and the enforcement of factory legislation '. *British Journal of Criminology* 10, 4: 383–398.
Chapman, Dennis. 1968. *Sociology and the Stereotype of the Criminal*. Tavistock.
Child, John. 1969. *The Business Enterprise*. Collier-Macmillan.
Child, John. 1972. 'Organisational structure and strategies of control'. *Administrative Science Quarterly* 17, 1: 163–177.
Coates, Ken and Silburn, Richard. 1970. *Poverty: The Forgotten Englishmen*. Harmondsworth: Penguin.
Cohen, Percy S. 1968. *Modern Social Theory*. Heinemann.
Cohen, Stan. 1972. *Folk Devils and Moral Panics*. MacGibbon and Kee.
Cohen, Stanley and Taylor, Laurie. 1972. *Psychological Survival*. Harmondsworth: Penguin.
Cole, G. D. H. 1950. 'The Conception of the Middle Classes' in Cole (ed.) 1955b.
Cole, G. D. H. 1951. 'The Social Structure of England' in Cole (ed.) 1955b.
Cole, G. D. H. 1954. 'British Class Structure in 1951' in Cole (ed.) 1955b.
Cole, G. D. H.1955a. 'Elites in British society' in Cole (ed.) 1955b.
Cole, G. D. H. (ed.) 1955b. *Studies in Class Structure*. Routledge and Kegan Paul.
Collison, Peter. 1963. *The Cutteslowe Walls*. Faber and Faber.
Connell, John. 1978. *The End of Tradition. Country Life in Central Surrey*. Routledge and Kegan Paul.
Corrigan, Philip. 1975. 'Dichotomy is contradiction: On „society" as constraint and construction'. *Sociological Review* 23, 2: 211–243.
Coulson, Margaret A. 1972. 'Role. A redundant concept?' in Jackson, J.A. (ed.) *Roles*. Cambridge: Cambridge University Press.
Coulter, Jeff. 1971. 'Decontextualised meanings: current approaches to *Verstehende* investigations'. *Sociological Review* 19, 3: 301–323.
Coulter, Jeff. 1973. *Approaches To Insanity*. Oxford: Martin Robertson.
Cousins, Jim and Brown, Richard. 1975. 'Patterns of Paradox. Shipbuilding Workers' Images of Society' in Bulmer, M. (ed.) *Working Class Images of Society*. Routledge and Kegan Paul.
Crosland, C. A. R. 1962. *The Conservative Enemy*. Jonathan Cape.
Cunnison, Sheila. 1966. *Wages and Work Allocation*. Tavistock.

Dahrendorf, Ralf. 1957. *Class and Class Conflict in an Industrial Society*. Routledge and Kegan Paul, 1959.
Dale, J. R. 1962. *The Clerk in Industry*. Liverpool: Liverpool University Press.
Davies, Jon Gower. 1972. *The Evangelistic Bureaucrat*. Tavistock.
Dawe, Alan. 1970. 'The two sociologies'. *British Journal of Sociology* 21, 2: 207–218.
Dennis, Norman. 1970. *People and Planning*. Faber and Faber.
Dennis, Norman, Henriques, Ferdinand and Slaughter, Clifford. 1956. *Coal Is Our Life*. Eyre and Spottiswoode.
Dore, Ronald. 1973. *British Factory, Japanese Factory: The Origins of National Diversity in Industrial Relations*. London: George Allen and Unwin.
Douglas, James W. B. 1964. *The Home and the School*. MacGibbon and Kee.
Douglas, James W. B. 1968. *All Our Future*. Peter Davies.
Douglas, Mary. 1970. *Natural Symbols*. Routledge and Kegan Paul.
Downes, David. 1966. *The Delinquent Solution: A Study in Subcultural Theory*. Routledge and Kegan Paul.
Eldridge, J. E. T. 1971. *Sociology and Industrial Life*. Nelson.
Eldridge, J. E. T. 1980. *Recent British Sociology*. Macmillan.
Eldridge, J. E. T. and Crombie, Alastair D. 1974. *A Sociology of Organisations*: London.
Elias, Norbert. 1956. 'Problems of involvement and detachment'. *British Journal of Sociology* 7, 3: 226–252.
Elias, Norbert. 1969. *What Is Sociology?* Hutchinson, 1978.
Elias, Norbert. 1971. 'The sociology of knowledge: New perspectives, parts I and II'. *Sociology* 5, 2 & 3: 149–168, 355–370.
Elias, Norbert and Scotson, John L. 1965. *The Established and the Outsiders*. Frank Cass.
Emmet, Dorothy. 1958. *Function, Purpose and Powers*. Macmillan.
Emmett, Isabel. 1964. *A North Wales Village*. Routledge and Kegan Paul.
Filmer, Paul, Phillipson, Michael, Silverman, David and Walsh, David. 1972. *New Directions in Sociological Theory*. Collier-Macmillan.
Flanders, Allan. 1964. *The Fawley Productivity Agreements*. Faber and Faber.
Flanders, Allan and Clegg, H. A. (eds.). 1954. *The System of Industrial Relations in Great Britain*. Oxford: Basil Blackwell.
Fletcher, Ronald. 1956. 'Functionalism as a social theory'. *Sociological Review* 4, 1: 31–46.
Fletcher, Ronald. 1966. *The Family and Marriage in Britain*. Harmondsworth: Penguin.

Fletcher, Ronald. 1971. *The Making of Sociology. A Study of Sociological Theory,* Two Volumes. Michael Joseph.
Florence, Philip Sargant. 1949. *Labour.* Hutchinson.
Florence, Philip Sargant. 1953. *The Logic of British and American Industry. A Realistic Study of Economic Structure and Government.* Routledge and Kegan Paul.
Florence, Philip Sargant. 1961. *Ownership, Control, and Success of Large Companies.* Sweet and Maxwell.
Floud, Jean E. and Halsey, Albert H. 1958. 'The sociology of education: A trend report and bibliography'. *Current Sociology* 7, 3: 165–235.
Floud, Jean E., Halsey, Albert H. and Martin, Fred M. 1956. *Social Class and Educational Opportunity.* Heinemann.
Ford, Julienne. 1969. *Social Class and the Comprehensive School.* Routledge and Kegan Paul.
Fox, Alan. 1971. *A Sociology of Work in Industry.* Collier-Macmillan.
Fox, Alan. 1974a. *Beyond Contract: Work, Power and Trust Relations.* Faber.
Fox, Alan. 1974b. *Man Mismanagement.* Hutchinson.
Fox, Alan and Flanders, Allan. 1969. 'The reform of collective bargaining: From Donovan to Durkheim'. *British Journal of Industrial Relations* 7, 2: 151–180.
Frankenberg, Ronald. 1957. *Village on the Border.* Cohen and West.
Frankenberg, Ronald. 1967. *Communities in Britain.* Harmondsworth: Penguin.
Fyvel, Tosco R. 1961. *Insecure Offenders.* Harmondsworth: Penguin.
Gallie, Duncan. 1978. *In Search of the New Working Class.* Cambridge: Cambridge University Press.
Gavron, Hannah. 1968. *The Captive Wife.* Harmondsworth: Penguin.
Gavron, Jeremy. 2015. *A Woman on the Edge of Time: A Son's Search for His Mother.* Scribe UK.
Geddes, Arthur. 1954. *The Isles of Lewis and Harris.* Edinburgh: Edinburgh University Press.
Giddens, Anthony. 1968. '„Power" in the recent writings of Talcott Parsons'. *Sociology* 2: 257–272.
Giddens, Anthony. 1971. *Capitalism and Modern Social Theory.* Cambridge: Cambridge University Press.
Giddens, Anthony. 1973. *The Class Structure of the Advanced Societies.* Hutchinson.
Giddens, Anthony. 1976. 'Functionalism: après la lutte' in Giddens, A. (ed.) *Studies in Social and Political Theory.* Hutchinson, 1977.

Glaisyer, Janet, Brennan, Thomas, Ritchie, W. and Florence, Philip Sargant. 1946. *County Town: A Civic Survey for the Planning of Worcester*. John Murray.
Glass, David V. (ed.). 1954. *Social Mobility in Britain*. Routledge and Kegan Paul.
Glass, David Victor and Hall, John R. 1954. 'Social Mobility in Great Britain: A Study on Inter-Generation Changes in Status' in Glass, D. V. (ed.) *Social Mobility in Britain*. Routledge and Kegan Paul.
Goldthorpe, John H. 1960. 'Social Stratification in Industrial Society'. *Sociological Review Monograph* 8: 97–122.
Goldthorpe, John H. 1966. 'Attitudes and Behaviour of Car Assembly Workers'. *British Journal of Sociology* 17, 3: 227–244.
Goldthorpe, John H. 1973. 'A revolution in sociology?'. *Sociology* 7, 3: 449–462.
Goldthorpe, John H. and Hope, Keith. 1972. 'Occupational Grading and Occupational Prestige' in Hope, K. (ed.) *The Analysis of Social Mobility*. Oxford: Oxford University Press, 1972.
Goldthorpe, John H. and Hope, Keith. 1974. *The Social Grading of Occupations*. Oxford: Clarendon Press.
Goldthorpe, John H. and Llewellyn, Catriona. 1977. 'Class mobility in Britain: Three theses examined'. *Sociology* 11, 2: 257–287.
Goldthorpe, John H. and Lockwood, David. 1963. 'Affluence and the British Class Structure'. *Sociological Review* 11, 2: 133–163.
Goldthorpe, John H., Lockwood, David, Bechhofer, Frank and Platt, Jennifer. 1969a. *The Affluent Worker in the Class Structure*. Cambridge: Cambridge University Press.
Goldthorpe, John H., Lockwood, David, Bechhofer, Frank and Platt, Jennifer. 1969b. *The Affluent Worker: Industrial Attitudes and Behaviour*. Cambridge: Cambridge University Press.
Goldthorpe, John H., Lockwood, David, Bechhofer, Frank and Platt, Jennifer. 1969c. *The Affluent Worker: Political Attitudes and Behaviour*. Cambridge: Cambridge University Press.
Goldthorpe, John H., Payne, Clive and Llewellyn, Catriona. 1978. 'Trends in class mobility'. *Sociology* 12, 3: 441–468.
Guttsman, William L. 1963. *The British Political Elite*. MacGibbon and Kee.
Hargreaves, David. 1967. *Social Relations in a Secondary School*. Routledge and Kegan Paul.
Harris, Clement. 1974. *Hennage: A Social System in Miniature*. New York: Holt, Rinehart and Winston.
Harris, Rosemary. 1972. *Prejudice and Tolerance in Ulster*. Manchester: Manchester University Press.

Hepworth, Mike. 1975. *Blackmail: Publicity and Secrecy in Everyday Life*. Routledge and Kegan Paul.
Hindess, Barry and Hirst, Paul Q. 1975. *Pre-capitalist Modes of Production*. Routledge and Kegan Paul.
Hodges, Mark W. and Smith, Cyril S. 1954. 'The Sheffield Estate' in Black, E. I. and Simey, T. S. (eds.) *Neighbourhood and Community*. Liverpool: Liverpool University Press.
Hoggart, Richard. 1957. *The Uses of Literacy*. Chatto and Windus.
Hollowell, Peter. 1968. *The Lorry Driver*: Routledge and Kegan Paul.
Hudson, Kenneth. 1967. *An Awkward Size for a Town*. Newton Abbot: David and Charles.
Hyman, Richard. 1972. *Strikes*. Glasgow: Fontana.
Hyman, Richard and Brough, Ian. 1975. *Social Values and Industrial Relations: Study of Fairness and Inequality* Oxford: Basil Blackwell.
Ingham, Geoffrey. 1970. *Size of Industrial Organisation and Worker Behaviour*. Cambridge: Cambridge University Press.
Jackson, Brian. 1964. *Streaming*. Routledge and Kegan Paul.
Jackson, Brian. 1968. *Working Class Community: Some General Notions Raised by a Series of Studies in Northern England*. Routledge and Kegan Paul.
Jackson, Brian and Marsden, Dennis. 1962. *Education and the Working Class*. Routledge and Kegan Paul.
Jackson, John A. 1963. *The Irish in Britain*. Routledge and Kegan Paul.
Jacques, Elliot. 1951. *The Changing Culture of a Factory*. Tavistock.
Jefferys, Margot. 1954. *Mobility in the Labour Market: Employment Changes in Battersea and Dagenham*. Routledge and Kegan Paul.
Jefferys, Margot. 1964. 'Londoners in Hertfordshire' in Glass, R. (ed.) *London. Aspects of Change*. MacGibbon and Kee, 1964.
Jenkins, David, Davies, Elwyn and Rees, Alwyn D.(eds.). 1960. *Welsh Rural Communities*. Cardiff: University of Wales Press.
Jennings, Hilda. 1962. *Societies in the Making: A Study of Development and Redevelopment Within a County Borough*. Routledge and Kegan Paul.
Jessop, Robert D. 1972. *Social Order, Reform and Revolution*. Macmillan.
Johnson, Terry. 1972. *Professions and Power*. Macmillan.
Jones, D. Caradog and Hall, John R. 1950. 'The social grading of occupations'. *British Journal of Sociology* 1, 1: 31–55.
Kelsall, Keith. 1955. *Higher Civil Servants in Britain*. Routledge and Kegan Paul.
Kerr, Madeleine. 1958. *The People of Ship Street*. Routledge and Kegan Paul.
Krausz, Ernest. 1969. *Sociology in Britain. A Survey of Research*. Batsford.

Lacey, Colin. 1970. *Hightown Grammar: The School as a Social System*. Manchester: Manchester University Press.
Leach, Edmund R. 1970. *Lévi-Strauss*. Glasgow: Fontana.
Lessnoff, Michael. 1968. 'Parsons's system problems'. *Sociological Review* 16, 2: 185–215.
Little, Kenneth. 1948. *Negroes in Britain*. Routledge and Kegan Paul.
Little, Kenneth. 1951. *The Mende of Sierra Leone*. Routledge and Kegan Paul.
Littlejohn, James. 1963. *Westrigg. The Sociology of a Cheviot Parish*. Routledge and Kegan Paul.
Lockwood, David. 1956. 'Some remarks on *The Social System*'. *British Journal of Sociology* 7, 2: 134–146.
Lockwood, David. 1958. *The Black-Coated Worker*. Oxford: Oxford University Press, 1993.
Lockwood, David. 1960. 'The new working class'. *European Journal of Sociology* 1: 248–259.
Lockwood, David. 1966. 'Sources of variation in working-class images of society'. *Sociological Review* 14, 3: 249–267.
Lupton, Thomas. 1963. *On the Shop Floor*. Oxford: Pergamon Press.
Madge, Charles. 1964. *Society in the Mind: Elements of the Social Eidos*. Faber and Faber.
Mann, Michael. 1973. *Workers on the Move. The Sociology of Relocation*. Cambridge: Cambridge University Press.
Marshall, Thomas H. 1950. *Citizenship and Social Class*. Cambridge: Cambridge University Press.
Martin, David. 1969. *The Religious and the Secular: Studies in Secularization*. Routledge and Kegan Paul.
Martin, Ernest W. 1965. *The Shearers and the Shorn*. Routledge and Kegan Paul.
Martin, Fred. M. 1954. Some Subjective Aspects of Social Stratification in Glass, D. V. (ed.) *Social Mobility in Britain*. Routledge and Kegan Paul, 1954.
Mayhew, H. (1861). *London Labour and the London Poor*, 4 Volumes. New York: Dover Publications, 1968.
Mays, John Barron. 1954. *Growing Up in the City*. Liverpool: University of Liverpool Press.
McIntosh, Mary. 1975. *The Organisation of Crime*. Macmillan.
Miliband, Ralph. 1969. *The State in Capitalist Society*. Weidenfeld and Nicolson.
Millerson, Geoffrey. 1964. *The qualifying associations: A study in professionalization*. Routledge and Kegan Paul.

Mitchell, G. Duncan. 1959. *Sociology. The Study of Social Systems*. University Tutorial Press.
Mitchell, G. Duncan and Lupton, Tom. 1954. 'The Liverpool Estate' in Black, E. I. and Simey, T. S. (eds.) *Neighbourhood and Community*. Liverpool: Liverpool University Press.
Mogey, John. 1956. *Family and Neighbourhood. Two Studies in Oxford*. Oxford: Oxford University Press.
Moore, John. 1945. *Portrait of Elmbury*. Collins.
Moore, Robert. 1974. *Pitmen, Preachers and Politics*. Cambridge: Cambridge University Press.
Morris, Terence. 1957. *The Criminal Area*. Routledge and Kegan Paul.
Morris, Terence and Morris, Pauline. 1963. *Pentonville: A Sociological Study of an English Prison*. Routledge and Kegan Paul.
Moser, Claus and Hall, John R. 1954. 'The Social Grading of Occupations' in Glass, D. V. (ed.) *Social Mobility in Britain*. Routledge and Kegan Paul.
Moser, Claus and Scott, Wolf. 1961. *British Towns*. Edinburgh: Oliver and Boyd.
Mouzelis, Nicos. 1967. *Organisation and Bureaucracy: An Analysis of Modern Theories*. Routledge and Kegan Paul.
Mouzelis, Nicos. 1974. 'Social and system integration: Some reflections on a fundamental distinction'. *British Journal of Sociology* 25, 4: 395–409.
Mumford, Enid and Banks, Olive. 1967. *The Computer and the Clerk*. Liverpool: Liverpool University Press.
Myrdal, Alva and Klein, Viola. 1956. *Women's Two Roles: Home and Work*. Routledge and Kegan Paul.
Nadel, Siegfried Frederick. 1957. *The Theory of Social Structure*. Glencoe: Free Press.
Nelson, Geoffrey K. 1969. *Spiritualism and Society*. Routledge and Kegan Paul.
Newby, Howard. 1977. *The Deferential Worker*. Allen Lane.
Nichols, W. A. T. 1969. *Ownership, Control, and Ideology*. George Allen and Unwin.
Nichols, W. A. T. 1977. *Living with Capitalism: Class Relations and the Modern Factory*. Routledge and Kegan Paul.
O'Neill, John (ed.). 1973. *Modes of Individualism and Collectivism*. Heinemann.
Pahl, Jan and Pahl, Raymond E. 1971. *Managers and their Wives*. Harmondsworth: Penguin.
Pahl, Raymond E. 1965a. 'Class and community in English commuter villages'. *Sociologia Ruralis* 5, 1: 5–23.

Pahl, Raymond E. 1965b. *Urbs in Rure. The Metropolitan Fringe in Hertfordshire.* London School of Economics (Geographical Papers, No. 2).
Paneth, Marie. 1945. *Branch Street. A Sociological Study.* George Allen and Unwin.
Parker, Howard. 1974. *View from the Boys.* Newton Abbot: David and Charles.
Parkin, Frank. 1971. *Class Inequality and Political Order.* MacGibbon and Kee.
Parkin, Frank. 1972. 'System contradiction and political transformation'. *European Journal of Sociology* 13, 1: 45–62.
Parry, Noel and Parry, Josie. 1976. *The Rise of the Medical Profession.* Routledge and Kegan Paul.
Patterson, Sheila. 1963. *Dark Strangers.* Tavistock.
Pear, Thomas H. 1955. *English Social Differences.* George Allen and Unwin.
Pearce, Frank. 1976. *Crimes of the Powerful.* Pluto Press.
Platt, Jennifer. 1971. *Social Research in Bethnal Green.* Macmillan.
Plummer, Ken. 1975. *Sexual Stigma: An Interactionist Account.* Routledge.
Prandy, Kenneth. 1965. *Professional Men.* Faber and Faber.
Pugh, Derek S., Hickson, David J. and Hinings, C. Robert. 1969. 'An empirical taxonomy of work organisations'. *Administrative Science Quarterly* 14, 1: 115–126.
Ranson, Stewart, Bryman, Alan and Hinings, Bob. 1977. *Clergy, Ministers, and Priests.* Routledge and Kegan Paul.
Rees, Alwyn D. 1961. *Life in a Welsh Countryside.* Thames and Hudson.
Rex, John A. 1959. 'The plural society in sociological theory'. *British Journal of Sociology* 10, 2: 114–124.
Rex, John A. 1961. *Key Problems of Sociological Theory.* Routledge and Kegan Paul.
Rex, John A. 1970. *Race Relations in Sociological Theory.* Weidenfeld and Nicholson.
Rex, John A. 1973a. 'The future of race relations research in Britain'. *Race* 14, 4: 481–488.
Rex, John A. 1973b. *Race, Colonialism, and the City.* Routledge and Kegan Paul.
Rex, John A. and Moore, Robert. 1969. *Race, Community and Conflict: A Study of Sparkbrook [Corrected edition].* Oxford University Press.
Rex, John A. and Tomlinson, Sally. 1979. *Colonial Immigrants in a British City: A Class Analysis.* Routledge and Kegan Paul.
Richmond, Anthony. 1954. *Class Prejudice in Britain.* Routledge and Kegan Paul.
Richmond, Anthony. 1955. *The Coloured Problem: A Study in Racial Relations*: Harmondsworth.
Robb, James. 1954. *Working-Class Anti-Semite.* Tavistock.

Roberts, Kenneth, Clark, Frederick G., Clark, Stanley C. and Semeonoff, E. 1977. *The Fragmentary Class Structure*. Heinemann.
Rock, Paul. 1973. *Making People Pay*. Routledge and Kegan Paul.
Rock, Paul and McIntosh, Mary (eds.). 1974. *Deviance and Social Control*. Tavistock.
Rose, E. J. B. and Associates. 1969. *Colour and Citizenship: A Report on British Race Relations*. Oxford: Oxford University Press.
Rosser, Colin and Harris, Chris. 1965. *The Family and Social Change*. Routledge and Kegan Paul.
Runciman, W. G. 1966. *Relative Deprivation and Social Justice*. Routledge and Kegan Paul.
Scott, John. 1979. *Corporations, Classes and Capitalism*, First Edition. Hutchinson.
Scott, William H., Banks, Joseph A, Halsey, Albert H. and Lupton, Thomas. 1956. *Technical Change and Industrial Relations*. Liverpool: Liverpool University Press.
Scott, William H., Mumford, Enid, McGivering, Ian and Kirkby, J. 1963. *Coal and Conflict*. Liverpool: Liverpool University Press.
Silverman, David. 1970. *The Theory of Organisations: A Sociological Framework*. Heinemann.
Simey, Thomas. 1954. *The Dock Worker*. Liverpool: Liverpool University Press.
Spinley, Betty. 1953. *The Deprived and the Privileged*. Routledge and Kegan Paul.
Sprott, W. J. H. 1952. 'Principia sociologica'. *British Journal of Sociology* 3, 3: 203–221.
Sprott, W. J. H. 1963. 'Principia sociologica II'. *British Journal of Sociology* 14, 4: 307–320.
Stacey, Margaret. 1960. *Tradition and Change: A Study of Banbury*. Oxford: Oxford University Press.
Stacey, Margaret. 1969. 'The myth of community studies'. *British Journal of Sociology* 20, 2: 34–47.
Stacey, Margaret, Batstone, Eric, Bell, Colin and Murcott, Anne. 1975. *Power, Persistence and Change*. Routledge and Kegan Paul.
Stanworth, Philip and Giddens, Anthony (eds.). 1974. *Elites and Power in British Society*. Cambridge: Cambridge University Press.
Sykes, A. J. M. 1969a. 'Navvies: Their social relations'. *Sociology* 3, 2: 157–172.
Sykes, A. J. M. 1969b. 'Navvies: Their work attitudes'. *Sociology* 3, 1: 21–35.
Taylor, Ian. 1971. 'Soccer consciousness and soccer hooliganism' in Cohen, S. (ed.) *Images of Deviance*. Harmondsworth: Penguin.

Taylor, Ian, Walton, Paul and Young, Jock. 1975. *The New Criminology. For a Social Theory of Deviance*. Routledge and Kegan Paul.
Towler, Robert and Coxon, A. P. M. 1979. *The Fate of the Anglican Clergy*. Houndmills: Macmillan.
Townsend, Peter. 1954. 'Measuring Poverty'. *British Journal of Sociology* 5, 2: 130–137.
Townsend, Peter. 1957. *The Family Life of Old People*. Harmondsworth: Penguin, 1963.
Townsend, Peter. 1962. 'The meaning of poverty'. *British Journal of Sociology* 13, 3: 210–227.
Townsend, Peter. 1974. 'Poverty as Relative Deprivation' in Wedderburn, D. (ed.) *Poverty, Inequality and Class Structure*. Cambridge: Cambridge University Press.
Townsend, Peter. 1979. *Poverty in the United Kingdom*. Harmondsworth: Penguin.
Trist, Eric. 1963. *Organizational Choice*. Tavistock.
Trist, Eric and Bamforth, K. W. 1951. 'Some social and psychological consequences of the longwall method of coal getting'. *Human Relations* 4, 1: 3–38.
Tropp, Asher. 1957. *The School Teacher*. Heinemann.
Tunstall, Jeremy. 1962. *The Fishermen*. MacGibbon and Kee.
Turner, Barry. 1971. *Exploring the Industrial Subculture*. Macmillan.
Turner, W. J. 1947. *Exmoor Village*. Harrap.
Urry, John. 1970. 'Role analysis and the sociological enterprise'. *Sociological Review* 18, 3: 351–363.
Watkins, J. W. N. 1952. 'Ideal Types and Historical Explanation' in O'Neill, J. (ed.) *Modes of Individualism and Collectivism*. Heinemann, 1973.
Watkins, J. W. N. 1957. 'Historical Explanation in the Social Sciences' in O'Neill, J. (ed.) *Modes of Individualism and Collectivism*. Heinemann, 1973.
Watson, William. 1964. 'Social Mobility and Social Class in Industrial Communities' in Gluckman, M. (ed.) *Closed Systems and Open Minds*. Edinburgh: Oliver and Boyd.
Wedderburn, Dorothy and Crompton, Rosemary. 1972. *Worker's Attitudes and Technology*: Cambridge, Cambridge University Press.
Wells, A. F. 1970. *Social Institutions*. Heinemann.
Westergaard, John H. 1964. 'The Structure of Greater London' in Glass, R. and Others (eds.) *London. Aspects of Change*. MacGibbon and Kee.
Westergaard, John H. and Resler, Henrietta. 1975. *Class in a Capitalist Society*. Heinemann.

Wilkins, Leslie T. 1964. *Social Deviance: Social Policy, Action and Research*. Tavistock.
Williams, William M. 1963. *A West Country Village: Ashworthy*. Routledge and Kegan Paul.
Willis, Paul. 1977. *Learning to Labour: How Working Class Kids Get Working Class Jobs*. Farnborough: Saxon House.
Willmott, Peter. 1963. *The Evolution of a Community*. Routledge and Kegan Paul.
Willmott, Peter and Young, Michael. 1960. *Family and Class in a London Suburb*. Routledge and Kegan Paul.
Wilson, Bryan R. 1961. *Sects and Society*. Heinemann.
Wilson, Bryan R. 1966. *Religion in Secular Society*. Harmondsworth: Penguin, 1969.
Wilson, Bryan R. (ed.). 1970. *Rationality*. Oxford: Basil Blackwell.
Winch, Peter. 1958. *The Idea of a Social Science*. Routledge and Kegan Paul.
Woodward, Joan. 1958. *Management and Technology*. HMSO.
Woodward, Joan. 1965. *Industrial Organisation: Theory and Practice*. Oxford: Oxford University Press.
Wootton, Barbara. 1955. *The Social Foundations of Wage Policy*. George Allen and Unwin.
Young, Jock. 1971. *The Drugtakers*. MacGibbon and Kee.
Young, Michael and Willmott, Peter. 1956. 'The social grading of manual workers'. *British Journal of Sociology* 7, 4: 337–345.
Young, Michael and Willmott, Peter. 1957. *Family and Kinship in East London*. Routledge and Kegan Paul.
Zubaida, Sami (ed.). 1970. *Race and Racialism*. Tavistock.

4

Soziologie, Neoliberalismus und darüber hinaus

Zusammenfassung Dieses Kapitel befasst sich mit der Entwicklung der britischen Soziologie von 1979 bis zur Gegenwart. Es untersucht den Aufstieg des Neoliberalismus und dessen Auswirkungen auf das Hochschulsystem, das heißt die Zielsetzung und die Prüfungskultur, die Zunahme der Forschungsbewertung, die sich verändernde Finanzierungslandschaft, die Marktorientierung und die Umstrukturierung des Hochschulsystems. Diese Trends kommen in verschiedenen Angriffen auf die Soziologie und die Sozialwissenschaften zum Ausdruck und haben Auswirkungen auf die Regierungspolitik und die Mittelkürzungen, die zu Schrumpfung und Schließung von Fachbereichen führten.

Mitte der 1970er-Jahre zeichnete sich bereits ab, dass das Hochschulsystem in eine Phase des Wandels eintrat und die Einstellung von Personal ins Stocken geraten war. Die Nachkriegsordnung begann zu bröckeln. Der wirtschaftliche Rückgang und die sich verändernde internationale Wirtschaft stellten alle westlichen Staaten vor das Problem, ihre Ausgaben zu reduzieren. Auf der ganzen Welt fand ein ideologischer Wandel hin zu einer neoliberalen Wirtschaftspolitik statt, die die wirtschaftlichen

Vorteile eines „effizienten" Handelns auf einem wettbewerbsorientierten „freien" Markt anpries. Mit der Wahl einer konservativen Regierung in Großbritannien im Jahr 1979 begann die Einführung einer solchen Politik im gesamten öffentlichen Sektor. Der Staat sollte durch die Privatisierung von öffentlichem Vermögen schrumpfen, und die verbleibenden staatlichen Strukturen sollten zentralisiert und einer direkteren Regulierung unterworfen werden. Die Universitäten, die nicht wie der Verkehr, die öffentlichen Versorgungsbetriebe und die Post „privatisiert" werden konnten, mussten in Bezug auf finanzielle und organisatorische Ziele wie Unternehmen arbeiten und sicherstellen, dass sich die Forschung durch kommerzielle Anwendungen bezahlt macht. Gleichzeitig griff die Regierung durch eine Vielzahl neuer Aufsichtsbehörden ein, die ihre Arbeit überwachen sollten.

Das Universitätssystem befand sich in einer Phase der Schrumpfung, die durch Frühpensionierungen, steigende Student-Personal-Relationen, fehlende Neueinstellungen und die Angst vor den Auswirkungen der „verlorenen Generation" von Forschern, die nicht eingestellt wurden, gekennzeichnet war. Die Politik der Regierung befasste sich zunehmend mit der Einführung privater Anbieter von Hochschulbildung, die sie als eine Quelle des Wettbewerbs ansah, die aber auch die Besorgnis der Wissenschaftler über die störenden Auswirkungen auf das öffentliche Angebot weckte. Gleichzeitig führte der Druck zur Dezentralisierung der Regierung in Schottland und Wales zu einer Dezentralisierung der Hochschulpolitik und zu einer Abweichung der Praxis von der in England. Nach dem Referendum über die britische Mitgliedschaft in der Europäischen Union wurde in Schottland erneut Druck für eine Trennung vom Vereinigten Königreich ausgeübt.

Neoliberalismus und die Universitäten

Viele der organisatorischen Veränderungen im Hochschulsystem wurden als Reaktion auf den Jarratt-Bericht von 1985 eingeleitet, der seinerseits von einer Regierung erstellt wurde, die sich für die Ausweitung von Marktprinzipien und Geschäftspraktiken im öffentlichen Sektor einsetzte.[1] Der Bericht empfahl den Universitäten die Einführung eines Geschäftsmodells, bei dem jeder Fachbereich als separate „Kostenstelle" behandelt wird, die auf ihren individuellen finanziellen Ertrag hin überwacht wird, um ihre finanzielle Rentabilität zu gewährleisten, indem ein Gleichgewicht zwischen der Zahl der Mitarbeiter und der Forschungstätigkeit und der zulässigen Zahl der Studenten hergestellt wird. Im Zuge der Umstrukturierung der Universitäten wurde diese Politik im Allgemeinen auf Einheiten angewandt, die etwas größer waren als einzelne Fachbereiche, und viele Universitäten begannen, ihre Wissenschaftler umzustrukturieren, um in größeren multidisziplinären Schulen zu arbeiten, um Größenvorteile zu erzielen, und führten ein stärkeres Linienmanagement anstelle von Kollegialität ein (Brewer 2013, S. 95 ff., 117 ff.).

Dieser Wandel in Struktur und Praxis wurde durch die Umstrukturierung der UGC im Jahr 1988 in einen neu gestalteten Universities Funding Council (UFC) unterstrichen, der die Entwicklung der Universitäten überwachen und auf der Grundlage finanzieller Ziele arbeiten sollte. Die fünfjährige Finanzierung wurde aufgegeben, und die Universitäten mussten sich auf eine zentralistischere und kurzfristigere Ausrichtung ihrer Entwicklung einstellen. Der UFC wurde 1992 durch eine Aufteilung in regionale Finanzierungsräte mit erweiterten Zuständigkeiten erneut umstrukturiert. Dadurch wurden der Higher Education Funding Council for England (HEFCE), der Higher Education Funding Council for Wales und der Scottish Higher Education Funding Council geschaffen. Die walisischen und schottischen Gremien unterstanden den jeweiligen Regierungen und konnten daher eine teilweise unabhängige Politik verfolgen.

Die Umstrukturierung der Finanzierungsgremien war ein wesentlicher Bestandteil der Umgestaltung des Hochschulsystems. Die Polytechnics wurden in Universitäten umbenannt, finanziell von den lokalen Behörden, die sie zuvor kontrolliert hatten, getrennt und mit eigenen Satzungen ausgestattet. Diese neuen Universitäten – formell als „Post-92"-Universitäten bezeichnet – waren den alten Universitäten nominell gleichgestellt, aber das binäre System der Hochschulbildung nahm eine

---

[1] Wichtige Quellen zu den in diesem Abschnitt behandelten Themen sind Holmwood (2011, 2014a, b).

hierarchischere Form an, die das Erreichen finanzieller und akademischer Ziele widerspiegelte: Ziele für Studentenzahlen, Bewerbungen, Lehrstandards und Forschungsqualität. In diesem neuen System konnten die einzelnen Universitäten je nach ihrem Erfolg oder Misserfolg, gemessen an ihrer Leistung im Hinblick auf diese Ziele, aufsteigen oder fallen.

Das neoliberale Regime verlangt, dass öffentlichen Einrichtungen dort, wo der Markt nicht direkt agieren kann, spezifische Ziele oder Leistungsniveaus gesetzt werden, die durch neue Regulierungsbehörden überwacht werden können, die Wege finden, um öffentliche Mittel direkt an die Leistung zu koppeln. Michael Power (1999) beschrieb dies als eine „Prüfungskultur", in der Leistungs- und Prüfmechanismen im öffentlichen Sektor als Alternativen zum Marktmechanismus funktionieren. Infolgedessen mussten die internen Managementprozesse der Universitäten umstrukturiert werden, um die Nachweise zu erbringen und zu organisieren, auf deren Grundlage die Prüfungs- und Finanzierungsstellen handeln würden.

Die UGC hatte vorsichtig damit begonnen, sich in diese Richtung zu bewegen, als sie 1986 ein Research Selectivity Exercise einrichtete, über das sie Bericht erstattete. Die universitäre Forschung wurde nach ihrer „Forschungsqualität" bewertet, wobei jede „Kostenstelle" von den UGC-Fachgremien als „hervorragend", „überdurchschnittlich", „durchschnittlich" oder „unterdurchschnittlich" eingestuft wurde. Ein Teil der UGC-Finanzierung wurde als „qualitätsbezogene" (QR) Finanzierung bezeichnet und entsprechend der Leistung bei dieser Bewertung zugewiesen. Dies war ein ziemlich stumpfes Regulierungsinstrument, da die Forschung auf der Ebene von 37 allgemeinen „Kostenstellen" bewertet wurde, die nicht direkt mit den Fakultäten, Schulen oder Fachbereichen der Universitäten verbunden waren. Die neue UFC gab für 1988 ein zweites Selektionsverfahren in Auftrag, bei dem die Forschung in kleineren Kostenstellen bewertet wurde, die näher an den herkömmlichen Fachbereichen und Instituten oder Schulen lagen. Bei diesem Verfahren basierte die Bewertung der Forschung auf der Lektüre von Forschungspublikationen – den so genannten „Outputs" – für jeden Mitarbeiter durch spezialisierte Bewertungsgremien. Der Bericht über diese Selektivitätsprüfung bewertete die Kostenstellen jeder Universität auf einer Fünf-Punkte-Skala, die in der Presse häufig zur Erstellung von

Ranglisten der Universitätsabteilungen verwendet wurde. Solche Tabellen verfestigten die Vorstellung einer hierarchischen Verteilung der Universitäten im Hochschulsystem. Nach Abschluss des Verfahrens wies die UFC knapp die Hälfte ihrer Forschungsmittel als QR zu, basierend auf der Position der verschiedenen Kostenstellen einer Universität auf der Gesamtskala der Forschungsqualität.

Weitere Bewertungen der Forschungsqualität wurden 1992 und 1996 unter dem Namen Research Assessment Exercises (RAEs) durchgeführt, und die HE Funding Councils setzten diesen Ansatz 2001 und 2008 fort. Für 2014 wurde das Verfahren in Research Excellence Framework (REF) umbenannt. Bei den Bewertungen zwischen 1992 und 2001 wurden die Fachbereiche auf einer Sieben-Punkte-Skala eingestuft, aber bei den späteren Bewertungen wurden eher „Profile" als Rangfolgen berechnet. Die Verfahren wurden schrittweise verfeinert, um ein hohes Maß an Zuverlässigkeit bei der Messung der „Qualität" der Forschung zu erreichen, aber es gibt keine Belege für ihre Gültigkeit als Maß für die tatsächliche Forschungsqualität.

Die zunehmende Sorge um das „Preis-Leistungs-Verhältnis" in der Forschung führte dazu, dass die Finanzierungsgremien versuchten, die „Auswirkungen" der Hochschulforschung zu bewerten, gemessen an ihrem wahrgenommenen Beitrag zu Politik, Industrie oder öffentlicher Debatte (Brewer 2013, S. 85 ff.). Diese Messung des Impacts wurde erstmals als separates Element in den REF 2014 aufgenommen, und ein weiterer REF soll im Jahr 2021 erscheinen.

Eine Bewertung der Hochschullehre wurde 1992 von einer neuen Qualitätssicherungsagentur (QAA) im Rahmen eines so genannten Teaching Quality Assessment (TQA) vorgenommen. Dabei besuchten Fachgremien von Prüfern die Universitäten, um Lehrpläne und Studentenarbeiten zu prüfen und den Unterricht zu beobachten. Die Qualität der Lehre in den einzelnen Fachbereichen wurde anhand einer 24-Punkte-Skala bewertet, um die Bewertungsstufen „Ausgezeichnet", „Sehr zufriedenstellend", „Zufriedenstellend" und „Nicht zufriedenstellend" zu erhalten. Diese intensive Art der Bewertung wurde nach dem Dearing-Bericht von 1997 durch eine allgemeinere Prüfung auf Hochschulebene ersetzt. Infolge dieses Berichts führte die QAA auch einen „Qualifikationsrahmen" und ein Programm von „Benchmarks" für bestimmte Fächer ein, um die

Kohärenz zu erreichen, die in den Schulen durch die Reformen des A-Levels und des nationalen Lehrplans angestrebt wurde. Im Jahr 2005 wurde eine jährliche Umfrage zu den Meinungen der Studierenden über ihre Studiengänge eingeführt, und viele Universitäten begannen, die veröffentlichten Ergebnisse für ihre interne Planung zu nutzen. Im Jahr 2017 wurde in England und für einige Einrichtungen in Schottland und Wales ein Teaching Excellence Framework (TEF) eingeführt. Die Hochschulen mussten ihre Leistungen anhand einer Reihe von Indikatoren in Bezug auf Lehre, akademische Unterstützung, NSS-Ergebnisse und Übergang in die Beschäftigung melden und außerdem einen Textbericht vorlegen. Das Verfahren wird jährlich durchgeführt, aber die Universitäten können wählen, ob sie bewertet oder neu bewertet werden wollen. Bewertete Universitäten werden mit „Gold", „Silber" oder „Bronze" eingestuft.

Mit der Vermarktlichung ging auch der Übergang von einem Stipendiensystem zu einem Darlehenssystem einher. Während der gesamten Expansionsphase wurden die Lehrkosten durch die UGC-Finanzierung gedeckt, während der Unterhalt der Studierenden durch individuelle bedürftigkeitsabhängige Zuschüsse der lokalen Behörden finanziert wurde. 1992 wurde erstmals ein System von Unterhaltsdarlehen für Studierende eingeführt, das 1998 auf Darlehen für die Studiengebühren ausgeweitet wurde, die die staatliche Finanzierung der Lehre ablösten. Den Universitäten wurde ein gewisser Spielraum bei der Festlegung der Höhe ihrer Gebühren eingeräumt, der jedoch nicht überschritten werden durfte. Im Jahr 2000 schaffte die schottische Regierung die Darlehen für schottische Studenten an schottischen Universitäten ab, und die walisische Regierung folgte 2008 diesem Beispiel. Die Übertragung der Lehrkosten in England von der Zentralregierung auf direkte Studiengebühren gab den Universitäten eine etwas größere Kontrolle über die Studentenzahlen, führte jedoch zu enormen Problemen der Verschuldung der Studenten und damit zu einer abschreckenden Wirkung auf die Aufnahme von Studiengängen. Im Rahmen einer Überprüfung des Systems im Jahr 2019 wurde die Deckelung der Studiengebühren erneut geprüft, um die Freiheit der Universitäten einzuschränken, aber die Empfehlungen gingen in der Lähmung der Regierungspolitik während der Brexit-Verhandlungen unter.

4 Soziologie, Neoliberalismus und darüber hinaus 141

Aufgrund von Finanzierungsengpässen mussten viele Universitäten Abteilungen in verschiedenen Fächern einschränken oder schließen, wodurch sich die Zahl der Mitarbeiter verringerte und das Verhältnis zwischen Studenten und Mitarbeitern erhöhte. Bis in die 1970er-Jahre lag das Verhältnis von Studierenden zu Mitarbeitern in der Regel bei 8 oder 10 zu 1; in den 1990er-Jahren lag es bei über 20 zu 1. Infolgedessen wurde die Zahl der Unterrichtsstunden erhöht, was zu Lasten der Forschungszeit ging, und die Klassengrößen wurden vergrößert. Erschwerend kam hinzu, dass die kritische Haltung gegenüber der Soziologie – auf die weiter unten eingegangen wird – dazu führte, dass die Größe vieler Fachbereiche stagnierte oder zurückging. Ein Großteil der Forschung in der Soziologie wurde abends und an Wochenenden durchgeführt, wobei das Fehlen fester Arbeitszeiten diesen Druck auf die Freizeit verdeckte. Als die Universitäten aufgrund von Finanzierungsanforderungen gezwungen waren, Methoden zur Messung der relativen Kosten von Lehr- und Forschungstätigkeiten zu entwickeln, mussten die Mitarbeiter den Anteil der Arbeitsstunden angeben, der auf 38, 55 oder 100 Stunden pro Woche entfiel. Die Regierung und die Finanzierungsräte hielten die daraus resultierenden Statistiken für aussagekräftig und verwendeten sie als Grundlage für die Berechnung der Ressourcen.

Personalveränderungen wurden durch die Abschaffung der Befristung im Jahr 1988 erleichtert, und im Zuge der Umstrukturierung oder Schließung von Fachbereichen an den Universitäten wurden zahlreiche Entlassungs- und Vorruhestandsregelungen getroffen. Die Stellung des Personals wurde durch Änderungen im Rentensystem weiter verschlechtert. Die meisten Hochschullehrer sind Mitglieder des Universities Superannuation Scheme, das 1975 eingerichtet wurde, um ein beitragsorientiertes, kapitalgedecktes Rentensystem durch Börsenanlagen zu betreiben. Dieses System zahlte Renten auf der Grundlage des letzten Gehalts, aber 2011 wurden Änderungen eingeführt, um dem sinkenden Wert der Investitionen während der Rezession zu begegnen. Neueinsteiger erhielten nur noch eine Rente auf der Grundlage des Durchschnittsgehalts ihrer Laufbahn. Einige Lehrkräfte an Universitäten nach 1992 gehören dem Teachers' Pension Scheme an, einem staatlich garantierten System, an dem jedoch ähnliche Änderungen vorgenommen wurden.

Die Regulierungs- und Zentralisierungspolitik des Forschungsrats hatte erhebliche Auswirkungen auf die universitäre Forschung und die postgraduale Ausbildung. 1987 wurde eine Untersuchung über die Abschlussquoten von Doktoranden in den Sozialwissenschaften eingeleitet, die zu dem Schluss kam, dass Doktoranden ihren Abschluss zu lange hinauszögern konnten und dass neue Verwaltungssysteme erforderlich waren, um sicherzustellen, dass alle Studenten innerhalb von vier Jahren abschlossen. Universitäten, an denen die Abschlussquoten als zu niedrig eingestuft wurden, wurden mit dem Ausschluss aus dem Vergabesystem bestraft, bis sie ihre Quoten verbessert hatten. Infolgedessen änderten die meisten Universitäten ihre internen Verfahren und die Art der Betreuungsbeziehung, die sich nun eher an Fortschritten und Abschlussquoten als an intellektuellen Inhalten und Entwicklung orientierte.

Im Jahr 2010 wurde das System erneut geändert. Der Wirtschafts- und Sozialforschungsrat (Nachfolger des Social Science Research Council [SSRC]) führte ein System von „Doktorandenausbildungszentren" ein, das die Forschungsausbildung auf 21 Universitäten und Konsortien konzentrierte. Vorgeblich auf der Grundlage einer Untersuchung der Qualität des Angebots wurde auf der Grundlage der verfügbaren Mittel eine Abgrenzung vorgenommen, und viele Universitäten – vor allem die Universitäten nach 1992 – wurden von der Gewährung von Zuschüssen für die Postgraduiertenausbildung ausgeschlossen. In Anerkennung dieser Ungerechtigkeit und in Anlehnung an die Praktiken der anderen Forschungsräte führte der ESRC 2017 ein System von Doktorandenausbildungspartnerschaften ein. Jedes der 14 regionalen DTPs wurde im Vergleich zu 2010 erweitert, um eine größere Anzahl von Universitäten einzubeziehen, so dass die Kapazitäten für die Forschungsausbildung ausgebaut werden konnten. In Schottland und Wales wurden einzelne Partnerschaften eingerichtet, um die Forschungsausbildung zu vereinheitlichen.

Eine letzte Stufe der Zentralisierung der regulatorischen Kontrolle über die Hochschulbildung wurde 2018 erreicht, als der englische Finanzierungsrat mit den Forschungsräten fusionierte und in zwei parallele Operationen aufgeteilt wurde: ein Office for Students, das für Studentenzahlen und Lehre zuständig ist, und Research England, das für das Forschungsmanagement verantwortlich ist. Research England führte die Forschungsfunktionen von HEFCE mit allen bestehenden Forschungsräten zusammen, die nun als UK Research and Innovation (UKRI) tätig sind.

Die universitäre Forschung wurde durch zwei Faktoren beeinflusst, die außerhalb des etablierten Hochschulsystems liegen. Die Einrichtung von Forschungsrahmenprogrammen der Europäischen Union im Jahr 1984 und eines Europäischen Forschungsrates im Jahr 2007 schufen Möglichkeiten für eine umfangreiche Forschungsfinanzierung in Zusammenarbeit mit anderen europäischen Universitäten. Die britischen Universitäten waren große Nutznießer der EU-Finanzierung für Forschung und für die Mobilität von Studenten und Personal, und die Zahl der internationalen Verbindungen wurde erheblich gesteigert. Vor allem die Sozial- und Geisteswissenschaften haben stark profitiert. Nach dem EU-Referendum von 2016 und der Entscheidung der konservativen Regierung, die EU zu verlassen, wurde die Zukunft dieser Programme in Frage gestellt. Nach dem Brexit können britische Universitäten diese Programme nicht mehr in Anspruch nehmen, es sei denn, die Regierung beteiligt sich an ihnen oder gleicht die fehlenden Mittel aus. Die langwierigen Diskussionen über die Bedingungen des Austritts haben die Entscheidungsfindung der Regierung in allen Bereichen gelähmt, und zum Zeitpunkt der Erstellung dieses Berichts ist die Zukunft dieser Finanzierung höchst ungewiss.

Die Ermutigung privater, kommerzieller Hochschulanbieter ab 2014 hatte negative Folgen für Lehre und Forschung (Brewer 2013, S. 109–111). Dieser Aspekt des Neoliberalismus ist im Zusammenhang mit dem Niedergang einer wirklich öffentlichen Universität, die in der Lage ist, eine Öffentliche Soziologie zu betreiben und zu verbreiten, viel diskutiert worden (Holmwood 2014b; Brewer 2013, Ch. 5). Die konservative Regierung behauptete, die Wahlmöglichkeiten der Studierenden zu erhöhen, indem sie „alternativen Anbietern" erlaubte, Lehrveranstaltungen auf Diplom- und Sub-Degree-Ebene anzubieten. Diese Anbieter, die in der Regel kommerziellen Unternehmen gehören und von diesen geleitet werden, arbeiten weitgehend außerhalb des Regulierungssystems. Sie verfügen nicht über eigene Forschungskapazitäten und sind darauf angewiesen, dass ihre Lehre auf der Universitätsforschung aufbaut. Die Entwicklung der Open-Access-Veröffentlichung von Forschungsergebnissen ermöglicht faktisch die Enteignung der Hochschulforschung durch kommerzielle Anbieter, die nichts für ihre Produktion bezahlen.

Soziologie im Neoliberalismus

Die Soziologie und die Sozialwissenschaften haben in der ersten Hälfte des Berichtszeitraums wohl mehr als die meisten anderen Fächer unter der feindseligen Haltung der konservativen Regierung von Margaret Thatcher gegenüber diesem Fach gelitten. Nach ihrer Wahl im Jahr 1979 hatte die konservative Regierung die Budgets der Forschungsräte um 8 % gekürzt, wobei diese Kürzungen ungleichmäßig verteilt waren und der SSRC um 25 % gekürzt wurde. Angesichts der Kürzungen gab die British Sociological Association (BSA) 1982 einen Newsletter „Counter Cuts" heraus und schloss sich mit anderen sozialwissenschaftlichen Verbänden zum Social Science Action Committee zusammen. Die BSA war auch einer der Hauptakteure bei der Gründung der Association of Learned Societies in the Social Sciences (später Academy of Social Sciences), um die Einheit zwischen den verschiedenen Disziplinen zu fördern. Die Akademie führt weiterhin eine Kampagne für die Sozialwissenschaften durch.[2]

Der Angriff auf die Soziologie begann Ende der 1970er-Jahre mit Kritik aus dem Hochschulsystem. Die Sekundarschulbildung war in den *Black Papers on Education* einer Reihe von kritischen Angriffen ausgesetzt worden, und 1977 verfassten Julius Gould und andere, die mit ihnen in Verbindung standen, einen kritischen Kommentar zur Hochschulbildung mit dem Titel *The Attack on Higher Education: Marxist and Radical Penetration*. Ausgehend von radikalen Persönlichkeiten wie Robin Blackburn, Dick Atkinson und anderen studentischen Aktivisten der 1960er- und 1970er-Jahre und angefacht durch das öffentliche Bild der Soziologie, das durch die Fernsehübertragung von Malcolm Bradburys Roman *The History Man* vermittelt wurde, vertrat der Bericht die Auffassung, dass die

---

[2] *Siehe* https://campaignforsocialscience.org.uk/.

4 Soziologie, Neoliberalismus und darüber hinaus 145

klassischen liberalen Werte der Universität durch marxistische Ideen untergraben worden seien.

Diese Wahrnehmung war jedoch weit davon entfernt, ein vollständiges Bild des intellektuellen Zustands der Soziologie zu vermitteln. Eine 1980 durchgeführte Umfrage ergab, dass Marx der am häufigsten zitierte Autor in britischen Soziologiezeitschriften war, dicht gefolgt von Weber, Giddens und Parsons. Die anderen häufig zitierten Autoren waren Frank Parkin, Steven Lukes, C. Wright Mills und John Goldthorpe (Halsey 2004, Tab. 9.5, S. 176).

Der Staatssekretär von Margaret Thatcher, Sir Keith Joseph, wurde durch den Gould-Bericht und die *Black Papers* stark beeinflusst und gab 1982 bei Lord Rothschild eine Überprüfung des SSRC in Auftrag. Die rechtsradikale Selsdon Group schürte diese Besorgnis in einem Pamphlet *Lord Rothschild, Swing Your Axe!*, in der argumentiert wurde, dass ein Großteil der SSRC-Forschung keinen praktischen Wert habe und „linkslastig" sei und daher nicht öffentlich finanziert werden sollte. Die Opposition selbst nahm bestreitbare politische Einschätzungen vor: Zu den Projekten, die als „irrelevant" und „lächerlich" bezeichnet wurden, gehörten Projekte zu geschlechtsspezifischen Unterschieden bei den beruflichen Einkünften, zur Einstellung gegenüber der Verwendung von Verhütungsmitteln, zum Übergang von der Schule in den Beruf, zur Spezialisierung von Mädchen auf naturwissenschaftliche Fächer in der Schule und zu Brennstoffschulden bei Mietern von Sozialwohnungen.

Der Bericht von Lord Rothschild schloss sich dieser engstirnigen Kritik nicht an und schloss die Abschaffung des SSRC aus, plädierte aber für ein stärkeres Vertrauen in das „Auftraggeber-Auftragnehmer"-Prinzip der angewandten Forschung. 1983 musste der SSRC seinen Namen in Economic and Social Research Council (Rat für Wirtschafts- und Sozialforschung) ändern, um den übergeordneten Anspruch der Wirtschaftswissenschaften auf staatliche Unterstützung zu verdeutlichen, und der Rat wurde aufgefordert, eine direktere Rolle bei der Ausrichtung der Forschung auf eine politische Agenda zu übernehmen. Die vom ESRC geförderte Forschung sollte sich fortan weitgehend an den vom Rat festgelegten „strategischen Prioritäten" orientieren, wobei nur ein geringer Anteil der Mittel für „Responsive-mode"-Zuschussanträge bereitgestellt wurde, die jedoch ihre Beziehung zu den Prioritäten des Rates und die

„Wege zur Wirksamkeit" aufzeigen sollten, die ihre praktische Relevanz gewährleisten würden.

Der Falkland-Krieg hatte den Konservativen einen zweiten Wahlsieg beschert, und ermutigt durch das Erscheinen einer Streitschrift des Brunel-Soziologen David Marsland (1987) ging der Angriff auf die Soziologie weiter. Zu dieser Zeit behauptete Margaret Thatcher in einem Interview in *Woman's Own*, dass es so etwas wie eine Gesellschaft nicht gibt. Es gibt einzelne Männer und Frauen, und es gibt Familien". Die Lage für die Soziologie war katastrophal. Joseph war zusammen mit Rhodes Boyson die führende Figur bei der Verunglimpfung der Soziologie, ebenso wie der Medienwissenschaften, der Kulturwissenschaften und zahlreicher anderer Sozial- und Kulturwissenschaften, ob sie nun im Studium oder an Schulen gelehrt wurden. Viele sahen in diesen Fächern nur „Micky-Maus-Qualifikationen", die zurückgefahren werden mussten, damit sich seriösere Fächer ausbreiten konnten. Infolgedessen wurden beispielsweise an der LSE in den sieben Jahren zwischen 1981 und 1988 keine Ernennungen im Fach Soziologie vorgenommen, und in Leicester gab es in den 14 Jahren zwischen 1976 und 1990 keine Neueinstellungen. 1980 wurde in Zusammenarbeit mit der BSA eine Gruppe von Professoren und Leitern der Soziologie (PHODS) gegründet, um den Kampf gegen die Kürzungen auf Fachbereichsebene zu unterstützen. In Strathclyde, Aston, Bangor und Aberystwyth kam es zu Kürzungen und Schließungen, teilweise durch Zusammenlegung von Fachbereichen. Das Bedford College gab seinen langjährigen Soziologie-Studiengang auf und änderte den Namen des Fachbereichs in „Sozialpolitik und Soziologie". 1985 fusionierte das College selbst mit dem Royal Holloway College zum Royal Holloway and Bedford New College (RHBNC), der heutigen Royal Holloway University. Am schlimmsten traf es vielleicht den Fachbereich Soziologie in Birmingham, der 1988 von der Universität geschlossen wurde, so dass seine Studenten von einem Konsortium von Mitarbeitern unterrichtet wurden, die in andere Fachbereiche versetzt worden waren. Der Fachbereich Soziologie wurde 1999 unter der Leitung von Frank Webster durch die Zusammenlegung des Zentrums für zeitgenössische Kulturwissenschaften zu einem Fachbereich für Kulturwissenschaften und Soziologie wiederbelebt. Nachdem die Ergebnisse des RAE 2001 jedoch schlechter als erwartet ausgefallen waren, beschloss die zentrale Universitätsleitung, den Fachbereich wieder zu schließen, anstatt in ihn zu investieren, und 11 Mitarbeiter verloren ihren Arbeitsplatz (Webster 2004). Im Jahr 2004 beschloss die Universität jedoch, den Fachbereich Soziologie unter der Leitung von John Holmwood mit einem großen Kern von Nachwuchswissenschaftlern und einer langfristigen Entwicklungsstrategie wieder einzurichten. Trotz eines für eine so junge Gruppe guten Ergebnisses im RAE 2008 missachtete die Universität ihre eigene Entwicklungsstrategie und beschloss, den Fachbereich zu schließen und einen reduzierten Mitarbeiterstab in die Fakultät für Politik und internationale Beziehungen zu verlegen. Die Soziologen wurden nach dem REF 2014 in einen neuen Fachbereich für Sozialpolitik, Soziologie und Kriminologie verlegt.

Die soziologischen Fakultäten wurden im Allgemeinen durch die von der konservativen Regierung eingeführte Marktpolitik vor solchen Auswüchsen bewahrt. Die Expansion und Schrumpfung der Universitäten sollte durch die Nachfrage der Studenten bestimmt werden, die nun als ihre „Kunden" betrachtet wurden. Die Tatsache, dass eine große Zahl von Studenten Soziologie oder Kulturwissenschaften studieren wollte, verhinderte in vielen Fällen Personalabbau und Schließungen.

Das intellektuelle Klima hatte sich mit der Rückkehr einer Labour-Regierung im Jahr 1997 etwas verbessert, da die Regierung zaghaft begann, politische Verbindungen zur sozialwissenschaftlichen Forschung zu schätzen und wiederherzustellen. Dies führte zu einer größeren Anerkennung der Soziologie innerhalb der etablierten Geistes- und Sozialwissenschaften. Im Jahr 2001 wurde Garry Runciman Präsident der British Academy und setzte sich für eine stärkere Zusammenarbeit mit Soziologen und deren Wahl ein. Als Jay Gershuny zum Vorsitzenden der Sektion „Soziologie, Demografie und Sozialstatistik" gewählt wurde, leitete er eine Ausweitung der Wahlen zu den Stipendiaten aus den weniger quantitativen Bereichen des Fachs ein. Soziologen spielten eine aktive Rolle in der Akademie – Colin Crouch wurde Vizepräsident – und trugen zum wachsenden Engagement der Akademie gegenüber der Regierung bei.

Die Labour-Regierung legte jedoch weiterhin Wert auf ein gutes Preis-Leistungs-Verhältnis in der Forschung und begann mit der Entwicklung einer Impact-Agenda, die von der konservativen Regierung im Jahr 2010 als Flaggschiff der Hochschulpolitik übernommen wurde. Die Universitäten richteten Abteilungen für „Innovation" und „Wissensaustausch" ein, um eine größere Wirkung zu fördern, und der REF-Schwerpunkt auf Wirkung ab 2014 führte zur Einstellung von speziellen Mitarbeitern und Beratern für Wirkung, die die Wirkung erfassen und überwachen und bei ihrer Präsentation helfen sollen.

In den Sozialwissenschaften wurde die Wirkungsagenda mit der Betonung der Interdisziplinarität in Verbindung gebracht, obwohl der Begriff oft missbraucht wird, wenn seine Befürworter keine Definition dessen anbieten, was eine „Disziplin" ist. Eindeutig ist, dass „angewandte" Fachgebiete wie Betriebswirtschaftslehre, Gesundheitswissenschaften und Sozialpolitik als Bereiche gefördert wurden, in denen es leichter sein soll, „Auswirkungen" einer linearen, naturwissenschaftlichen Art nachzuweisen. Innerhalb der Soziologie zeigt sich dies im Wachstum der angewandten Bereiche und dem damit verbundenen größeren Interesse und der Bereitschaft, mit anderen außerhalb der Disziplin zusammenzuarbeiten. Eine Folge davon ist jedoch, dass der Umfang der soziologischen Arbeiten, die bei den aufeinanderfolgenden RAE- und REF-Verfahren für das Soziologie-Panel eingereicht werden, zurückgegangen ist, wobei viele es vorziehen, sich an ein sozialpolitisches Panel zu wenden oder sogar ihre Soziologen zu Einreichungen für Wirtschaft und Management, Bildung oder Medizin anzuhalten. Viele Beobachter sehen in dieser „Exporteur"-Tendenz eine Schwäche der Soziologie, die ihre Stärken in den öffentlichen Foren, in denen die Leistung gemessen und die Mittel zugewiesen werden, weniger gut zur Geltung bringen kann (Holmwood 2010; Savage 2010).

Das Ergebnis dieser Veränderungen war ein grundlegender Wandel im Publikationsmuster der Soziologie. Es hat eine Verlagerung von der Produktion von Monografien zur Produktion von Zeitschriftenartikeln stattgefunden. Soziologen sind weniger in der Lage, ihre Argumente in der Länge zu entwickeln, wie es in den 1950er- und 1960er-Jahren möglich war. Der Anstieg der Studentenzahlen hat die Verlage dazu veranlasst, sich um studentenorientierte Texte zu bemühen, für die sich große Märkte erschließen lassen, was zu höheren Kosten für die Veröffentlichung von Monografien und folglich zu einem Rückgang der Verkaufszahlen geführt hat. Wissenschaftler in der Soziologie und in einigen anderen Disziplinen werden ermutigt, ihre Forschungsergebnisse in Texten zu veröffentlichen, die zwar Originalforschung enthalten, aber so aufbereitet sind, dass sie den Anforderungen der Lehre für Studenten gerecht werden. Diese hybriden Publikationen, die weder Monografien noch Lehrbücher sind, stellen heute die wichtigste Buchform in der Soziologie dar.

Seit 2012 liegt der Schwerpunkt zunehmend auf der Open-Access-Publikation, d. h. darauf, öffentliche Forschungsergebnisse für potenzielle Nutzer frei zugänglich zu machen. Dieser Prozess, der vor allem von den großen Wissenschaftszeitschriftenverlagen und Fördereinrichtungen vorangetrieben wird, hat Anforderungen für den offenen Zugang zu allen Zeitschriftenartikeln eingeführt und wird nun auch auf Monografien ausgeweitet, wobei die Kosten für die Veröffentlichung durch Forschungszuschüsse oder von einzelnen Autoren getragen werden. Research England hat diesen Schritt unterstützt und damit begonnen, dies als Anforderung für zukünftige REF-Verfahren einzuführen. Dies hat zur Folge, dass Bücher, für die es keine Möglichkeit des offenen Zugangs gibt – die profitablen Hybridtexte –, wahrscheinlich nicht mehr für die Einreichung beim REF in Frage kommen. Bisher hat noch niemand über die langfristigen Auswirkungen dieser Entwicklung auf die Publikation in der Soziologie nachgedacht.

Kartierung von Soziologie-Fachbereichen

Die verschiedenen Forschungsevaluierungen haben zu einer zunehmend hierarchischen Organisation der soziologischen Fachbereiche innerhalb der größeren institutionellen Hierarchien geführt. Während verschiedene Zeitungen und Verzeichnisse Ranglisten mit unterschiedlichen Annahmen und Berechnungsmethoden erstellt haben, vermitteln die offiziellen Berichte ein klares Bild von der relativen Leistung der Fachbereiche, die sich den verschiedenen Bewertungen unterzogen haben. Die UGC Review of Sociology, die kurz vor dem RAE 1989 durchgeführt wurde, erstellte eine Klassifizierung der Fachbereiche nach Art und Größe, die als Grundlage für einige der Umstrukturierungs- und Schließungsentscheidungen in den 1990er-Jahren diente. Die Überprüfung wurde von

Tab. 4.1 Die Klassifizierung der Dienststellen von 1989

IA Fachbereiche der Mainline-Soziologie
Aberdeen, Bristol, Cardiff, Goldsmiths, Kent, Lancaster, Leeds, Leicester, Liverpool, Reading, Salford, Sussex, Ulster, York
IB Research Ausbildungsabteilungen
Glasgow, Edinburgh, Essex, LSE, Manchester, Surrey, Warwick
IC Borderline A/B
Belfast, Durham
ID Integrierte Sozialwissenschaft
Bath, Birkbeck, Bradford, Exeter, Hull, Keele, Loughborough, Sheffield, Southampton, Swansea
II Kleine Fachbereiche
Aston, Bangor, Birmingham, Brunel, City, East Anglia, Newcastle, Nottingham, RHBNC, Stirling, Strathclyde
III Hochschulen ohne Fakultäten
Cambridge, Oxford

Quelle: *Bericht des Prüfungsausschusses für Soziologie*, UGC, März 1989

Tab. 4.2 Angegebene Hauptfachgebiete, 1989

Kriminalität und Recht	Cambridge, Keele, Oxford, Sheffield
„Rasse" und ethnische Zugehörigkeit	Bradford, Bristol, LSE, Warwick
STS (Wissenschafts- und Technologiestudien)	Bath, Brunel, Edinburgh, Loughborough, York
Geschlecht und Frauen	Kent, Lancaster, York
Kommunikation und Medien	Birmingham, City, Glasgow, Leicester

Quelle: *Bericht des Prüfungsausschusses für Soziologie*, UGC, März 1989

einem kleinen Ausschuss unter dem Vorsitz von Ray Pahl durchgeführt, in dem Tony Giddens, Jennifer Platt und John Westergaard als Gutachter tätig waren. Sie teilten die Fachbereiche anhand ihrer Größe, ihrer Beteiligung an der Forschungsausbildung und ihrer interdisziplinären Ausrichtung in sechs Kategorien ein (siehe Tab. 4.1). An der Spitze der Klassifizierung standen 21 große Fachbereiche, zusammen mit Oxford und Cambridge, und an der Basis gab es „integrierte" und „kleinere" Fachbereiche. Von den 21 Fachbereichen waren 13 im RSE 1986 als „hervorragend" oder „überdurchschnittlich" eingestuft worden.

Die Fachbereiche hatten die Möglichkeit, ihre besonderen Spezialisierungen hervorzuheben, und die Verteilung dieser Spezialisierungen ist in Tab. 4.2 dargestellt. Fachbereiche oder Referate mit einer Spezialisierung auf Kriminalität und Rechtssoziologie waren in den kollegialen und „integrierten" Fachbereichen zu finden, Gender war ein besonderer Schwerpunkt in den Mainstream-Fachbereichen, und sowohl Ethnizität als auch Kommunikation waren in einer größeren Anzahl von Fachbereichen zu finden. Am weitesten verbreitet war die Wissenschafts- und Techniksoziologie (STS), was die Verbreitung ihres Forschernetzes widerspiegelt.

Dem UGC-Review zufolge gab es 1986 4881 Studenten im Grundstudium, die Soziologie studierten, und weitere 652 Studenten im Aufbaustudium. Zwei Drittel der Undergraduate-Studenten und etwas mehr als die Hälfte der Postgraduate-Studenten waren Frauen. Ein Drittel der Postgraduierten waren jedoch ausländische Studenten. Von den 43 untersuchten Fachbereichen hatten nur 8 mehr als 14 Mitarbeiter. Viele Fachbereiche waren klein: Mehr als die Hälfte hatte zwischen fünf und zehn Mitarbeiter. Das mangelnde Wachstum des Personals zeigt sich auch daran, dass nur 22 % des Lehrpersonals in der Soziologie unter 40 Jahre alt waren. 57 % waren in der Altersgruppe der 40- bis 49-Jährigen und stammten aus der Aufbauphase Mitte der 1960er-Jahre. Die Zahl der Studierenden im Fach Soziologie stieg bis 2013 auf fast 20.000. Auch die Soziologie in den Schulen expandierte. Während die Zahl der Abiturienten im Fach Soziologie 1977 bei knapp über 8000 lag und in den frühen 1980er-Jahren leicht zurückging, stieg die Zahl in den 1990er-Jahren stark an, von etwa 10.000 auf über 30.000 im Jahr 2016 (Mandler 2019).

Die Zusammensetzung des Berufsstandes der Soziologie und die Verteilung seiner Mitglieder auf die Fachbereiche hat sich seit den 1970er-Jahren erheblich verändert. Während der Frauenanteil unter den Soziologielehrern 1981 mit 17 Prozent einen Tiefpunkt erreicht hatte, stieg er bis 1997 auf 26 Prozent an. In den 1990er-Jahren waren 46 % aller neu eingestellten Lehrkräfte in diesem Fach weiblich. Bei der Beförderung gab es jedoch weiterhin Ungleichheiten. Bei den in den 1970er-Jahren eingestellten Lehrkräften warteten Frauen im Durchschnitt zwei Jahre länger als Männer – 15 Jahre gegenüber 13 Jahren –, bevor sie von einem Lehrauftrag auf eine höhere Stelle befördert wurden (Platt 2004). Die Beförderung von Männern und Frauen bedeutete eine viel größere Mobilität zwischen den Fachbereichen, was dazu führte, dass der Charakter und die intellektuellen Anliegen der einzelnen Fachbereiche nicht mehr so deutlich voneinander zu unterscheiden waren. Es kam auch zu erheblichen Verlagerungen ganzer Bereiche des Fachs in die Wirtschaftsfakultäten, die medizinischen Fakultäten und die Pädagogischen Fakultäten, so dass die Besonderheit der Soziologie in diesen Fakultäten tendenziell verschwand. Dies veranlasste Chelly Halsey, eine frühere, etwas pessimistische Bemerkung von Garry Runciman zu zitieren, wonach die Erfolge des Fachs in andere Disziplinen übergehen, während seine Misserfolge seine eigenen bleiben (Halsey 1989; Runciman 1965). Optimistischer betrachtet kann diese Bewegung als eine Belebung der aufnehmenden Disziplinen und als Eröffnung neuer Räume für den intellektuellen Fortschritt in der Soziologie betrachtet werden (Scott 2005).

Bei jeder der aufeinanderfolgenden Forschungsbewertungen zwischen 1989 und 2001 wurde eine Rangfolge der Fachbereiche erstellt (siehe Tab. 4.3). Die obersten Kategorien waren diejenigen mit überwiegend „internationaler" Exzellenz (Note 5) und mit einer Mischung aus „internationaler" und „nationaler" Exzellenz (Note 4). Im Jahr 1996 wurde die Stufe 5 neu definiert als 5* und die Stufe 4 wurde auf der Grundlage des Anteils „international exzellenter" Forschung in die Stufen 4 und 5 unterteilt. Es sollte nicht zu viel Gewicht auf die detaillierte Struktur der Übergänge zwischen den Besoldungsgruppen gelegt werden, auch wenn bestimmte Muster klar erkennbar sind. Essex, Lancaster, Oxford, Warwick und Edinburgh erhielten durchweg hohe Bewertungen, während Goldsmiths, Loughborough, Manchester und Surrey ihre Positionen im Laufe des Zeitraums ausbauten. Es muss natürlich anerkannt werden, dass eine Reihe wichtiger soziologischer Fakultäten die Soziologie mehr oder weniger nahtlos mit der Sozialpolitik und manchmal auch mit der Sozialarbeit verbunden haben. Dies ist natürlich ein typisches Merkmal der disziplinären Entwicklung seit den Anfängen. Es ist nicht überraschend, dass einige dieser Fachbereiche ihre Forschungsarbeiten einem Gremium vorlegen, das sich mit Sozialpolitik befasst, und nicht dem Gremium für Soziologie, ebenso wenig wie es überraschend ist, dass ein großer Teil der sozialpolitischen Arbeiten in integrierten Einheiten dem Gremium für Soziologie vorgelegt wurde. In Ermangelung eines kombinierten Gremiums sahen sich die kombinierten Fachbereiche mit der Notwendigkeit konfrontiert, eine Wahl zu treffen, und trafen strategische Entscheidungen auf der Grundlage der relativen Stärken ihrer jeweiligen Fachgebiete. Das

Tab. 4.3 RAE-Soziologie-Bewertungen 1989–2001

	1989	1992	1996	2001
5*	k. A.	k. A.	Essex Lancaster	Essex Goldsmiths Lancaster
5	Essex Kent Lancaster Oxford Warwick	Cambridge Edinburgh Essex Lancaster Loughborough Warwick	Edinburgh Goldsmiths Loughborough Manchester Oxford Surrey Warwick	Aberdeen Belfast Bristol Brunel Cambridge Cardiff City Durham E London Glasgow Leicester Loughborough Manchester Surrey
4	Belfast Birmingham Cambridge Edinburgh Leicester LSE Manchester Surrey Sussex	Belfast City Glasgow Kent Leeds LSE Manchester Open Oxford Salford Surrey Sussex	Belfast Brunel Cambridge Cardiff City Glasgow Leeds Leicester LSE N London Open Salford Southampton Sussex York	Edinburgh Exeter LSE Oxford Warwick York Open Ox Brookes Plymouth Salford Sussex

Jahr 1996 war auch das erste Jahr, in dem Universitäten, die nach 1992 gegründet wurden, für eine Bewerbung in Frage kamen. Eine dieser Universitäten (North London) wurde 1996 in die Besoldungsgruppe 4 eingestuft, und drei (East London, Oxford Brookes und Plymouth) erreichten diese Einstufung im Jahr 2001.

Für die Jahre 2008 und 2014 wurde eine andere Methodik angewandt. Die Fachbereiche wurden nach ihren Veröffentlichungen, ihrer Forschungsinfrastruktur und ihrem Forschungsumfeld sowie ihrem Beitrag zum Fachgebiet bewertet. Die für jedes Kriterium bewertete Leistung wurde in einem „Profil" zusammengefasst, das die Ausgewogenheit der Forschungsqualität in jeder Stufe zeigt. Die Kriterien wurden gewichtet, um ein Gesamtprofil zu erstellen, das als Grundlage für die QR-Finanzierung diente. Im Jahr 2014 wurde der praktische Forschungseffekt durch die Berücksichtigung von Fallstudien bewertet, die von den Fachbereichen eingereicht wurden, und bildete ein wichtiges Element des Profils. Tab. 4.4 zeigt die am besten bewerteten Fachbereiche in einer Rangfolge nach der herkömmlichen Berechnung einer gewichteten Durchschnittsnote. Die relative Bedeutung der leistungsstarken Fachbereiche des früheren Zeitraums ist offensichtlich, ebenso wie der Aufstieg von Cardiff und Exeter.

Bei den leitenden Angestellten der Fachbereiche zeigen sich die Veränderungen, die seit Ende der 1970er-Jahre stattgefunden haben. Hals-

Tab. 4.4 RAE- und REF-Bewertungen der Soziologie: Top 12

2008	GPA	2014	GPA
Essex	2,85	York	3,27
Goldsmiths	2,85	Manchester	3,26
Manchester	2,85	Cardiff	3,22
York	2,85	Lancaster	3,21
Lancaster	2,80	Oxford	3,19
Edinburgh	2,75	Edinburgh	3,16
Surrey	2,75	Essex	3,14
Cardiff	2,70	LSE	3,12
Exeter	2,70	Bristol	3,07
Warwick	2,70	Kings Coll. London	3,01
Cambridge	2,65	Exeter	2,99
Oxford	2,65	Cambridge	2,98

Quelle: *Guardian* 18. Dezember 2008; *Times* 17. Dezember 2014

eys Umfrage unter Professoren im Jahr 2001 zeigte, dass Professoren, die vor 1945 geboren wurden, als ihre Mentoren die Soziologen der LSE, von Leeds und Manchester nannten, die den Beruf in den 1950er- und 1960er-Jahren dominiert hatten. Im Gegensatz dazu nannten die nach 1945 geborenen Professoren eher die Soziologen der neueren Fakultäten der 1960er- und 1970er-Jahre: Oxford, Essex, Cambridge und das CCCS in Birmingham. Diejenigen, die sie als „Vorbilder" für gute Soziologie betrachteten, unterschieden sich ebenfalls. Die vor 1945 Geborenen nannten klassische Soziologen sowie amerikanische Funktionalisten und Radikale; die nach 1945 Geborenen nannten weiterhin Weber, Durkheim und Parsons, aber auch Giddens, Goffman und Bourdieu (Halsey 2004, 169 & Tab. 9.2, S. 171). Die am häufigsten zitierten Autoren in den britischen Zeitschriften waren Giddens, Bourdieu, Castells und Bauman, gefolgt von Beck, Foucault, Goldthorpe und Habermas.

Die Soziologie erlebte unter dem neoliberalen Regime schwierige Zeiten, und ihre Fachleute fühlten sich bedroht und belagert. In den 1980er-Jahren schien die Zukunft des Fachs ungewiss, da die Schließung von Fachbereichen und die Entlassung von Mitarbeitern zunahmen. Die Rückkehr einer „New Labour"-Regierung verlangsamte den Niedergang und begann, eine Beziehung zwischen Sozialforschung und Regierungspolitik wiederherzustellen. Die größere Zuversicht der Soziologen ermöglichte es dem Fach, sich in einem Kontext anhaltender Regulierung und zielgerichteter Bewertung relativ gut zu behaupten. Im folgenden Kapitel werde ich die intellektuellen Konsequenzen dieser veränderten politischen Bedingungen untersuchen.

Literatur[3]

Brewer, John D. 2013. *The Public Value of the Social Sciences*. Bloomsbury.
Halsey, Albert H. 1989. 'A turning of the tide? The prospects for British sociology'. *British Journal of Sociology* 40, 3: 353–373.

---

[3] Alle Quellen werden hier aufgeführt und im Text mit dem Datum ihrer Erstveröffentlichung zitiert. Wenn ein zweites Datum angegeben ist, bezieht sich dies auf die spätere Ausgabe, den Nachdruck oder die Übersetzung. Wenn nicht anders angegeben, ist der Ort der Veröffentlichung London.

Halsey, Albert H. 2004. *A History of Sociology in Britain*. Oxford: Oxford University Press.
Holmwood, John. 2010. 'Sociology's misfortune: discipline, interdisciplinarity and the impact of audit culture'. *British Journal of Sociology* 61, 4: 639–658.
Holmwood, John. 2011. 'Sociology After Fordism'. *European Journal of Social Theory* 14, 4: 537–556.
Holmwood, John. 2014a. 'Beyond capital? The challenge for sociology in Britain'. *British Journal of Sociology* 65, 4: 607–618.
Holmwood, John. 2014b. 'Sociology's Past and Futures: The Impact of External Structures, Policy and Financing' in Holmwood and Scott (2014).
Mandler, Peter. 2019. 'The Rise of the Social Sciences in British Education, 1960–2016' in Panayotova, P. (ed.) *The History of Sociology in Britain*. Cham: Palgrave, 2019.
Marsland, David. 1987. *Bias Against Business*. Educational Research Trust.
Platt, Jennifer. 2004. 'Women's and men's careers in British sociology'. *British Journal of Sociology* 55, 2: 187–210.
Power, Michael. 1999. *The Audit Society. Rituals of Verification*. Oxford: Oxford University Press.
Runciman, W. G. 1965. 'Sociologese'. *Encounter* 25, 61: 45–47.
Savage, Mike. 2010. 'Unpicking sociology's misfortunes'. *British Journal of Sociology* 61, 4: 659–665.
Scott, John. 2005. 'Sociology and its others: Reflections on disciplinary specialisation and fragmentation'. *Sociological Research Online* 10, 1.
Webster, Frank. 2004. 'Cultural studies and sociology at, and after, the closure of the Birmingham School'. *Cultural Studies* 18, 6: 847–862.

5

Intellektuelle Kontinuitäten und neue Wege

Zusammenfassung Dieses Kapitel gibt einen Überblick über die wichtigsten intellektuellen Debatten und Forschungsergebnisse seit 1979 und fasst sie zusammen. Es zeichnet die verschiedenen vorgeschlagenen neuen Richtungen und ihre Herausforderungen für die etablierten Ansätze nach und zeigt, dass insgesamt eine Kontinuität in der Vielfalt zu erkennen ist. Zu den behandelten Themen gehören die Vielfalt der theoretischen Positionen, die Auseinandersetzungen über quantitative Methoden und die Forschung zu Gesundheit, Körper und Sexualität, Gesellschaftsschichten, „Rasse" und ethnischer Zugehörigkeit, Kriminalität sowie Wissenschaft und Technologie.

Die Kürzungen in den Sozialwissenschaften und insbesondere in der Soziologie prägten die institutionelle Geschichte des Fachs während eines Großteils der 1980er-Jahre und erzeugten ein Gefühl der Krise in der Disziplin. Dies führte dazu, dass sich viele auf ihre eigene Arbeit zurückzogen, soweit dies angesichts fehlender finanzieller Mittel und schwindender Beschäftigungssicherheit möglich war. Vor allem die theoretische

Arbeit konnte mit begrenzten Mitteln fortgesetzt werden, und eine Vielzahl von alten und neuen theoretischen Perspektiven wurde erforscht und diskutiert. Diese Vermehrung theoretischer Perspektiven bestärkte die Auffassung, dass die Soziologie als eine multiparadigmatische intellektuelle Tätigkeit betrachtet werden sollte, in der ständig neue und alternative theoretische Rahmen entstehen.

Diejenigen, die empirische Forschung betreiben, taten dies zunehmend durch qualitative Forschung mit kleinen Stichproben, die mit geringen oder gar keinen Mitteln durchgeführt werden konnten. Während die Forschung der Nachkriegsgeneration von Soziologen mit dem politischen Projekt der Labour Party verbunden war, bedeutete das Ende jeglicher Ausweitung der öffentlichen Finanzierung der Sozialforschung zusammen mit den politischen Veränderungen durch den Aufstieg von „New Labour", dass die Verbindungen zwischen der Soziologie und der Labour Party stark abgeschwächt wurden. Soziologen erforschten Themen, die ihre eigenen Interessen widerspiegelten, und nicht die von Finanzierungseinrichtungen oder einer politischen Agenda: Wenn niemand sie finanzieren oder ihnen zuhören wollte, fühlten sie sich berechtigt, ihre eigenen Entscheidungen über Forschungsthemen zu treffen. Dieser methodologische Wandel hatte das paradoxe und widersprüchliche Ergebnis, dass die Fähigkeiten der qualitativen Forscher geschärft und vertieft wurden, während sie sich gleichzeitig der Kritik derjenigen ausgesetzt sahen, die für eine ausschließliche Verwendung quantitativer Methoden plädierten.

Als sich die politischen Rahmenbedingungen für die Soziologie im Hochschulbereich in der zweiten Hälfte der 1990er-Jahre etwas verbesserten, wurde das Gefühl der Krise etwas gemildert und die Soziologen begannen, positiver in die Zukunft zu blicken. Zwar waren die Arbeitsbedingungen und die Finanzierung im Hochschulbereich nach wie vor problematisch, doch wurde die Soziologie nicht mehr besonders hart angegangen. Die Soziologen arbeiteten jedoch weiterhin in den Bereichen, in denen sie ihr Fachwissen und ihre Fähigkeiten entwickelt hatten: Sie betrachteten sich selbst als Spezialisten in einem engen Bereich und kümmerten sich oft wenig um die Gesamtkohärenz der Disziplin.

Die theoretische Arbeit hatte die Idee gefördert, dass es notwendig sei, „neue Richtungen" zu verfolgen, die über die etablierten Theorien hinausgehen würden. Infolgedessen war es weniger wahrscheinlich, dass diese etablierten theoretischen Ideen gelesen oder an neue Studentenjahrgänge weitergegeben wurden. In ähnlicher Weise versuchten empirische Forscher, ihre Originalität unter Beweis zu stellen, anstatt dem bestehenden Wissensfundus etwas hinzuzufügen. Die Soziologie der 1950er- und 1960er-Jahre, sowohl die theoretische als auch die empirische, galt weithin als veraltet und wurde oft völlig außer Acht gelassen. Die in Kap. 3 besprochenen Arbeiten wurden als Teil der Geschichte der Soziologie betrachtet und als nicht mehr wichtig oder relevant für zeitgenössische Belange angesehen. Sie wurde sogar begraben und geriet weitgehend in Vergessenheit. Infolgedessen wurden die Verbindungen zwischen den neuen Richtungen und den älteren Arbeiten nicht erkannt, und für viele fühlte sich die Soziologie des neuen Jahrtausends wie ein Neuanfang an.

Ich werde zeigen, dass dies nicht der Fall ist. Kontinuitäten und Verbindungen sind für jeden, der mit den früheren Arbeiten vertraut ist, real und bedeutsam, und ich hoffe, dass die Leser dieses Buches nun ausreichend über die Geschichte der britischen Soziologie informiert sind, um die Art und Weise zu schätzen, in der die neuen Richtungen von heute die Arbeit früherer Generationen eher bereichern als ersetzen. Dies zu zeigen ist das Ziel dieses Kapitels. Es ist unmöglich, die riesige Menge an Forschungsergebnissen so detailliert zusammenzufassen, wie es für frühere Jahrzehnte möglich war. Stattdessen werde ich die wichtigsten Anliegen und Argumente sowie die Art und Weise, in der diese von führenden Persönlichkeiten verfolgt wurden, hervorheben. Ich hoffe, dass ich auch zeigen kann, dass die Spezialforschung sowohl als eine fortschrittliche Entwicklung älteren Wissens und Verständnisses als auch als ein Beitrag zur Anerkennung und zum Aufbau einer intellektuellen Arbeitsteilung gesehen werden kann, die ein Bewusstsein für den systemischen und strukturellen Zusammenhalt ganzer Gesellschaften untermauert.

Theoretisierung von Struktur und Handlung

Die theoretischen Diskussionen wurden von den neuen Ideen der Theoretiker in den Vereinigten Staaten, Frankreich und Deutschland dominiert. Der Marxismus, der Strukturalismus und der Interaktionismus hatten bereits viel Aufmerksamkeit auf sich gezogen und die Wahrnehmung eines Gegensatzes zwischen Struktur- und Handlungstheorien sowie zwischen „Makro-" und „Mikrosoziologie" geschärft. Der Einfluss des klassischen symbolischen Interaktionismus breitete sich von der Soziologie der Abweichung auf andere Fachgebiete aus, und innerhalb des breiten interaktionistischen Rahmens wurde eine Vielzahl von subjektivistischen Ansichten kommentiert und kritisiert. Phänomenologie, Ethnomethodologie und Existentialismus wurden auf ihre Beiträge zu einem „hermeneutischen" und interpretativen Verständnis von Handlung und Handeln hin untersucht. Innerhalb des Marxismus erschien der Strukturmarxismus weiterhin als alternative Grundlage für die Makrosoziologie, die Kultur und Ideologie als deterministische Strukturen darstellte. Formen des kritischen und humanistischen Marxismus verbanden dagegen materielle Überlegungen mit einem Bewusstsein für Subjektivität und Bewusstsein, das eine größere Übereinstimmung mit Handlungstheorien versprach.

Für einige Autoren schienen diese Debatten jedoch das zu ignorieren, was sie als zentrales theoretisches Versäumnis der Soziologie betrachteten: die Vernachlässigung von Frauen und Geschlechterfragen. Diese Themen waren in der empirischen Soziologie nur sporadisch und in der theoretischen Soziologie so gut wie gar nicht behandelt worden, bis sich der Feminismus der zweiten Welle in den späten 1970er-Jahren bemerkbar zu machen begann. Feministische Autorinnen vertraten die Auffassung, dass die vorherrschenden theoretischen Aussagen von der Universalität des männlichen Standpunkts ausgingen und somit die besonderen Perspektiven von Frauen vernachlässigten (Stacey 1981, 1982; siehe auch Oakley 1989; Roseneil 1995). Feministische Autorinnen mussten jedoch auf Handlungs- oder Strukturtheorien zurückgreifen, um die subjektiven Erfahrungen von Frauen oder die Strukturen, innerhalb derer diese Erfahrungen entstehen, zu untersuchen. So stützten sich Liz Stanley und

Sue Wise (1983) stark auf den symbolischen Interaktionismus, um die persönlichen Bedeutungen der weiblichen Sozialisation zu erforschen, während Sylvia Walby (1990) sich mehr auf die Strukturtheorie stützte, um die Ursachen von Diskriminierung, Benachteiligung und Gewalt zu untersuchen. Diese Argumente vervielfachten die Bandbreite der theoretischen Unterschiede, indem sie eine „Überschneidung" von Geschlecht und Klasse sowie die analytischen Konzepte von Handlung, Identität, Struktur und System hervorhoben.

Der theoretische Diskurs wurde außerdem durch ein zunehmendes Interesse an Theorieformen aus der Philosophie und den Literaturwissenschaften herausgefordert, die durch die Verwendung der Vorsilbe „post-" einen Bruch mit älteren theoretischen Rahmenwerken deutlich machten. Die poststrukturalistische Arbeit von Foucault, die auf den zerstreuten Charakter von Macht und Zwang hinwies, beeinflusste die feministische Sichtweise von Macht und Wissen (Ramazanoglu 1993; Ramazanoglu und Holland 2002) und wirkte sich sowohl auf viele empirische Studien als auch auf theoretische Diskussionen aus. Der Bruch mit „modernistischen" Perspektiven in Form der Postmoderne betonte die zunehmende Fluidität der Strukturen in der Spätmoderne. So untersuchte Zygmunt Bauman die tiefen Wurzeln der Moderne in der bürokratischen Rationalisierung (Bauman 1989) und zeichnete das Wachstum einer zunehmenden „Liquidität" in sozialen Arrangements nach, die auf neue Formen des sozialen Lebens hinwiesen (siehe z. B. Bauman 2000). Auch der Postmodernismus von Baudrillard wurde theoretisch kritisiert (Rojek und Turner 1993) und hatte einen erheblichen Einfluss auf die Kulturanalyse. Seine Arbeiten führten unter dem Einfluss von Virilio zu einem wachsenden Bewusstsein für die Bedeutung von Geschwindigkeit und Zeitlichkeit im sozialen Leben (siehe z. B. Gane 2006; Wajcman 2015; Baraitser 2017). Die postkoloniale Arbeit von Homi Bhabha (1994), die Differenz, Ambivalenz und Hybridität in kulturellen Formen betont, beeinflusste viele Arbeiten zu „Rassen"- und ethnischen Beziehungen, regte aber auch zu theoretischen Überlegungen über Formen der Moderne, die Geschichte der modernen Welt und unser Verständnis von ihr an (Bhambra 2007, 2014).

Neben diesen „neuen" theoretischen Ansätzen kam es auch zu einer Neubetrachtung der klassischen Gesellschaftstheoretiker. Am offensichtlichsten waren natürlich die erneuten Diskussionen über das Denken von Marx, die parallel zu den neuen Entwicklungen im Marxismus aufkamen, aber auch Weber und Durkheim wurden im Hinblick auf ihre Relevanz für interaktionistische und strukturalistische Ansätze und in Bezug auf marxistisches und feministisches Denken überdacht. Zwar trugen einige britische Soziologen, wie bereits erwähnt, zur Entwicklung dieser neuen theoretischen Ansätze bei, doch beschränkten sich die meisten Arbeiten auf kritische Kommentare und Darstellungen. Dies erleichterte den empirischen Forschern den Zugang zu den Theorien, von denen einige sie in ihrer Arbeit nutzten, trug aber wenig dazu bei, die Theorien zu erweitern oder aufzuzeigen, wie sie sich zu den Theorien verhalten könnten, die in der früheren Periode vorherrschten.

Für einige Theoretiker war es jedoch wichtig, von den neuen Theorien zu lernen und ihre Erkenntnisse selektiv in die etablierten Theorien einzubeziehen, um einige ihrer konzeptionellen Probleme zu lösen und ihren Anwendungsbereich zu erweitern. Der vielleicht wichtigste dieser Theoretiker war Tony Giddens, der sie in einer Reihe wichtiger Texte, die zwischen 1976 und 1984 veröffentlicht wurden (Giddens 1976, 1979, 1981, 1984), zum Ausgangspunkt seiner eigenen theoretischen Position machte und damit internationales Ansehen erlangte. Diese Veröffentlichungen führten dazu, dass viele ihn als den ersten britischen Sozialtheoretiker von Rang ansahen, obwohl er dies selbst nie behauptet hat. Ausgehend von seiner einflussreichen Auseinandersetzung mit den klassischen Sozialtheorien von Marx, Weber und Durkheim entwickelte Giddens mit Hilfe phänomenologischer und strukturalistischer Ideen eine Reihe „neuer methodischer Regeln", die es Soziologen ermöglichen sollten, die Subjektivität des Handelns und seine strukturellen Merkmale, die in strukturfunktionalistischen und konflikttheoretischen Ansätzen nur teilweise abgebildet wurden, angemessen zu erfassen. Er gab den vermeintlichen „Dualismus" oder Gegensatz zwischen Handlung und Struktur auf und plädierte stattdessen für die „Dualität" oder Interdependenz ihrer Beziehung. Systemische Beziehungsstrukturen, so argumentierte er, werden durch die absichtlichen, sinnvollen Handlungen von Individuen, die sich auf die kulturellen Strukturen (oder „Grammatiken") von Sprache, Mythologie und Ideologie stützen, erzeugt, reproduziert und verändert. Durch einen Prozess der „Strukturierung" werden die strukturierten Arrangements des sozialen Lebens sowohl zum Mittel als auch zum Ergebnis sozialen Handelns (siehe Scott 2007). Giddens (1981, 1985) wandte dieses Argument bei der Neuformulierung der marxistischen Darstellung des historischen Wandels von den vormodernen Formen des Agrarstaates, wie Feudalismus und Patrimonialismus, zum modernen kapitalistischen Industrialismus an und sah die anschließende Umwandlung moderner Systeme in fließendere „spätmoderne" Formen, die einen Übergang zu einem möglichen „postmodernen" Gesellschaftstypus ankündigten (Giddens 1990, 1991, 1992). In der letzten Phase seiner Karriere legte Giddens die politischen Implikationen seiner Prognosen dar und plädierte für einen „dritten Weg" in der Politik, der weder liberal noch kommunistisch ist und zu einer besseren Zukunft führen könnte (Giddens 1994, 1998).

Maggie Archer (1988, 1995) aus Warwick ist die prominenteste Kritikerin von Giddens' zentraler These der Strukturierung und argumentiert, dass seine Versöhnung von Handlung und Struktur unvollständig sei ohne die Einbeziehung einer zeitlichen Dimension, die die statische „Verschmelzung" des einen mit dem anderen vermeiden würde. Archer stellte ein „morphogenes" Modell des Aufbaus und der Ausarbeitung von Strukturen als Alternative zu Giddens' Konzept der Strukturierung vor und entwickelte dieses durch die Erforschung der reflexiven „internen Konversation" weiter, durch die Absichten geformt und zu Handlungsprojekten verfeinert werden (Archer 2000, 2003, 2007).

Die von Giddens und Archer aufgeworfenen Bedenken wurden in vielen theoretischen Debatten erörtert, aber Nicos Mouzelis (1991, 1995) war besonders wichtig, indem er ihre Argumente mit den funktionalistischen und konflikttheoretischen Argumenten in Verbindung brachte, die er aus Lockwoods Argumenten abgeleitet hatte und die Lockwood selbst mit Verspätung in einem bedeutenden Text dargelegt hatte (Lockwood 1992). Giddens hatte seine Arbeit stets als Ergänzung und nicht als Alternative zu früheren Theorien gesehen, und Mouzelis hat die grundlegenden Kontinuitäten herausgearbeitet, die sich in der Gesellschaftstheorie seit den frühen 1950er-Jahren finden lassen. Diese Sichtweise blieb natürlich nicht unwidersprochen, und John Holmwood und Sandy Stewart (1991) haben zum Beispiel argumentiert, dass Strategien der theoretischen Synthese fehlgeleiteter Ausdruck eines intellektuellen Versagens bei der Lösung eindeutiger theoretischer Probleme sind.

Auch Garry Runciman hat frühere Formen der Theorie im Lichte neuerer Fortschritte überdacht und rekonstruiert. Er ist zu den evolutionären Grundsätzen zurückgekehrt, hat aber das Argument durch den Neodarwinismus und zeitgenössische strukturalistische Ideen neu formuliert. Nach seiner Theorie umfasst eine soziale Struktur drei Machtsysteme – ein wirtschaftliches, ein politisches und ein ideologisches –, die jeweils ein durch normative Erwartungen definiertes Rollengefüge bilden. Wie Parsons sieht auch Runciman soziale Strukturen als Ergebnis von Sozialisationsprozessen und sozialer Kontrolle, die er als Prozesse kultureller und sozialer Selektion umformuliert. Akteure werden durch ihre kommunikative Interaktion innerhalb einer kulturellen Tradition in Ideen, Überzeugungen und Normen sozialisiert, aber sie werden auch durch die Anreize und Sanktionen, die von anderen Akteuren angeboten und angewandt werden, dazu gezwungen, bestimmten Rollenerwartungen zu folgen und sich an wiederkehrenden rollenspezifischen Praktiken zu beteiligen (Runciman 1989). Kulturelle Merkmale – die Runciman als „Meme" bezeichnet – und soziale Praktiken werden auf der Grundlage ihres Anpassungspotenzials innerhalb einer bestimmten sozialen und natürlichen Umgebung für das Überleben ausgewählt. Es ist die umweltbedingte Selektion von unterschiedlichen Memen und Praktiken, die das Muster des sozialen Wandels prägt (Runciman 2009).

Das Argument von Runciman könnte mit der Synthese, die Mouzelis von Giddens und Archer übernommen hat, in Einklang gebracht werden, aber sie existieren derzeit als alternative, wenn auch komplementäre, Argumente. Die verschiedenen Argumente über Strukturierung, Morphogenese und soziokulturelle Selektion haben jedoch dazu beigetragen, das zentrale Konzept der Sozialstruktur zu klären. Die Erkenntnis, dass soziale Struktur sowohl kulturell als auch relational ist und das Ergebnis (in der Regel unbeabsichtigter und uneingestandener) „ausgewählter" sozialer Handlungen ist, sollte die Behauptung der methodologischen Individualisten, dass die Struktursoziologie notwendigerweise eine von den Individuen und ihren Handlungen ontologisch getrennte Entität darstellt, endgültig ad acta legen. Die soziale Struktur, das ist inzwischen klar, ist real, aber sie ist eher eine „virtuelle" Realität als eine substantielle (Scott 2001, 2017b, 2020; und siehe López und Scott 2000).

Die Methodologiekriege

Einige der Verfechter neuer Richtungen in Theorie und empirischer Forschung verunglimpften die etablierte Soziologie als „positivistisch", da sie nicht in der Lage sei, die subjektiven Bedeutungen von Handlungen zu erfassen, die in den von ihnen bevorzugten theoretischen Ansätzen so zentral erschienen. Jennifer Platt (1981) hat gezeigt, dass dieser Missbrauch des Comte'schen Begriffs am deutlichsten in kritischen Diskussionen über Arbeiten zutage trat, die sich auf die quantitative Verarbeitung von Daten stützen, also auf Fragebögen, Erhebungen und amtliche Statistiken zurückgreifen. Der Begriff des „Positivismus" wurde von einigen, die eine starke Vorliebe für qualitative Methoden haben, als Schimpfwort verwendet. Platt diagnostizierte dies als Hinweis auf eine wachsende intellektuelle Polarisierung zwischen Befürwortern der Quantifizierung und Befürwortern qualitativer Methoden. In einem frühen Kommentar zu diesem vermeintlichen methodologischen Dualismus wurde vorsichtigerweise festgestellt, dass es nicht um ein Entweder-Oder geht, sondern darum, die Bereiche des Fachs zu spezifizieren, in denen quantitative Daten und Techniken angemessen sind, und diejenigen, in denen sie es nicht sind (Husbands 1981).

Einige, die der Meinung waren, dass ihre Verunglimpfung als „Positivisten" ein Zeichen für das intellektuelle Versagen derjenigen war, die nicht mit Statistiken umgehen konnten oder wollten, reagierten mit einer gegenteiligen Position, die literarische und qualitative Techniken fast vollständig ablehnte und für die ausschließliche Verwendung von Quantifizierung und Formalisierung plädierte. Die eindringlichsten Argumente kamen von John Goldthorpe, der das, was er als Versagen der statistischen Kompetenz ansah, anprangerte und dafür plädierte, multivariate und andere Formen fortgeschrittener statistischer Argumentation allgemein zu übernehmen. Die Fortschritte in den Wirtschafts- und Politikwissenschaften wurden als Vorbild für die Soziologie angesehen (Goldthorpe 1996, 2001).

Aufgrund dieser Behauptungen bildete sich innerhalb der HEFCE und des ESRC die Meinung heraus, dass es den akademischen Soziologen an den notwendigen quantitativen Fähigkeiten fehle und sie ihren Studenten und Doktoranden keine angemessene Forschungsausbildung bieten würden. Der ESRC richtete ein internationales „Benchmarking"-Gremium unter der Leitung der Vizepräsidentin des Europäischen Forschungsrats, Helga Nowotny, ein, das unter anderem zu dem Schluss kam, dass die britische Soziologie im Vergleich zu anderen europäischen Ländern Schwächen bei quantitativen Methoden aufwies und dass diese Methoden als das „Herzstück" der Disziplin anerkannt werden sollten. John MacInnes von der Universität Edinburgh wurde zum strategischen Berater des ESRC und der HEFCE ernannt und erstellte einen Bericht, in dem Wege vorgeschlagen wurden, wie quantitative Methoden erfolgreich in den Lehrplan für das Grundstudium eingeführt werden könnten (MacInnes 2009). Eine Veröffentlichung der British Academy verallgemeinerte dieses Argument auf die gesamten Sozial- und Geisteswissenschaften in Großbritannien, die sie als quantitativ schwach sowohl in Schulen als auch in der Hochschulbildung ansieht (British Academy 2016).

Malcolm Williams und seine Kollegen (2008) haben gezeigt, dass die relative Abwesenheit quantitativer Methoden in den Lehrplänen für Grundstudenten die negative Einstellung der Studenten und ihre ungelehrte Vorliebe für die literarischen und subjektiven Methoden der qualitativen Soziologie widerspiegelt. Diese Vorliebe wurde von vielen ihrer Lehrkräfte geteilt, die nur kleine Forschungsprojekte durchführen konnten, weil sie keine oder nur geringe Mittel für groß angelegte Forschungsprojekte hatten. Diese Forscher schätzten die qualitativen Methoden als wichtig ein und waren der Meinung, dass die Kritiker übertreiben, wenn sie behaupten, dass die qualitativen Methoden zugunsten der quantitativen Methoden aufgegeben werden sollten. Die Kritiker der qualitativen Forschung konnten zwar erfolgreich aufzeigen, dass die Untersuchung von Trends in der sozialen Mobilität fortgeschrittene Statistiken erfordert, aber sie hatten nicht nachgewiesen, dass die mit qualitativen Methoden untersuchten Themen *alle* besser mit ähnlich fortgeschrittenen Statistiken untersucht werden könnten.

Viele Befürworter quantitativer Methoden haben die Fortschritte in der qualitativen Forschung und die immer ausgefeilteren Anwendungsmöglichkeiten dieser Methoden nicht erkannt. Ein Blick in die führenden Fachzeitschriften zeigt eine große Zahl anspruchsvoller methodologischer Diskussionen über solche Methoden. Während die ESRC-Benchmarking-Studie auf die externe Nachfrage nach statistischer Kompetenz hinwies, ließ sie die ebenso wichtige externe Nachfrage nach qualitativen Forschern außer Acht. Die Forschung im Gesundheitswesen beispielsweise suchte qualitative Forscher, keine Sozialstatistiker. Eine Schwäche in quantitativen Methoden ist jedoch nicht gleichbedeutend mit einer Schwäche in der Statistik. Quantifizierung bedeutet eine Formalisierung, die sich in algebraischen und geometrischen Methoden, in der sozialen Netzwerkanalyse und in den Wissenschaften komplexer Systeme ausdrückt (Byrne 2012; siehe auch Byrne 1998; Scott 2017a). Fortschritte in diesen Bereichen werden von Kritikern der qualitativen Soziologie selten berücksichtigt.

Der empirische Erfolg der empirischen Soziologie in den 1950er- und 1960er-Jahren beruhte nicht auf der Verwendung fortgeschrittener Statistiken, sondern lediglich auf der Anwendung grundlegender Aufzählungen und Tabellen mit gelegentlichen Signifikanztests. Dies lag nicht nur daran, dass fortgeschrittene Formen der statistischen Argumentation noch nicht verfügbar waren, sondern auch daran, dass die Forscher die Methoden der Datenerhebung und -analyse wählten, die für die von ihnen untersuchten Fragen am besten geeignet waren. Sie stützten sich fast alle auf die so genannten gemischten Methoden und kombinierten die tabellarische Erfassung von Daten mit der interpretativen Auswertung von Interviewantworten. Vieles spricht für das Argument, dass der *einzig gangbare und vertretbare* Weg zu lohnender empirischer Forschung in der Kombination von Methoden besteht, entweder innerhalb bestimmter Projekte oder in einem zusammenhängenden Bündel von Projekten (Bryman 1988). Eine Disziplin, die sich ausschließlich auf phänomenologische Interpretationen stützt, würde nur ein sehr partielles Verständnis des sozialen Lebens hervorbringen, aber das Gleiche gilt für eine Disziplin, die sich ausschließlich auf die multivariate Analyse großer Datensätze stützt. Aus Halseys Untersuchung geht hervor, dass in der empirischen Forschung seit 1979 weiterhin gemischte Methoden angewandt werden, auch wenn sich die spezifischen quantitativen und qualitativen Techniken vermehrt und weiterentwickelt haben. Halsey (2004, S. 189, 192) stellte fest, dass die Zahl der in führenden Fachzeitschriften veröffentlichten qualitativen Arbeiten gegenüber dem Durchschnitt des Zeitraums 1950–1970 zurückgegangen ist und dass die empirischen Arbeiten im Jahr 2000 gleichmäßig zwischen quantitativen und qualitativen Arbeiten aufgeteilt waren, wobei eine wachsende Zahl gemischter Methoden verwendet wurde. Interessanterweise berichtete er, dass in den früheren quantitativen Arbeiten sehr einfache Statistiken verwendet wurden, während die im Jahr 2000 verwendeten quantitativen Methoden in der Tat weitaus fortschrittlicher waren. Im gleichen Zeitraum, in dem sich die qualitativen Methoden verbessert haben und in größerem Umfang eingesetzt werden, sind auch die quantitativen Methoden anspruchsvoller geworden. Wie ich zu zeigen hoffe, konnten dadurch neue Wege beschritten werden, die jedoch auf den bereits vorhandenen Studien aufbauen. Es gab einen echten Fortschritt im soziologischen Wissen, eine Ausweitung, Vertiefung und Verfeinerung unseres Verständnisses der sich verändernden sozialen Welt.

Gesundheit, Körper und Sexualität

In der Körperforschung waren die neuen theoretischen und methodologischen Ansichten zunächst am stärksten zu spüren. Feministisches Gedankengut hatte die Ansicht in Frage gestellt, dass die biologischen Unterschiede zwischen Frauen und Männern ein entscheidender – und legitimierender – Faktor für die soziale Benachteiligung von Frauen seien. Die einflussreichste Aussage in Großbritannien war Ann Oakleys (1972) Auffassung von der Unterscheidung zwischen biologisch gegebenem „sex" und sozial konstruiertem „gender", die besagt, dass es keinen Wesensunterschied zwischen Frauen und Männern gibt. Dieses Argument wurde zum Leitmotiv der BSA-Konferenz von 1974 zum Thema „Sexual Divisions and Society" (Geschlechterunterschiede und Gesellschaft), auf der die Geschlechterfrage als wichtige Dimension für alle soziologischen Fachrichtungen postuliert und festgestellt wurde, dass der Verweis auf „Geschlechterunterschiede" und eine „geschlechtsspezifische

Arbeitsteilung" die Interdependenz von Sex und Gender bei der Strukturierung sozialer Beziehungen hervorheben würde. Diese Revolution der Ideen wurde in Meg Staceys (1982) Präsidentschaftsrede vor der BSA zusammengefasst, in der sie eindringlich darlegte, dass der Charakter und die Identität, die eine Person der Welt präsentiert, ein Produkt der Sozialisierung und der Machtbeziehungen sind, durch die menschliche Körper eingeschränkt werden und innerhalb derer Handlungen geformt werden.

Im Mittelpunkt dieses Arguments stand natürlich das Grundprinzip, dass die Prozesse der körperlichen Konstitution und Präsentation auf *alle* Menschen wirken, nicht nur auf Frauen. Die soziale Konstruktion des Körpers wurde daher zu einer mächtigen Idee (Jackson und Scott 2014). Im Laufe der Entwicklung vertrat diese Sichtweise die Auffassung, dass die Vergeschlechtlichung des Körpers tief in seine Physiologie und Anatomie hineinreicht. Während einige Kritiker innerhalb und außerhalb der Disziplin dies als Verleugnung der Biologie beklagten, erkannten die sozialen Konstrukteure natürlich an, dass die Biologie sowohl eine Bedingung für als auch ein Produkt der sozialen Interaktion ist: Die menschlichen Akteure sind in einer biologischen Form „verkörpert", die sowohl Grenzen als auch Möglichkeiten für ihr soziales Handeln setzt. Programmatische Erklärungen für das neue Fachgebiet stammen von Bryan Turner (1984), der Ideen aus Foucaults Darstellung der Sexualität aufnahm, von Chris Shilling (1993), der Ideen aus dem symbolischen Interaktionismus einbrachte, und von Nick Crossley (2001), der Ideen von Bourdieu aufnahm. Seit 1995 wird eine neue Zeitschrift *Body and Society* herausgegeben.

Eines der ersten Ergebnisse dieser Soziologie des Körpers war ein erneutes Interesse an der Theorie der Emotionen (Burkitt 1997; Barbalet 1998) und der Natur der menschlichen Intimität (Jamieson 1997). Dies führte zu einem wachsenden Interesse an der Sexualität, wobei sich die Studien nicht mehr ausschließlich auf das Konzept der sexuellen Abweichung stützten, sondern Ideen der „Queer Theory" aufgriffen, die die soziale Konstruktion von Sexualität betonten. Stevi Jackson und Sue Scott (2007) nutzten interaktionistische Ideen, um zu zeigen, dass sexuelle Erregung und sexuelles Verlangen inhärent soziale Phänomene sind, die von entsprechenden zwischenmenschlichen Reaktionen abhängen, und dass das sexuelle Vergnügen des Orgasmus eine erlernte soziale Erfahrung ist. Andere haben sich mit der Herausbildung einer sexuellen Identität befasst, indem sie das Geschlecht derjenigen untersuchten, die für sexuelles Vergnügen aufgesucht werden, und mit der Frage, ob sexuelles Vergnügen überhaupt etwas ist, das gesucht wird. Die Arbeiten von Matt Dawson, Liz McDonnell und Susie Scott haben zum Beispiel gezeigt, dass Asexualität keine grundlegende, essenzielle Identität ist, sondern eine kontingente, situationsspezifische soziale Konstruktion, die eine Reihe von emotionalen Reaktionen und diskursiven Präsentationen beinhaltet (Scott et al. 2016; Dawson et al. 2016).

Die Idee, dass sexuelle Orientierung erlernt und sozial konstruiert wird, ist weit verbreitet und wurde von Ken Plummer (1995) durch die Betrachtung persönlicher Erzählungen zusammengefasst. Sowohl Plummer (2003) als auch Diane Richardson (1998, 2017) haben sich auf die neue Soziologie der Emotionen gestützt, um die Idee der intimen oder sexuellen Staatsbürgerschaft als eine Möglichkeit zu entwickeln, die Ungleichheiten in Bezug auf die Rechte von Schwulen, Lesben und anderen LGBTQ-identifizierenden Personen und die Rekonstruktion der Vorstellungen von nationaler Staatsbürgerschaft zu verstehen. Matthew Waites (2005) hat vorgeschlagen, wie altersbezogene Rechte in diese Diskussionen einfließen können, während Jackson (1982) das umfassendere Thema des sexuellen Wissens und Verständnisses von Kindern untersucht hat.

Einer der Bereiche, der durch die Entwicklungen in der Soziologie des Körpers und der Emotionen verändert wurde, ist die Soziologie der Gesundheit und der Medizin. Diese hatte sich vor allem im Zusammenhang mit dem Wachstum der medizinischen Fakultäten entwickelt und war Ende der 1970er-Jahre zu einem bedeutenden Spezialgebiet innerhalb vieler soziologischer Fachbereiche geworden. Mit dem wachsenden Interesse an der Soziologie des Körpers verlagerte sich der Schwerpunkt von Fragen der medizinischen Professionalisierung und Praxis auf Fragen der Behandlung sowohl des Körpers als auch des Geistes des Patienten.

Eine Fachzeitschrift, *Sociology of Health and Illness*, wurde 1979 ins Leben gerufen und bildete den Schwerpunkt für einen Großteil dieser Arbeit. Die ersten Artikel in dieser Zeitschrift behandelten Themen wie Patienten in Notaufnahmen und auf der Intensivstation, Schwangerschaften bei Jugendlichen und Erwachsenen, Alkoholismus, Stress von

Ärzten und ihren Partnern, die Rolle von Krankenakten bei der Regulierung der Behandlung und des beruflichen Verhaltens sowie eine Reihe anderer Gesundheitsthemen. Weitere wichtige Studien befassten sich mit der Ausbreitung von AIDS (Holland et al. 1990) und der Bedeutung der Fortschritte in der Genetik (Kerr und Cunningham-Burley 2000; Ettore 2007), und 2007 war ein Sonderteil der *Sociology* Studien über Krebs gewidmet. Viele Arbeiten spiegeln den Einfluss von Foucault auf Studien zur medizinischen Organisation und zum medizinischen Wissen wider und wenden diesen auf Fragen der Behandlungsmethoden (Turner 1982) und der räumlichen Strukturierung (Prior 1988) an.

George Brown und Tyrill Harris (1978) vom Bedford College hatten eine bahnbrechende Studie veröffentlicht, in der sie aufzeigten, wie die psychische Gesundheit von Frauen durch ihre sozialen Bindungen zu Familie und Nachbarn beeinflusst wurde. Joan Busfield (1994, 1996) in Essex führte dieses Thema weiter und untersuchte die Konstruktion von Vorstellungen über „Wahnsinn" im 19. Jahrhundert und deren Einfluss auf zeitgenössische Praktiken. Indem sie Elaine Showalters einflussreiche Auffassung von Hysterie kritisierte, zeigte sie, dass die entstehende psychiatrische Profession geschlechtsspezifische Annahmen verwendete, die ihre Ansichten über die psychischen Probleme von Frauen und Männern prägten. Busfield (2006) untersuchte auch die Rolle der pharmazeutischen Industrie bei der Konstruktion von Krankheiten sowie deren kommerzielle Bereitstellung von Behandlungen, während John Abraham (1995) in Sussex die Regulierung der pharmazeutischen Industrie untersuchte.

Ein besonders wichtiger Bereich war die Untersuchung der Reproduktion und insbesondere ihrer Medikalisierung. Das gesamte Thema der Mutterschaft und ihrer medizinischen Regulierung wurde in wichtigen Studien von Ann Oakley (1979, 1980, 1984) über Schwangerschaft, Mutterschaft und ihre medizinische Kontrolle aufgeworfen. Michelle Stanworth vom Cambridgeshire College (heute Anglia Ruskin University) untersuchte zusammen mit anderen Autoren ihres Sammelbandes (Stanworth 1987) die sich verändernde Technologie, die hinter medizinischen Eingriffen in die Fortpflanzung durch Unfruchtbarkeitsbehandlung, Gentechnik und Leihmutterschaft steht. Gayle Letherby und ihre Mitarbeiter in Coventry und Plymouth haben aussagekräftige

Studien über Fehlgeburten, perinatale Sterblichkeit und die Erfahrungen von Frauen mit Kinderlosigkeit vorgelegt (Letherby 1993, 2002; Earle und Letherby 2007; Davidson und Letherby 2014). Am anderen Ende des Lebenslaufs wurde die Frage des Alterns in einer programmatischen Erklärung von Mike Featherstone und Mike Hepworth (1989) aufgeworfen, während Sara Arber und ihre Mitarbeiter in Surrey (Arber und Ginn 1991; Arber et al. 2003) die mit dem Alter verbundenen Ungleichheiten untersucht haben, insbesondere was Frauen betrifft (und siehe Arber und Ginn 1995). Clive Seale (2003) knüpfte logischerweise mit Untersuchungen zu Tod, Sterben und Trauer an diese Arbeiten an.

Arbeit, Beschäftigung und Konsum

Die Forschung über Arbeit und Industrie wurde rasch neu ausgerichtet, um die Folgen der Deindustrialisierung der britischen Wirtschaft ab den späten 1970er-Jahren zu untersuchen.[1] Ein Großteil der schweren manuellen Arbeit, die in den Studien über Hafenarbeiter, Bergleute, Stahlarbeiter und Automobilarbeiter in den 1950er- und 1960er-Jahren eine wichtige Rolle gespielt hatte, verschwand von den Orten, an denen sie zuvor vorherrschend gewesen war. Veränderte Familienstrukturen, die mit einer Zunahme der Frauenerwerbstätigkeit und einer stärkeren Gleichstellung mit männlichen Arbeitnehmern einhergingen, prägten viele Büros und Fabriken. Viele Arbeiten wurden an Selbstständige und Heimarbeiter vergeben, und Marketingaktivitäten wurden zu einem zentralen Bestandteil der Wirtschaft. Soziologische Studien begannen, die wachsende Bedeutung von Dienstleistungen, Einzelhandel und anderen Formen der Angestelltenarbeit zu untersuchen und die zunehmende Abhängigkeit von der Computertechnologie sowohl in der Büro- als auch in der Produktionsarbeit zu erforschen. Infolgedessen wuchs das Bewusstsein für die Notwendigkeit, neue Formen der Arbeitspraxis und Muster des Verbraucherverhaltens zu untersuchen. Viele Forschungsarbeiten über Managementstrukturen, Organisationsformen und Arbeitsbeziehungen wurden zur gleichen Zeit von den neuen Business Schools

---

[1] Siehe den Überblick in Edwards (2014).

übernommen, da sie ihr Personal aus den etablierten Soziologieabteilungen rekrutierten (Scott 2005). Die „Industriesoziologie" in ihrer ursprünglichen Form verschwand als Spezialgebiet innerhalb der soziologischen Fakultäten, die neue Lehrangebote und Forschungsschwerpunkte zu „Arbeit und Beschäftigung" und „Konsum" einführten. In diesen neuen Fachbereichen begannen feministische Theorien einen großen Einfluss zu haben.

Natürlich gab es eine große Kontinuität mit früheren Themen. Die Forschung über den Arbeitsprozess und seine Beziehung zur Arbeitsorientierung entwickelte Ideen zum Deskilling weiter, die Braverman einige Jahre zuvor in den Vereinigten Staaten vorgeschlagen hatte, obwohl dies in Großbritannien schon früher von Mumford und Banks (1967) untersucht worden war. Ausgangspunkt für diese Forschungsrichtung war ein Buch, in dem der Wirtschaftswissenschaftler Andy Friedman (1977) aus Bristol einen marxistischen Rahmen auf sein Verständnis der Autorität von Managern und des Widerstands von Arbeitnehmern anwandte und diese im Zusammenhang mit der sich verändernden Struktur der Arbeitsmärkte sah. Dies wurde von Craig Littler (1983) an der Imperial College Industrial Sociology Unit und von Paul Thompson (1983) am Preston Polytechnic weitergeführt, wobei ihre Arbeit ein neues Forschungsparadigma begründete. Arbeitsprozessforscher an der UMIST School of Management nutzten unter dem Einfluss der Theorien von Foucault dessen Analyse der Subjektivität, um die Orientierungen der Arbeitnehmer als Produkte der dem Arbeitsvertrag zugrunde liegenden Machtverhältnisse darzustellen (Knights und Willmott 1985, 1989). Die Entwicklung dieses Forschungsbereichs führte zur Gründung einer neuen Zeitschrift, *Work, Employment and Society,* im Jahr 1987.

Der Niedergang der Schwerindustrie wurde in Studien über die Organisation der Arbeitsmärkte untersucht, die an Themen anknüpften, die erstmals von Margot Jefferies in den 1950er-Jahren angesprochen wurden. Entlassungen infolge der Schrumpfung und Schließung von Stahlwerken in Port Talbot und Sheffield wurden in Untersuchungen unter der Leitung von Chris Harris (Harris und andere 1987) bzw. John Westergaard (Westergaard et al. 1989) betrachtet, die über die Demoralisierung derjenigen berichteten, die entlassen oder in den Vorruhestand gezwungen wurden. Die Arbeit von Lydia Morris im Rahmen der Port-Talbot-Studie und später in Hartlepool veranlasste sie dazu, die Auswirkungen von Entlassungen auf die Ehefrauen von Stahlarbeitern zu untersuchen (Morris 1985) und die Entstehung einer benachteiligten „Unterschicht" zu untersuchen (Morris und Irwin 1992; siehe auch Morris 1994). Diese Studien über Arbeitsmärkte betonten die Bedeutung lokaler sozialer Bedingungen, wie sie in den früheren Studien über Gemeinden und Orte beschrieben wurden. Dies wurde in einer vom ESRC ins Leben gerufenen und von Duncan Gallie in Oxford geleiteten Forschungsinitiative über sozialen Wandel und Wirtschaftsleben (SCELI) weiter untersucht. Diese koordinierte Studie über sechs lokale Arbeitsmärkte beleuchtete die zunehmende Differenzierung und Segregation der Arbeitsmärkte im Zuge der Veränderung der Arbeitsbedingungen in unterschiedlichen lokalen Umgebungen (Gallie et al. 1994; Rubery und Wilkinson 1994; Scott 1994).

Die Kontinuität der theoretischen Anliegen zeigte sich auch in der Forschung über die sich verändernden Formen der kapitalistischen Kontrolle über die Arbeit. Scott Lash und John Urry (1987) argumentierten, dass Veränderungen auf dem Arbeitsmarkt und bei den Arbeitsformen Indikatoren für eine „Desorganisation" der kapitalistischen Wirtschaft seien. Veränderungen des Kapitaleigentums auf globaler Ebene hätten den organisierten Charakter des Kapitals auf nationaler Ebene untergraben und damit die Möglichkeit von Nationalstaaten oder Unternehmensinteressen eingeschränkt, koordiniert in die nationalen Volkswirtschaften einzugreifen. Es war jedoch klar, dass diese allgemeine Bewegung von einer kapitalistischen Nation zur anderen in Tempo und Form variierte. Es gibt „Spielarten des Kapitalismus", die unterschiedliche Entwicklungspfade verfolgen, welche die besondere Geschichte ihrer Unternehmensorganisation und -kultur widerspiegeln (Whitley 1999; Crouch 2005; und siehe Scott 1997).

Das wachsende Interesse an der feministischen Theorie führte zu einem entsprechenden Interesse an dem vernachlässigten Bereich der Frauenarbeit. Die Besonderheiten der Beschäftigung und der Arbeitsbedingungen von Frauen wurden in Fabrikstudien von Anna Pollert (1981) bei Wills's Tobacco in Bristol, Miriam Glucksmann (als Cavendish 1982) bei Smith's Industries in Cricklewood, London, und Sallie Westwood (1984) bei Corah's Textiles in Leicester offengelegt. Sheila

Allen (1983; siehe auch Allen und Wolkowitz 1987) wies in Bradford auf die große Zahl von Frauen in der Stadt hin, die gezwungen sind, zu Hause im Akkord und ohne viele der üblichen vertraglichen Rechte und den gesetzlichen Schutz zu arbeiten. Diese und andere Studien untersuchten die Überschneidung von Klasse und Geschlecht bei der Entstehung von Arbeitserfahrungen und Nachteilen. Westwood und Allen erweiterten dies zu einem dreifachen Zusammenspiel von Ethnizität, Klasse und Geschlecht (siehe Anthias 2001).

Der bedeutendste Wandel in den Studien über Arbeit und Beschäftigung wurde durch die Forschungen von Ann Oakley (1974a, b) am Bedford College ausgelöst. Kurz nach Gavrons (1968) Studie erkannte Oakley, dass verheiratete Frauen „Arbeit" in Form von Hausarbeit verrichteten, ohne in Beschäftigungsverhältnisse oder Arbeitsmärkte eingebunden zu sein. Sie zeigte, dass die von den Frauen im Haushalt verrichteten häuslichen Tätigkeiten eine Vollzeitbeschäftigung darstellten, ohne die Bezahlung oder die Festlegung der Arbeitszeiten, die sich aus einem Arbeitsvertrag ergeben würden. Oakleys Arbeit wurde durch die von Michele Barrett und Mary McIntosh (1982) in ihrer Darstellung der „antisozialen Familie" ergänzt, die mit der konventionellen Sichtweise der Kernfamilie brach und die Wirkungsmacht des Patriarchats durch den Ehevertrag innerhalb des Haushalts aufzeigte.

Dank dieser Forschungen begannen andere Forscher, Variationen in der häuslichen Arbeitsteilung und ihre Beziehung zum externen Arbeitsmarkt zu untersuchen (Pahl 1984), und eine lange Reihe von Studien konzentrierte sich auf die Verteilung der wirtschaftlichen Ressourcen innerhalb der Haushalte und die jeweiligen Befugnisse von Ehemännern und Ehefrauen (Pahl 1983, 1989; Morris 1984; Kerr und Charles 1986; Vogler und Pahl 1994; Vogler 1998). Diese Studien bildeten die Grundlage für Glucksmanns (1995) Konzept der gesellschaftlichen Gesamtorganisation der Arbeit, das zur Grundlage für die Untersuchung einer ganzen Reihe von Arbeitsformen wurde, die sowohl bezahlte als auch unbezahlte Arbeit umfassen. Dazu gehörten Studien über häusliche, freiwillige oder bezahlte Betreuungsarbeit (Pettinger et al. 2005) sowie über verschiedene Formen von Teilzeitarbeit und Null-Stunden-Arbeit, wie z. B. in Callcentern (Glucksmann 2004).

Der neue Fokus auf den Haushalt verstärkte die Hinwendung zu Studien über den Konsum, eine Tätigkeit, die in und durch Haushalte ausgeübt wird, aber für kapitalistische Unternehmen von kommerzieller Bedeutung ist. Das Interesse am Konsum und an der Nutzung der Freizeit wurde durch die frühe Stadtsoziologie von Manuel Castells geweckt, der Formen des häuslichen und kollektiven Konsums in der modernen Stadt untersuchte, und entwickelte sich aus einer allgemeinen Perspektive des Konsums, die sich auf die Postmoderne stützt und von Mike Featherstone (1991) in Nottingham Trent dargelegt wurde. Die Implikationen dieser Forschung wurden in Manchester von Mike Savage und Alan Warde (1993) aufgegriffen und führten in Lancaster zu zwei verwandten Strängen der Konsumforschung. John Urry (1990a, b, 1995) betrachtete den Tourismus als eine Form der Freizeitgestaltung, die von kapitalistischen Unternehmen als Mittel zum Konsum von Erfahrungen mit anderen Gesellschaften, Orten und der Natur organisiert wird. Er zeigte insbesondere, dass der Konsum von Natur (Macnaghten und Urry 1998) die natürliche Umwelt verändert und enorme Auswirkungen auf den Klimawandel hat (Urry 2009, 2011). Alan Warde selbst erforschte die Auswirkungen des Kaufs von Haushaltsgeräten wie Waschmaschinen und Geschirrspülern, die viel Energie verbrauchen (Warde und Shove 2002), sowie des Konsums von Lebensmitteln zu Hause und in Restaurants (Warde und Martens 2000). Gemeinsam mit Savage und anderen untersuchte er die Auswirkungen der Ideen von Bourdieu auf den Konsum (Warde und Tampubolon 2002; Bennett et al. 2009).

Stratifikation

Die Stratifikation, vielleicht das zentrale Thema der 1950er- und 1960er-Jahre, schien in den späten 1970er-Jahren eine gewisse Reife zu erlangen. Eine klare Hierarchie sozialer Klassen war dokumentiert worden, und die soziale Mobilität wurde gemessen. Dieser scheinbare Konsens wurde jedoch durch die Überlegungen zu den sich verändernden Arbeits- und Beschäftigungsmustern, die entdeckt wurden und über die berichtet wurde, und durch die damit verbundenen Veränderungen im Verständnis von Familie und Haushalt erschüttert. Die zentrale Kritik, die an den bestehenden Klassenvorstellungen geübt wurde, lautete, dass die Konzentration auf die männliche Erwerbstätigkeit als Determinante der Klassenposition, so berechtigt sie in der Vergangenheit auch gewesen sein mag, nicht mehr zutreffend sein kann, wenn die weiblichen Erwerbsmuster in den Familien an Bedeutung gewinnen und viele männliche Arbeitnehmer von Arbeitslosigkeit, Entlassung oder Teilzeitarbeit betroffen sind. Die sich verändernden Heirats- und Haushaltsmuster machten zudem deutlich, dass die Klassenkonzeption überdacht werden musste.

Der wichtigste Verfechter der konventionellen Klassenauffassung war John Goldthorpe, und die erste kritische Überprüfung dieses Ansatzes kam von seinen Oxforder Kollegen Nicky Britten und Anthony Heath (1983) in ihrem Beitrag zu einem BSA-Konferenzband. Daraufhin verteidigte Goldthorpe (1983) die herkömmliche Sichtweise, Frauen nach dem Beruf ihres Mannes oder Vaters einer Klasse zuzuordnen, mit der Begründung, dass sich die typischen Arbeitsmuster und häuslichen Verpflichtungen von Frauen erheblich von denen der Männer unterscheiden und es daher sinnvoll sei, die berufliche Position des männlichen „Ernährers" – seine Stellung in Bezug auf Beschäftigung und Arbeitsbeziehungen – als bestimmend für die Lebenschancen seiner Frau oder Tochter anzusehen. Die Gegenargumente ließen nicht lange auf sich warten: Da die Einheit der Gesellschaftsschicht der Haushalt ist, ist es wichtig, die unterschiedlichen Beiträge aller seiner Mitglieder zu berücksichtigen, vor allem, wenn sich die Muster der Beteiligung von Männern und Frauen an der Arbeit ändern (Stanworth 1984; Heath und Britten 1984). Dies bedeutet nicht notwendigerweise, dass die in den etablierten Studien ermittelte Klassenstruktur und die Anzahl der Klassen falsch sind, sondern lediglich, dass die Platzierung der Individuen innerhalb dieser Struktur und die gemessene Bewegung zwischen den Klassen falsch sein kann. Es wurde jedoch auch argumentiert, dass sich die Berufe, die Frauen typischerweise ausüben, von denen der Männer unterscheiden und dass die Belohnungen, die Männer und Frauen in ein und demselben Beruf erzielen, sehr unterschiedlich sind (Murgatroyd 1984). Daher können die Lebenschancen einer Person in einem bestimmten Beruf nicht unabhängig von ihrem Geschlecht betrachtet werden.

Die radikalste Gegnerin von Goldthorpe war Sylvia Walby (1986) in Lancaster, die die herkömmliche Klassenanalyse ablehnte und argumentierte, dass es eine Neukonzeption von Klasse geben müsse. Anstelle von Eigentum und Beschäftigung als Bestimmungsfaktoren der Klasse sah sie das Geschlecht: Männer und Frauen seien entgegengesetzte „Klassen". Die meisten Teilnehmer an der Debatte, die in einem langjährigen ESRC-Seminar über Stratifikation (siehe Crompton und Mann 1986) im Vordergrund stand, erkannten jedoch an, dass die an Goldthorpe geäußerte Kritik es erforderlich machte, die Klasse in ihrer Überschneidung mit dem Geschlecht als eine unterschiedliche und wichtige Form des Status zu betrachten (Lockwood 1986).

Ein Hauptziel von Goldthorpes Arbeit war es, eine überarbeitete Klassifikation zu erstellen, die die Hall-Jones-Klassifikation ersetzen sollte. Eine große Herausforderung bestand darin, die Fach- und Führungsberufe der „neuen" Mittelschicht korrekt zu verorten. Dieses Problem wurde in einer Reihe von Studien über Büroarbeiten und technische Spezialisten (z. B. Crompton und Jones 1984) sowie in Arbeiten hervorgehoben, die sich mit den Auswirkungen der von Erik Ohlin Wright vorgebrachten Argumente über deren „widersprüchliche" Klassenlage befassten (Abercrombie und Urry 1983; Savage et al. 1992). Die größte Konkurrenz zu Goldthorpe kam von David Rose und seinen Kollegen in Essex (Marshall et al. 1988), die eng, aber kritisch mit Wright zusammengearbeitet hatten. Ihr Engagement führte schließlich zu einer einvernehmlichen Änderung von Goldthorpes Schema, die in offiziellen Studien verwendet werden konnte (Rose und O'Reilly 1997). Die Umwandlung von Goldthorpes ursprünglicher Skala in diskrete Kategorien wurde jedoch von Ken Prandy (1991) in Frage gestellt, der sich auf seine frühere Arbeit mit Bob Blackburn und Sandy Stewart in Cambridge stützte (Stewart et al. 1980; Blackburn et al. 1982) und die Notwendigkeit eines kontinuierlichen Maßes für die Stratifikation argumentierte. Er schlug eine relationale Methode anstelle der Reputationsmethode von Goldthorpe vor und erstellte eine klare Stratifikationsskala, die sich im Detail von der Goldthorpe-Methode unterschied, jedoch weniger leicht auf die von Goldthorpe und der offiziellen Klassifikation verwendete Berufspalette anwendbar war. Während Prandy gegen die Notwendigkeit argumentierte, „soziale Schichten" in Studien über Ungleichheit zu identifizieren (siehe auch Bottero 2004), ist es sicherlich richtig, die Notwendigkeit sowohl einer Konzeptualisierung sozialer Schichten als auch einer kontinuierlichen Messung der Distanz zwischen ihnen anzuerkennen.

Ein Zweck einer Skala der sozialen Distanz wäre es, die soziale Mobilität zu untersuchen, wie es die amerikanischen Forscher Blau und Duncan getan hatten. In der Tat war dies der ursprüngliche Grund für Goldthorpes Versuche, eine Skala zu konstruieren. Die Forschung zur sozialen Mobilität ist jedoch nicht in diese Richtung gegangen. Bei der nachhaltigsten Untersuchung der sozialen Mobilität ist Goldthorpe auf der kategorialen Ebene geblieben und hat die Gesamtraten der Bewegung von einer Klasse zur anderen gemessen. Dabei hat er konsequent die „Offenheit" der Klassenstruktur untersucht und versucht, sowohl das Ausmaß der Bewegung nach oben und unten in der Struktur als auch die relativen Chancen der Angehörigen verschiedener Klassen, Mobilität zu erfahren, aufzuzeigen. In seinen Studien wurden fortschrittliche statistische Methoden eingesetzt, um zwischen absoluter und relativer Mobilität zu unterscheiden, und es konnte schlüssig nachgewiesen werden, dass die hohen Raten der absoluten Mobilität in der Nachkriegszeit und der jüngste Anstieg der Abwärtsmobilität eher auf Veränderungen in der Berufsstruktur als auf Verbesserungen im Bildungswesen zurückzuführen sind. Die Veränderungen waren nicht mit einer Verbesserung der Mobilitätschancen von Personen aus der Arbeiterschicht verbunden (Goldthorpe 1980; siehe auch Bukodi et al. 2015; Bukodi und Goldthorpe 2018). Der Mangel an Mobilität in den oberen Schichten wurde von Sam Friedman und Daniel Laurison (2019) an der LSE bestätigt.

Der erste wirkliche Bruch mit dem etablierten Ansatz zur Stratifikation erfolgte nicht mit der Einbeziehung des Geschlechts, sondern mit dem Versuch, Bourdieus Ideen zum kulturellen Kapital zu nutzen, um die sozialen Klassenbeziehungen neu zu konzipieren. Während Rosemary Crompton und Kay Sanderson (1990) an der City University den Credentialismus und das Bildungskapital untersucht hatten, begann man mit dem wachsenden Interesse an Bourdieus spezifisch kulturellen Belangen, kulturelle Unterschiede als Formen der Stratifizierung zu betrachten, die auf die Notwendigkeit hinweisen, die ökonomischen Formen der Klassenanalyse aufzugeben. Die spätmodernen oder postmodernen sozialen Bedingungen, so wurde argumentiert, markierten den Tod der Klasse. Die Klasse, so schien es, wurde zu einer Frage der individuellen Identität, und immer weniger Menschen definierten sich über die Klasse. Diese Ansicht tendierte also dazu, kulturelle Unterschiede mit „Status" gleichzusetzen und zu behaupten, dass eine Politik des Status eine Politik der Klasse ersetzt (Turner 1988). Bev Skeggs (1997) sah das Fehlen eines expliziten Klassenbewusstseins als eine „Verkennung" der Klassenbeziehungen durch die zunehmende Verwendung einer Sprache der kulturellen Differenz.

Der neue Ansatz erkennt zwar einen wichtigen Aspekt des zeitgenössischen kulturellen Wandels an, vernachlässigt aber die anhaltende Bedeutung strukturierter wirtschaftlicher Ungleichheiten, auch wenn diese subjektiv nicht mehr als „Klasse" verstanden werden. Diese Ablehnung von Klasse wurde von Will Atkinson (2007) in Bristol und von Anthony Heath und seinen Kollegen (2009) in Oxford kritisiert, während Mike Savage und Tony Bennett für die Notwendigkeit plädierten, kulturelle und statusbezogene Aspekte mit der Anerkennung wirtschaftlicher Klassenbeziehungen zu verbinden (Bennett et al. 2009). Derzeit wird die Neuformulierung des Begriffs „soziale Klasse" jedoch nur in einer vereinfachten, populären Form verfolgt (Savage 2015), wie Harriet Bradley (2014) in ihrer Kritik an der früheren Formulierung feststellt.

„Rasse" und Ethnizität

Das Thema „Rasse" hatte in der britischen Soziologie seit den späten 1960er-Jahren zunehmend an Bedeutung gewonnen. Dieses Interesse wurde durch die sich verschlechternden Beziehungen zwischen kolonialen Migranten und der einheimischen weißen Bevölkerung in den Innenstädten gefördert.[2] Im letzten Drittel des 20 Jahrhunderts hatten sich sowohl die Forschung als auch die Lehre zu diesem Thema im Zentrum der Disziplin etabliert, wobei die BSA-Konferenz von 1974 entscheidend zu seiner Verankerung beitrug. Anhaltende Streitigkeiten über die Ver-

---

[2] Für einen Überblick über das Gebiet siehe Solomos (2014).

wendung der Begriffe „Rasse" und „Rassismus" führten dazu, dass das Feld – allgemein als „Race and Ethnic Relations" bezeichnet – in eine Vielzahl von konkurrierenden theoretischen Positionen gespalten wurde. Diese Veränderungen wurden durch die geplante Verlegung der SSRC Research Unit on Ethnic Relations im Jahr 1978 von Bantons Fachbereich in Bristol zu Rex' neuem Fachbereich in Aston und durch die Gründung der neuen Zeitschrift *Ethnic and Racial Studies* im selben Jahr verstärkt. In Aston – und ab 1994 in Warwick – und auf den Seiten der Zeitschrift wurde das neue Fachgebiet erwachsen.

Die Sichtweise von „Rasse", Rassifizierung und Rassismus, wie sie von Rex und Banton erörtert worden war, wurde von Annie Phizacklea und Bob Miles (1980) in Frage gestellt, wobei sie sich auf die marxistischen Argumente des amerikanischen Soziologen Oliver Cromwell Cox stützten (Miles 1980, 1984). Ihre Studie über karibische Arbeiter in Willesden, im Nordwesten Londons, basierte auf der Ansicht, dass Arbeitsmigranten in erster Linie Arbeiter und erst in zweiter Linie ethnisch anders sind. Arbeitsmigranten in Großbritannien spiegeln eine imperiale Struktur politischer und wirtschaftlicher Beziehungen wider, und Migranten bilden eine eigene Klassenfraktion innerhalb der Arbeiterklasse. Es sind die ideologischen Verhältnisse der britischen Gesellschaft, die in den rassistischen Vorstellungen weißer Arbeiter verkörpert sind, die sie als „rassisch" konstruieren – ein Prozess, den Banton als „Rassifizierung" bezeichnete – und ihren Ausschluss von bestimmten wirtschaftlichen Möglichkeiten und politischen Rechten legitimieren sowie eine besondere Form des Klassenbewusstseins unter schwarzen Arbeitern hervorbringen. Dieser Ansatz identifizierte die Klassenbeziehungen als die wichtigsten Determinanten für die ideologische und politische Durchsetzung von Rassenvorstellungen und veranlasste David Mason (1994, 1995) zu dem Argument, dass dies einen anhaltenden Bedarf an einem Konzept der „Rasse" impliziere, das als eine soziale Beziehung verstanden werden müsse, in der die Ungleichheiten durch ihre Definition und Rechtfertigung in Form von Überzeugungen und Vorstellungen über die soziale und kulturelle Relevanz ihrer biologischen Merkmale verkannt werden. Dieses Argument markierte eine Verlagerung des Diskussionsschwerpunkts von den wirtschaftlichen Beziehungen zu den Diskursen, durch die „Rassen" konstituiert und reproduziert werden (siehe Wetherell und Potter 1992; Billig 1995), was zu der Auffassung führte, dass es eine Vielzahl von Rassismen gibt, die in verschiedenen Diskursen über Nationalität, Weißsein und Zugehörigkeit entstehen.

Paul Gilroy, John Solomos und andere vom Birmingham Centre for Contemporary Cultural Studies erstellten eine einflussreiche Darstellung der widersprüchlichen Diskurse, die die politischen Diskussionen über die rassische Identität strukturierten (CCCS 1982), und die Analyse wurde in Gilroys (1987) Ansicht weitergeführt, dass der Diskurs über „Nation" und das Imperium eine Kriminalisierung rassisch definierter Minderheiten untermauerte und so die repressive Politik eines autoritären politischen Systems legitimierte. Wichtige Entwicklungen dieses Ansatzes betrafen die Konstruktion der „rassischen Grenzen", die soziale Gruppen definieren (Anthias 1990, 2001; Anthias und Yuval-Davis 1993). Dieser Ansatz hob hervor, wie wichtig es ist, „Rassismus" und „Rasse" als historisch verankerte und sich verändernde Konzepte kultureller Unterschiede zu betrachten. Ein bestimmter rassistischer Diskurs muss im Zusammenhang mit den spezifischen sozialen Beziehungen und historischen Umständen gesehen werden, unter denen er entsteht und aufrechterhalten wird (Solomos und Back 1994). Diese Sichtweise wurde in verschiedenen Studien über junge Schwarze in städtischen Gebieten untersucht, in denen die Überschneidungen von „Rasse", Klasse und Männlichkeit im Fokus stehen (Solomos 1988; Back 1996; Alexander 1996).

Die kritische Diskussion über „Rasse" und Rassismus konzentrierte sich auf die ethnische Zugehörigkeit, die sich eher auf kulturelle als auf biologische Unterschiede bezieht. Die Mitglieder einer ethnischen Gruppe teilen bestimmte gemeinsame kulturelle Merkmale, die sie dazu veranlassen, eine Identität für sich selbst als „Volk" mit einem gemeinsamen Gefühl der Zugehörigkeit zu einem bestimmten Ort und mit einer gemeinsamen Geschichte zu konstruieren, die ihnen ein ausgeprägtes kulturelles Erbe verleiht (Jenkins 1997; Fenton 2003). Anthony Smith (1986, 1991) an der LSE und später in Reading war eine Schlüsselfigur bei der Entwicklung dieses Konzepts. Er vertrat die Auffassung, dass sich die ethnische Identität auf die Sprache, die Erinnerungen, die Symbole und die Traditionen konzentriert, die einer Bevölkerung ein Gemeinschaftsgefühl als „Nation" vermitteln, und er untersuchte, wie in modernen Gesellschaften ein Gefühl der nationalen Identität und des nationalen Charakters die ausgefeilteren Ideologien des Nationalismus untermauert, die zu Eroberungs- und Unabhängigkeitskriegen führen können (Smith 1995).

Diese Perspektive prägte eine neue Sichtweise der Migration als Ergebnis globaler geopolitischer Konflikt- und Wettbewerbsprozesse. Miles (1982) war einer der ersten, der Migrationsmuster im Zusammenhang mit einer internationalen Arbeitsteilung untersuchte, aber sein Ansatz wurde in Warwick in systematischerer Form von Robin Cohen aufgegriffen, der auf Gilroys (1993) Argument aufbaute, dass die heutigen Migrationsmuster auf den Sklavenhandel und die afrikanische Diaspora zurückgeführt werden können. Ergänzt wurde dies durch Robin Blackburns (1988, 1998, 2011) Trilogie über die Sklaverei, die er während seiner Tätigkeit bei Verso begann und nach seiner Rückkehr in die akademische Vollzeitarbeit in Essex abschloss. Cohen nutzte diese historische Perspektive, um eine Typologie der globalen Bevölkerungsbewegungen zu erstellen (Cohen 1988, 1997).

Dies warf ein neues Licht auf die Vorstellungen von ethnischer Identität. Offizielle Untersuchungen und Überwachungen in Großbritannien haben Fragen zur ethnischen „Herkunft" und „Identität" übernommen, wobei die Standardkategorien „weiß" und „nicht-weiß" verwendet werden, während die Qualifizierer „britisch", „schwarz" usw. Unterteilungen bilden. Während die Gültigkeit dieser Kategorien viel diskutiert wurde (Modood et al. 1997; Smith 2002; Modood et al. 2002), hat die Arbeit von Cohen gezeigt, dass solche Kategorien höchst problematisch sind. Die Idee der „Britishness", so argumentiert er, ist durch globale politische und wirtschaftliche Engagements konstruiert worden und hat bei westindischen und afrikanischen Migranten eine charakteristische „unscharfe" oder mehrdeutige Form. In ähnlicher Weise untersuchte Avtar Brah (1996) die umstrittenen Identitäten von Asiaten in Großbritannien. Lange vor den Brexit-Debatten argumentierte Robin Cohen (1994), dass die Einführung der Freizügigkeit der Arbeitnehmer innerhalb der EU zu einer weiteren Neudefinition der „britischen" Identität führt.

Fragen der nationalen und ethnischen Identität sind nach der langen Erfahrung mit umfangreicher Einwanderung und der wachsenden Bedeutung der in Großbritannien geborenen zweiten und dritten Generation asiatischer, afrikanischer und westindischer Abstammung besonders problematisch geworden. Dies hat dazu geführt, dass der Rahmen der ethnischen Beziehungen als solche zwischen Gastgebern und Migranten und die damit verbundene Terminologie der „Assimilierung" und der „Mehrheits-" und „Minderheits-" ethnischen Gruppen endgültig aufgegeben wurde. Die Vielfalt und Pluralität der britischen Bevölkerung und die Notwendigkeit, die Begriffe nationale Identität und Staatsbürgerschaft neu zu konzipieren, wurden zunehmend anerkannt. Bhikhu Parekh (2000) hat ein politisches Projekt zur Neuformulierung der Idee der Staatsbürgerschaft als integratives und demokratisches Konzept vorgestellt, das von Tariq Modood (2007) in Bristol weiter diskutiert wurde. Dies hatte einen großen Einfluss auf die öffentliche Politik in den Bereichen Bildung, Gesundheit und Wohlfahrt.

Der Multikulturalismus hat sich auch zu einer wichtigen theoretischen Perspektive entwickelt. Seine theoretische Entwicklung verdankt sich zu einem großen Teil postkolonialen Ideen des kulturellen Widerstands, die im Zusammenhang mit Foucaults Betonung der Einbettung kulturellen Wissens und kultureller Überzeugungen in die Machtverhältnisse gesehen wurden, durch die ethnische und andere Gruppen zueinander in Beziehung stehen. Im Zusammenhang mit den von Cohen beschriebenen globalen Bevölkerungsbewegungen wurde die politische Strategie des Multikulturalismus im Zuge des islamistischen Terrorismus von den Rechtsextremen in Frage gestellt. Modood (2005) hat den theoretischen Rahmen des Multikulturalismus genutzt, um das Wachstum der Islamophobie als eine neue Form des kulturellen Rassismus zu untersuchen.

Eine neue Soziologie des Verbrechens

Die radikalen Devianzansätze der 1970er-Jahre verdrängten, wie gezeigt, frühere subkulturelle Theorien nicht vollständig, und diese subkulturellen Belange spielten in Studien wie der von Dick Hobbs (1988) über die Londoner East End-Unterwelt und ihren Gemeinschaftskontext weiterhin eine wichtige Rolle.[3] Die subkulturellen Vorstellungen wurden jedoch durch die Auseinandersetzung mit der Massenmedienforschung der

---

[3] Siehe den Überblick in Carrabine (2014).

CCCS-Forscher in Birmingham zu Themen wie der Rassifizierung von Verbrechen (Clarke et al. 1976; Hall et al. 1978) und deren Darstellung in den Massenmedien erweitert. Zu den weiteren Untersuchungen der Fernsehdramatisierung von Verbrechen gehören die Arbeiten von Keith Soothill und Sylvia Walby (1991) in Lancaster über die Darstellung von Sexualverbrechen in den Nachrichten. Richard Sparks (1992) in Keele untersuchte die Bilder und Stereotypen, die durch Fernsehkrimis und fiktive Darstellungen der Polizeiarbeit vermittelt werden.

Die wichtigsten Verfechter der „neuen Kriminologie" begannen jedoch, sich als „linke Realisten" zu bezeichnen und betonten die anhaltende Bedeutung von Klassen- und materiellen Ungleichheiten bei der Entstehung kriminellen Verhaltens (Lea und Young 1984; Taylor 1999; Matthews 2014). Ian Taylor und Kollegen (Taylor et al. 1996) in Salford untersuchten die Auswirkungen städtischer Prozesse in Manchester und Salford auf die Entstehung von Kriminalität. Roger Matthews (2008) von der London South Bank nutzte dieselbe Perspektive, um die materielle Basis der Prostitution zu untersuchen.

Diese Arbeiten zur Prostitution begannen, die Vernachlässigung des Geschlechts in der Verbrechenssoziologie zu korrigieren, die Carol Smart (1977), damals in Warwick, bereits in ihrem Überblick über die Besonderheit weiblicher Devianz dokumentiert hatte. Eine kleine Anzahl von Studien über Frauen als Opfer von Straftaten hatte begonnen, diese Vernachlässigung zu korrigieren, und wurde in Frances Heidensohns (1985) Überblick über die Forschung zusammengeführt. Einen alternativen und ergänzenden Ansatz zu dem von Matthews über Prostitution verfolgte Julia O'Connell Davidson (1998, 2015) in Leicester und Bristol, die sich mit Bordellen und Sextourismus im Zusammenhang mit der Entwicklung der modernen Sklaverei befasste, sowie Maggie O'Neill (2001) in York, die sich auf die persönlichen Berichte von Sexarbeiterinnen stützte. Ein besonders wichtiges Thema, das aus diesen Überlegungen zur Opferrolle hervorging, war die Frage der Gewalt gegen Frauen, sowohl im Haushalt als auch auf der Straße (Stanko 1985; Charles 1995). Aisha Gill (2008) von der Universität Roehampton leistete Pionierarbeit bei der Erforschung häuslicher Gewalt gegen asiatische Frauen, die in Form von „Ehren"-Verbrechen auftritt. Dieser gesamte Bereich der Gewalt gegen Frauen wurde von Sylvia Walby (1990) in einem wichtigen Überblick untersucht.

Die Betonung der neuen Kriminologie auf der sozialen Reaktion auf Kriminalität und sozialer Kontrolle führte zu einer frühen Auseinandersetzung mit den Arbeiten von Michel Foucault und dem im Ausland lebenden Briten Andrew Scull über Formen der Disziplinierung, Einkerkerung und „Entkerkerung". Wichtige Ergebnisse waren Stan Cohens (1985) allgemeiner Überblick über Mechanismen und Prozesse der sozialen Kontrolle und, in Leicester, Chris Dandekers (1990) allgemeine Darstellung der Überwachung, die er mit Webers Analyse der bürokratischen Verwaltung als einer modernen Form der Kontrolle in Verbindung brachte. Die Verbreitung von Überwachungsmechanismen wie der Videoüberwachung zur Unterstützung der Polizeiarbeit wurde in Studien über Hull (McCahill 2002) und Liverpool (Coleman 2004) untersucht. Die Modalitäten der Disziplinierung und der Herstellung von Ordnung wurden in verschiedenen sozialen Einrichtungen untersucht, darunter David Garland (1985) über die Politik und Praxis der Wohlfahrt, Simon Holdaway (1983), Robert Reiner (1984) sowie Tim Newburn und Rod Morgan (1997) über die Polizeiarbeit, Paul Rock (1993) über die Crown Courts und Alison Liebling (2005) und Joe Sim (2009) über die Gefängnisse. Der in diesen Studien verfolgte Ansatz bildete die Grundlage für das von Nik Rose (1990, 1999) und Hartley Dean (1999) entwickelte Konzept der Gouvernementalität.

Die Analyse der Gouvernementalität warf Fragen der rechtlichen Regulierung auf, die in einer Vielzahl von Kontexten auf der Grundlage früherer Ansichten über Wirtschaftskriminalität verfolgt wurden. Wichtige Beispiele sind Mike Levis (1987, 2008) Arbeit in Birmingham über Betrug, Doreen McBarnets (2004) Aufsatzsammlung in Oxford über die Regulierung der „legitimen" Unternehmensfinanzierung und Bridget Hutters (2017) Arbeit an der LSE über die Regulierung in Bezug auf Gesundheit und Sicherheit, Lebensmittel und Umwelt. Die Regulierung der illegitimen Geschäftstätigkeit des Drogenhandels wurde von Nick Dorn, Nigel South und Karim Murji (1992) untersucht.

Während sich die Ideen der Soziologie der Abweichung über die Kriminalität und ihre Kontrolle hinaus auf Fachgebiete wie Gesundheit und Bildung ausbreiteten, blieb die Idee einer allgemeinen Soziologie der Abweichung etwas nebulös, und die Kriminalitätsforscher begannen, die Bezeichnung „Kriminologie" wieder anzunehmen. Viele begannen, interdisziplinär mit Juristen, Sozialpolitikern und forensisch interessierten Psychologen zusammenzuarbeiten, und in all diesen Disziplinen entwickelten sich kriminologische Optionen. Es entstanden auch spezialisierte Forschungsgruppen oder Fachbereiche für Kriminologie, was einige Forscher veranlasste, ihre disziplinäre Identität in Frage zu stellen. Es ist möglich, dass die Spezialisierung einen ähnlichen Weg einschlägt wie die Industriesoziologie, als sie in die neuen Business Schools überging, und dass es eine Zeit des Konflikts zwischen den professionell organisierten Disziplinen Recht, Psychologie, Sozialpolitik und Soziologie und der sich professionalisierenden Disziplin der Kriminologie geben könnte.

In der britischen Soziologie sind weitaus mehr Arbeiten entstanden, als dass hier Platz für eine detaillierte Betrachtung gewesen wäre. So hat beispielsweise die Forschung, die sich von den Entwicklungsstudien auf die Untersuchung der Globalisierung und der Weltsysteme sowie auf die historische Untersuchung von Staaten und Volkswirtschaften verlagert hat, erheblich zugenommen. Viele der führenden Autoren haben ihre Arbeiten jedoch im Ausland und mit nur sporadischem Kontakt zu britischen soziologischen Fakultäten durchgeführt: Mick Mann (1986, 1993, 2012, 2013) und Roland Robertson (1992) sind Beispiele dafür. Von den anderen Forschern in diesem Bereich ist Bob Jessop (2001, 2002, 2007, 2015) in Lancaster besonders zu erwähnen.

Ein Spezialgebiet, das sich zu internationalem Ansehen entwickelt hat, sind die Wissenschafts- und Technologiestudien (STS), die in den 1970er-Jahren in Cambridge und Edinburgh entstanden sind. Mike Mulkay (1972) vom Fachbereich Ingenieurwesen in Cambridge lieferte einen einflussreichen Text über wissenschaftliche Innovation und betreute die frühen Arbeiten von Nigel Gilbert und Steve Woolgar, bevor er nach York ging, wo er Steve Yearley betreute. Gilbert untersuchte den wissenschaftlichen Diskurs und die Konstruktion wissenschaftlicher Fakten, während Woolgar unter dem Einfluss von Bruno Latour (mit dem er zusammenarbeitete) wichtige Studien zur Laborwissenschaft verfasste und anschließend Formen der Technologie untersuchte (Gilbert und Mulkay 1984; Woolgar und Latour 1979; Woolgar und Grint 1997; Woolgar 2002). Yearley (1991) hat den Klimawandel und Umweltfragen untersucht. In Edinburgh hatten David Bloor (1976) und Barry Barnes (1977) das so genannte „starke Programm" für wissenschaftliche Erkenntnisse eingeführt, das darauf abzielte, eine Sichtweise der Konstruktion wissenschaftlicher Erkenntnisse zu entwickeln, die einen erkenntnistheoretischen Relativismus vermeidet. Ihr wichtigster Schüler war Donald Mackenzie, der nukleare Raketenleitsysteme untersuchte und die STS auf Studien der Wirtschaftswissenschaften und der Technologien der Unternehmensbuchhaltung ausdehnte (MacKenzie 1997, 2008). Außerhalb dieser beiden Zentren untersuchte Harry Collins in Bath die Natur der großen Wissenschaft und die Konstruktion wissenschaftlicher Mess- und Beobachtungstechnologien als Formen der Expertise. Von großer Bedeutung war seine Studie über Gravitationswellen (Collins 2004, 2017).

Die verschiedenen neuen Richtungen, die in diesem Kapitel aufgezeigt werden, können in unterschiedlicher Weise als Fortsetzung, aber auch als Erweiterung und Vertiefung der in den drei Jahrzehnten nach dem Zweiten Weltkrieg entwickelten Ansichten betrachtet werden. Zusammengenommen zeigen sie die intellektuelle Lebendigkeit der britischen Soziologie, die sich unter den schwierigen Umständen bis zur Jahrhundertwende und darüber hinaus erhalten hat.

Literatur[4]

Abercrombie, Nicholas and Urry, John. 1983. *Capital, Labour and the Middle Classes*. George Allen and Unwin.
Abraham, John. 1995. *Science, Politics and the Pharmaceutical Industry*. Routledge.
Alexander, Claire. 1996. *The Art of Being Black*. Oxford: Oxford University Press.
Allen, Sheila. 1983. 'Production and reproduction. The lives of women homeworkers'. *Sociological Review* 31, 4: 649–665.
Allen, Sheila and Wolkowitz, Carol. 1987. *Homeworking. Myths and Realities*. Houndmills: Macmillan.
Anthias, Floya. 1990. 'Race and class revisited: Conceptualising race and racisms'. *Sociological Review* 38, 1: 19–42.

---

[4] Alle Quellen werden hier aufgeführt und im Text mit dem Datum ihrer Erstveröffentlichung zitiert. Wenn ein zweites Datum angegeben ist, bezieht sich dies auf die spätere Ausgabe, den Nachdruck oder die Übersetzung. Wenn nicht anders angegeben, ist der Ort der Veröffentlichung London.

Anthias, Floya. 2001. 'The concept of "social divisions" and theorising social stratification: looking at ethnicity and class'. *Sociology* 35, 4: 835–854.

Anthias, Floya and Yuval-Davis, Nira. 1993. *Racialised Boundaries: Race, Nation, Gender, Colour and Classes and the Anti-Racist Struggle*. Routledge.

Arber, Sara, Davidson, Kate and Ginn, Jay. 2003. *Gender and Ageing: Changing Roles and Relationships*. Milton Keynes: Open University Press.

Arber, Sara and Ginn, Jay. 1991. *Gender and Later Life: A Sociological Analysis of Resources and Constraints*. Sage.

Arber, Sara and Ginn, Jay (eds.). 1995. *Connecting Gender and Ageing*. Milton Keynes: Open University Press.

Archer, Margaret S. 1988. *Culture and Agency*. Cambridge: Cambridge University Press.

Archer, Margaret S. 1995. *Realist Social Theory: The Morphogenetic Approach*. Cambridge: Cambridge University Press.

Archer, Margaret S. 2000. *Being Human: The Problem of Agency*. Cambridge: Cambridge University Press.

Archer, Margaret S. 2003. *Structure, Agency and the Internal Conversation*. Cambridge: Cambridge University Press.

Archer, Margaret S. 2007. *Making Our Way Through the World: Human Reflexivity and Social Mobility*. Cambridge: Cambridge University Press.

Atkinson, Will. 2007. 'Beck, individualisation and the death of class: A critique'. *British Journal of Sociology* 58, 3: 349–366.

Back, Les. 1996. *New Ethnicities And Urban Culture: Racisms and Multiculture in Young Lives*. Routledge.

Baraitser, Lisa. 2017. *Enduring Time*. Bloomsbury.

Barbalet, Jack M. 1998. *Emotion, Social Theory, and Social Structure*. Cambridge: Cambridge University Press.

Barnes, S. Barry. 1977. *Interests and the Growth of Knowledge*. Routledge and Kegan Paul.

Barrett, Michele and McIntosh, Mary. 1982. *The Anti-social Family*. New Left Books.

Bauman, Zygmunt. 1989. *Modernity and the Holocaust*. Cambridge: Polity Press.

Bauman, Zygmunt. 2000. *Liquid Modernity*. Cambridge: Polity Press.

Bennett, Tony, Savage, Mike, Bortolaia Silva, Elizabeth, Warde, Alan, Gayo-Cal, Modesto and Wright, David. 2009. *Culture, Class and Distinction*. Routledge.

Bhabha, Homi. 1994. *The Location of Culture*. Routledge.

Bhambra, Gurminder K. 2007. *Rethinking Modernity*. Houndmills: Palgrave Macmillan.

Bhambra, Gurminder K. 2014. *Connected Sociologies*. Bloomsbury.
Billig, Michael. 1995. *Banal Nationalism*. Sage.
Blackburn, Robert, Prandy, Kenneth and Stewart, Sandy. 1982. *White Collar Work*. Houndmills: Macmillan.
Blackburn, Robin O. 1988. *The Overthrow of Colonial Slavery 1776–1848*. Verso.
Blackburn, Robin O. 1998. *The Making of New World Slavery*. Verso.
Blackburn, Robin O. 2011. *The American Crucible*. Verso.
Bloor, David. 1976. *Knowledge and Social Imagery*. Routledge and Kegan Paul.
Bottero, Wendy. 2004. *Stratification: Social Division and Inequality*. Routledge.
Bradley, Harriet. 2014. 'Class descriptors or class relations'. *Sociology* 48, 3: 429–436.
Brah, Avtar. 1996. *Cartographies of Diaspora: Contesting Identities*. Routledge.
British Academy. 2016. *Count Us In*. British Academy.
Britten, Nicky and Heath, Anthony. 1983. 'Women, Men and Social Class' in Gamarnikow, E., Morgan, D. H. J., Purvis, J. and Tylorson, D. (eds.) *Gender, Class and Work*. Heinemann.
Brown, George and Harris, Tyrill. 1978. *Social Origins of Depression*. Tavistock.
Bryman, Alan. 1988. *Quantity and Quality in Social Research*. Unwin Hyman.
Bukodi, Erzsebet and Goldthorpe, John H. 2018. *Social Mobility and Education in Britain*. Cambridge: Cambridge University Press.
Bukodi, Erzsebet, Goldthorpe, John H., Waller, I. and Kuha, Jouni. 2015. 'The mobility problem in Britain: New findings from the analysis of birth cohort data'. *British Journal of Sociology* 66, 1: 93–117.
Burkitt, Ian. 1997. 'Social relationships and emotions'. *Sociological Review* 31, 1: 37–55.
Busfield, N. Joan. 1994. 'The female malady? Men, women and madness in nineteenth century Britain'. *Sociology* 28, 1: 259–277.
Busfield, N. Joan. 1996. *Men, Women and Madness: Understanding Gender and Mental Disorder*. Macmillan.
Busfield, N. Joan. 2006. 'Pills, power, people: Sociological understandings of the pharmaceutical industry'. *Sociology* 40, 2: 297–314.
Byrne, David S. 1998. *Complexity Theory and the Social Sciences*. Routledge.
Byrne, David S. 2012. 'UK sociology and quantitative methods'. *Sociology* 46, 1: 13–24.
Carrabine, Eamonn. 2014. 'Crime, Deviance, and Sociology' in Holmwood and Scott (eds.) 2014.
Cavendish, Ruth. 1982. *Women on the Line*. Routledge and Kegan Paul.

CCCS. 1982. *The Empire Strikes Back*. Hutchinson for Centre for Contemporary Cultural Studies.
Charles, Nickie. 1995. 'Feminist politics, domestic violence and the state'. *Sociological Review* 43, 4: 617–640.
Clarke, Jon, Hall, Stuart, Jefferson, Tony and Roberts, Brian K. 1976. *Resistance Through Rituals: Youth Subcultures in Post-war Britain*. Hutchinson.
Cohen, Robin. 1988. *The New Helots*. Aldershot: Avebury.
Cohen, Robin. 1994. *Frontiers of Identity*. Longman.
Cohen, Robin. 1997. *Global Diasporas*. Routledge.
Cohen, Stanley. 1985. *Visions of Social Control*. Cambridge: Polity Press.
Coleman, Roy. 2004. *Reclaiming the Streets: Surveillance, Social Control and the City*. Oxford: Willan.
Collins, Harry. 2004. *Gravity's Shadow: The Search for Gravitational Waves*. Chicago: Chicago University Press.
Collins, Harry. 2017. *Gravity's Kiss: The Detection of Gravitational Waves*. Cambridge, MA: MIT Press.
Crompton, Rosemary and Mann, Michael (eds.). 1986. *Gender and Stratification*. Cambridge: Polity Press.
Crompton, Rosemary and Jones, Gareth. 1984. *White Collar Proletariat: Deskilling and Gender in Clerical Work*. Macmillan.
Crompton, Rosemary and Sanderson, Kay. 1990. *Gendered Jobs and Social Change*. Unwin Hyman.
Crossley, Nick. 2001. *The Social Body: Habit, Identity and Desire*. Sage.
Crouch, Colin. 2005. *Capitalist Diversity and Change: Recombinant Governance and Institutional Entrepreneurs*. Oxford: Oxford University Press.
Dandeker, Christopher. 1990. *Surveillance, Power and Modernity*. Cambridge: Polity Press.
Davidson, Deborah and Letherby, Gayle. 2014. 'Griefwork online: Perinatal loss, lifecourse disruption and online support'. *Human Fertility* 17, 3: 214–217.
Dawson, Matt, McDonnell, Liz and Scott, Susie. 2016. 'Negotiating the boundaries of intimacy'. *Sociological Review* 64, 2: 349–365.
Dean, H. 1999. *Governmentality*. Sage.
Dorn, Nicholas, South, Nigel and Murji, Karim 1992. *Traffickers: Drug Markets and Law Enforcement*. Routledge.
Earle, Sarah and Letherby, Gayle. 2007. 'Conceiving time? Women who do or do not conceive'. *Sociology of Health and Illness* 29, 2: 233–250.
Edwards, Paul. 2014. 'The Sociology of Work' in Holmwood and Scott (2014).

Ettore, Elizabeth. 2007. 'Reproductive genetics, gender and the body'. *Sociology* 34, 3: 403–420.
Featherstone, Mike. 1991. *Consumer Culture and Postmodernism*. Sage.
Featherstone, Mike and Hepworth, Mike. 1989. 'Ageing and Old Age' in Bytheway, B., Keil, T., Allatt, P. and Bryman, A. (eds.) *Becoming and Being Old*. Sage.
Fenton, Steve. 2003. *Ethnicity*. Cambridge: Polity Press.
Freedman, Sam and Laurison, Daniel. 2019. *The Class Ceiling*. Bristol: Policy Press.
Friedman, Andy. 1977. *Industry and Labour*. Houndmills: Macmillan.
Gallie, Duncan, Marsh, Cathie and Vogler, Carolyn (eds.). 1994. *Social Change and the Experience of Unemployment*. Oxford: Oxford University Press.
Gane, Nick. 2006. 'Speed up or slow down? Social theory in the information age'. *Information, Communication and Society* 9, 1: 20–38.
Garland, David. 1985. *Punishment and Welfare*. Aldershot: Gower.
Gavron, Hannah. 1968. *The Captive Wife*. Harmondsworth: Penguin.
Giddens, Anthony. 1976. *New Rules of Sociological Method*. Hutchinson.
Giddens, Anthony. 1979. *Central Problems in Social Theory*. Macmillan.
Giddens, Anthony. 1981. *A Contemporary Critique of Historical Materialism, Volume 1: Power, Property and the State*. Macmillan.
Giddens, Anthony. 1984. *The Constitution of Society*. Cambridge: Polity Press.
Giddens, Anthony. 1985. *The Nation State and Violence, Volume 2 of A Contemporary Critique of Historical Materialism*. Cambridge: Polity Press.
Giddens, Anthony. 1990. *The Consequences of Modernity*. Cambridge: Polity Press.
Giddens, Anthony. 1991. *Modernity and Self-Identity*. Cambridge: Polity Press.
Giddens, Anthony. 1992. *The Transformation of Intimacy*. Cambridge: Polity Press.
Giddens, Anthony. 1994. *Beyond Left and Right*. Cambridge: Polity Press.
Giddens, Anthony. 1998. *The Third Way*. Cambridge: Polity Press.
Gilbert, G. Nigel and Mulkay, M. J. 1984. *Opening Pandora's Box: A Sociological Analysis of Scientists' Discourse*. Cambridge: Cambridge University Press.
Gill, Aisha. 2008. 'Crimes of honour and violence against women in the UK'. *International Journal of Comparative and Applied Criminal Justice* 32, 2: 243–263.
Gilroy, Paul. 1987. *There Ain't No Black in the Union Jack*. Hutchinson.
Gilroy, Paul. 1993. *Black Atlantic*. Verso.

Glucksmann, Miriam. 1995. 'Why "work"? Gender and the "total social organization of labour"'. *Gender, Work and Organization* 2, 2: 63–75.

Glucksmann, Miriam. 2004. 'Call configurations: Varieties of call centre and divisions of labour'. *Work, Employment and Society* 18, 4: 795–811.

Goldthorpe, John H. 1980. *Social Mobility and Class Structure*. Oxford: Clarendon Press (Revised edition 1987).

Goldthorpe, John H. 1983. 'Women and class analysis: In defence of the conventional view'. *Sociology* 17: 465–488.

Goldthorpe, John H. 1996. 'The quantitative analysis of large-scale data-sets and rational action theory'. *European Sociological Review* 12, 2: 109–126.

Goldthorpe, John H. 2001. 'Causation, statistics and sociology'. *European Sociological Review* 17, 1: 1–20.

Hall, Stuart, Critcher, Chas, Jefferson, Tony, Clarke, John and Roberts, Brian. 1978. *Policing The Crisis*. Houndmills: Macmillan.

Halsey, Albert H. 2004. *A History of Sociology in Britain*. Oxford: Oxford University Press.

Harris, Christopher C. und andere (eds). 1987. *Redundancy and Recession in South Wales*. Oxford: Blackwell.

Heath, Anthony and Britten, Nicky 1984. 'Women's jobs do make a difference' *Sociology*, 18, 4.

Heath, Anthony, Curtice, John and Elgenius, Gabriella. 2009. 'Individualisation and the Decline of Class Identity' in Wetherell, M. (ed.) *Identity in the 21st Century*. Palgrave Macmillan.

Heidensohn, Frances. 1985. *Women and Crime*. Macmillan.

Hobbs, Dick. 1988. *Doing the Business*. Oxford: Oxford University Press.

Holdaway, Simon. 1983. *Inside the British Police*. Oxford: Basil Blackwell.

Holland, Janet, Ramazanoglu, Caroline and Scott, Sue. 1990. 'AIDS: From panic stations to power relations'. *Sociology* 24, 3: 499–518.

Holmwood, John and Stewart, Sandy. 1991. *Explanation and Social Theory*. Houndmills: Palgrave Macmillan.

Husbands, Christopher T. 1981. 'The Anti-quantitative Bias in Post-war British Sociology' in Abrams et al. (1981).

Hutter, Bridget. 2017. *Regulatory Crisis: Interactions Between Disaster, Crisis, and Risk Regulation*. Cambridge: Cambridge University Press.

Jackson, Stevi. 1982. *Childhood and Sexuality*. Oxford: Blackwell.

Jackson, Stevi and Scott, Sue. 2007. 'Faking like a woman? Towards an interpretive theorization of sexual pleasure'. *Body and Society* 13, 2: 95–116.

Jackson, Stevi and Scott, Sue. 2014. 'Sociology of the Body and the Relation Between Sociology and Biology' in Holmwood and Scott (2014).
Jamieson, Lynn. 1997. *Intimacy: Personal Relationships in Modern Societies*. Cambridge: Polity Press.
Jenkins, Richard. 1997. *Rethinking Ethnicity*. Sage.
Jessop, Robert D. 2001. *Regulation Theory and the Crisis of Capitalism*. Cheltenham: Edward Elgar.
Jessop, Robert D. 2002. *The Future of the Capitalist State*. Cambridge: Polity Press.
Jessop, Robert D. 2007. *State Power: A Strategic-Relational Approach*. Cambridge: Polity Press.
Jessop, Robert D. 2015. *The State: Past, Present, and Future*. Cambridge: Polity Press.
Kerr, Anne and Cunningham-Burley, Sarah. 2000. 'On ambivalence and risk: Reflexive modernity and the new human genetics'. *Sociology* 34, 2: 283–304.
Kerr, Maria and Charles, Nickie. 1986. 'Servers and providers: The distribution of food within the family'. *Sociological Review* 34, 1: 115–157.
Knights, David and Willmott, Hugh. 1985. 'Power and Identity in Theory and Practice'. *Sociological Review* 33, 1: 22–46.
Knights, David and Willmott, Hugh. 1989. 'Power and subjectivity at work'. *Sociology* 23, 4: 535–558.
Lash, Scott and Urry, John. 1987. *The End of Organized Capitalism*. Cambridge: Polity Press.
Lea, John and Young, Jock. 1984. *What Is to Be Done About Law and Order*. Harmondsworth: Penguin.
Letherby, Gayle. 1993. 'The meanings of miscarriage'. *Women's Studies International Forum* 16, 2: 165–180.
Letherby, Gayle. 2002. 'Childless and bereft?'. *Sociological Inquiry* 72, 1: 7–20.
Levi, Michael. 1987. *Regulating Fraud: White Collar Crime and the Criminal Process*. Tavistock.
Levi, Michael. 2008. *The Phantom Capitalists: The Organisation and Control of Long-Firm Fraud*. Aldershot: Ashgate.
Liebling, Alison. 2005. *Prisons and Their Moral Performance*. Oxford: Oxford University Press.
Littler, Craig. 1983. *The Development of the Labour Process in Capitalist Societies*. Heinemann.
Lockwood, David. 1986. 'Class, Status and Gender' in Crompton, R. and Mann, M. (eds.) *Gender and Stratification*. Cambridge: Polity Press, 1986.

Lockwood, David. 1992. *Solidarity and Schism*. Oxford: Clarendon Press.
López, José and Scott, John. 2000. *Social Structure*. Buckingham: Open University Press.
MacInnes, John. 2009. *Quantitative Methods. Strategic Adviser Report*. Swindon: ESRC.
MacKenzie, Donald A. 1997. *Inventing Accuracy: A Historical Sociology of Nuclear Missile Guidance*. Cambridge, MA: MIT Press.
MacKenzie, Donald A. 2008. *An Engine, Not a Camera: How Financial Models Shape Markets*. Cambridge, MA: MIT Press.
Macnaghten, Philip and Urry, John. 1998. *Contested Nature*. Sage.
Mann, Michael. 1986. *The Sources of Social Power, Volume 1: A History of Power from the Beginning to AD 1760*. Cambridge: Cambridge University Press.
Mann, Michael. 1993. *The Sources of Social Power, Volume 2: The Rise of Classes and Nation States, 1760–1914*. Cambridge: Cambridge University Press.
Mann, Michael. 2012. *The Sources of Social Power, Volume 3: Global Empires and Revolutions, 1890–1945*. Cambridge: Cambridge University Press.
Mann, Michael. 2013. *The Sources of Social Power, Volume 4: Globalizations, 1945–2011*. Cambridge: Cambridge University Press.
Marshall, Gordon, Rose, David, Newby, Howard and Vogler, Carolyn. 1988. *Social Class in Modern Britain*. Hutchinson.
Mason, David. 1994. 'On the dangers of disconnecting race and racism'. *Sociology* 28, 4: 845–858.
Mason, David J. 1995. *Race and Ethnicity in Modern Britain*. Oxford: Oxford University Press.
Matthews, Roger. 2008. *Prostitution, Politics & Policy*. Routledge.
Matthews, Roger. 2014. *Realist Criminology*. Palgrave Macmillan.
McBarnet, Doreen. 2004. *Crime, Compliance, and Control*. Routledge.
McCahill, Michael. 2002. *The Surveillance Web. The Rise of Visual Surveillance in an English City*. Oxford: Willan.
Miles, Robert. 1980. *Racism and the Labour Market*. Routledge and Kegan Paul.
Miles, Robert. 1982. *Racism and Migrant Labour*. London.
Miles, Robert. 1984. 'Marxism versus the sociology of race relations'. *Ethnic and Racial Studies* 7, 2: 217–237.
Modood, Tariq. 2005. *Multicultural Politics. Racism, Ethnicity and Muslims in Britain*. Edinburgh: Edinburgh University Press.
Modood, Tariq. 2007. *Multiculturalism*. Cambridge: Polity Press.
Modood, Tariq, Berthoux, Richard and Nazroo, James. 1997. *Ethnic Minorities in Britain*. Policy Studies Institute.

Modood, Tariq, Berthoux, Richard and Nazroo, James. 2002. 'Response'. *Sociology* 36, 2: 419–427.
Morris, Lydia. 1984. 'Redundancy and patterns of household finance'. *Sociological Review* 32, 3: 492–523.
Morris, Lydia. 1985. 'Local social networks and domestic organisations'. *Sociological Review* 33, 2: 327–342.
Morris, Lydia. 1994. *Dangerous Classes*. Routledge.
Morris, Lydia and Irwin, Sarah. 1992. 'Employment histories and the concept of the underclass'. *Sociology* 26, 3: 401–420.
Mouzelis, Nicos. 1991. *Back to Sociological Theory: The Construction of Social Orders*. Macmillan.
Mouzelis, Nicos. 1995. *Sociological Theory: What Went Wrong?* Routledge.
Mulkay, Michael Joseph. 1972. *The Social Process of Innovation*. Houndmills: Macmillan.
Mumford, Enid and Banks, Olive. 1967. *The Computer and the Clerk*. Liverpool: Liverpool University Press.
Murgatroyd, Linda. 1984. 'Women, men and the social grading of occupations'. *Sociology*, 25, 4: 46–60.
Newburn, Tim and Morgan, Rod. 1997. *The Future of Policing*. Oxford: Oxford University Press.
O'Connell Davidson, Julia. 1998. *Prostitution, Power and Freedom* Cambridge: Polity Press.
O'Connell Davidson, Julia. 2015. *Modern Slavery: The Margins of Freedom*. Palgrave Macmillan.
O'Neill, Maggie. 2001. *Prostitution and Feminism*. Cambridge: Polity Press.
Oakley, Ann. 1972. *Sex, Gender and Society*. Temple Smith.
Oakley, Ann. 1974a. *Housewife*. Harmondsworth: Allen Lane.
Oakley, Ann. 1974b. *The Sociology of Housework*. Martin Robertson.
Oakley, Ann. 1979. *Becoming a Mother*. Oxford: Martin Robertson.
Oakley, Ann. 1980. *Women Confined: Towards a Sociology of Childbirth [also published as From Here to Maternity]*. Oxford: Martin Robertson.
Oakley, Ann. 1984. *The Captured Womb*. Oxford: Basil Blackwell.
Oakley, Ann. 1989. 'Women's Studies in British sociology: To end at our beginning?'. *British Journal of Sociology* 40, 3: 442–470.
Pahl, Jan. 1983. 'The allocation of money and the structuring of inequality within marriage'. *Sociological Review* 31, 2: 237–262.
Pahl, Jan. 1989. *Money and Marriage*. Macmillan.
Pahl, Raymond E. 1984. *Divisions of Labour*. Oxford: Basil Blackwell.

Parekh, Bhikhu. 2000. *Rethinking Multiculturalism: Cultural Diversity and Political Theory*. Macmillan.
Pettinger, Lynne, Parry, Jane, Taylor, Rebecca and Glucksmann, Miriam. 2005. *A New Sociology of Work?* Oxford: Basil Blackwell.
Platt, Jennifer. 1981. 'The Social Construction of "Positivism" and Its Significance in British Sociology, 1950–80' in Abrams et al. (1981).
Plummer, Ken. 1995. *Telling Sexual Stories*. Routledge.
Plummer, Ken. 2003. *Intimate Citizenship*. Seattle, WA: University of Washington Press.
Pollert, Anna. 1981. *Girls, Wives, Factory Lives*. Houndmills: Macmillan.
Prandy, K. 1991. 'The Revised Cambridge Scale of Occupations'. *Sociology*, 24, 4: 629–655.
Prior, Lindsay. 1988. 'The architecture of the hospital: A study of spatial organisation and medical knowledge'. *British Journal of Sociology* 39, 1: 86–113.
Ramazanoglu, Caroline (ed.). 1993. *Up Against Foucault*. Routledge and Kegan Paul.
Ramazanoglu, Caroline and Holland, Janet. 2002. *Feminist Methodology*. Sage.
Reiner, Robert. 1984. *The Politics of the Police*. Oxford: Oxford University Press.
Richardson, Diane. 1998. 'Sexuality and citizenship'. *Sociology* 32, 1: 83–100.
Richardson, Diane. 2017. *Sexuality and Citizenship*. Cambridge: Polity Press.
Robertson, Roland. 1992. *Globalisation: Social Theory and Global Culture*. Sage.
Rock, Paul. 1993. *The Social World of an English Crown Court*. Oxford: Clarendon Press.
Rojek, Chris and Turner, Bryan (eds.). 1993. *Forget Baudrillard?* Routledge and Kegan Paul.
Rose, David and O'Reilly, Karen (eds.). 1997. *Constructing Classes: Towards a New Social Classification or the UK*. Swindon: ESRC and Office for National Statistics.
Rose, Nikolas. 1990. *Governing the Soul: The Shaping of the Private Self*. Routledge.
Rose, Nikolas. 1999. *Power of Freedom*. Cambridge: Polity Press.
Roseneil, Sasha. 1995. 'The coming of age of feminist sociology'. *British Journal of Sociology* 46, 2: 191–205.
Rubery, Jill and Wilkinson, Frank (eds.). 1994. *Employer Strategy and the Labour Market*. Oxford: Oxford University Press.
Runciman, W. G. 1989. *A Treatise on Social Theory, Volume 2*. Cambridge: Cambridge University Press.

Runciman, W. G. 2009. *The Theory of Cultural and Social Selection*. Cambridge: Cambridge University Press.
Savage, Mike. 2015. *Social Class in the 21st Century*. Penguin.
Savage, Mike and Warde, Alan. 1993. *Urban Sociology, Capitalism and Modernity*. Houndmills: Macmillan.
Savage, Mike, Barlow, James, Dickens, Peter and Fielding, Tony. 1992. *Property, Bureaucracy and Culture: Middle Class Formation in Contemporary Britain*. Routledge.
Scott, Alison. 1994. *Gender Segregation and Social Change*. Oxford: Oxford University Press.
Scott, John. 1997. *Corporate Business and Capitalist Classes*. Oxford: Oxford University Press.
Scott, John. 2001. 'Where Is Social Structure?' in Lopez, J. and Potter, G. (eds.) *After Postmodernism*. Athlone Press.
Scott, John. 2005. 'Sociology and its others: Reflections on disciplinary specialisation and fragmentation'. *Sociological Research Online* 10, 1.
Scott, John. 2007. 'Anthony Giddens and Cultural Analysis: Absent Word and Central Concept' in Edwards, T. (ed.) *Cultural Theory: Classical and Contemporary Positions*. Sage.
Scott, John. 2017a. *Social Network Analysis*, 4th Edition. Sage.
Scott, John. 2017b. 'Social Structure' in Sohlberg, P. and Leiulfsrud, H. (eds.) *Concepts in Action: Conceptual Constructionism*. Leiden: Brill.
Scott, John. 2020. 'Constructing Social Structure' in Sohlberg, P. and Leiulfsrud, H. (eds.) *Constructing the Sociological Object*. Leiden: Brill, 2020.
Scott, Susie, McDonnell, Liz and Dawson, Matt. 2016. 'Stories of non-becoming: Non-issues, non-events and non-identities in asexual lives'. *Symbolic Interaction* 39, 2: 268–286.
Seale, Clive. 2003. *Constructing Death*. Cambridge: Cambridge University Press.
Shilling, Chris. 1993. *The Body in Social Theory*. Sage.
Sim, Joe. 2009. *Punishment and Prisons: Power and the Carceral State*. Sage.
Skeggs, Beverley. 1997. *Formations of Class and Gender*. Sage.
Smart, Carol. 1977. *Women, Crime and Criminology*. Routledge and Kegan Paul.
Smith, Anthony. 1986. *The Ethnic Origins of Nations*. Oxford: Basil Blackwell.
Smith, Anthony. 1991. *National Identity*. Harmondsworth: Penguin.
Smith, Anthony. 1995. *Nations and Nationalism in a Global Era*. Cambridge: Polity Press.
Smith, Ken. 2002. 'Some critical observations on the use of the concept of ethnicity'. *Sociology* 36, 2: 399–417.

Solomos, John. 1988. *Black Youth, Racism and the State*. Cambridge: Cambridge University Press.
Solomos, John. 2014. 'Sociology of Race, Racism, and Ethnicity' in Holmwood and Scott (2014).
Solomos, John and Back, Les. 1994. 'Conceptualising racisms: Social theory, politics, and research'. *Sociology* 28, 1: 143–161.
Soothill, Keith and Walby, Sylvia. 1991. *Sex Crime in the News*. Routledge.
Sparks, Richard. 1992. *Television and the Drama of Crime*. Milton Keynes: Open University Press.
Stacey, Margaret. 1981. 'The Division of Labour Revisited or Overcoming the Two Adams' in Abrams et al. (1981).
Stacey, Margaret. 1982. 'Social sciences and the state: Fighting like a woman'. *Sociology* 16, 3: 406–421.
Stanko, Elizabeth. 1985. *Intimate Intrusions: Women's Experience of Male Violence*. HarperCollins.
Stanley, Liz and Wise, Sue. 1983. *Breaking Out*. Routledge.
Stanworth, Michele. 1984. 'Women and class analysis: A reply to John Goldthorpe'. *Sociology* 18, 2: 159–170.
Stanworth, Michele (ed.). 1987. *Reproductive Technologies: Gender, Motherhood and Medicine*. Cambridge: Polity Press.
Stewart, Sandy, Prandy, Kenneth and Blackburn, Robert. 1980. *Social Stratification and Occupations*. Houndmills: Macmillan.
Taylor, Ian. 1999. *Crime in Context*. Cambridge: Polity Press.
Taylor, Ian, Evans, Karen and Fraser, Penny. 1996. *A Tale of Two Cities*. Routledge.
Thompson, Paul. 1983. *The Nature of Work*. Houndmills: Macmillan.
Turner, Bryan S. 1982. 'The government of the body: Medical regimen and the rationalisation of diet'. *British Journal of Sociology* 33, 2: 254–269.
Turner, Bryan S. 1984. *The Body and Society*. Sage.
Turner, Bryan S. 1988. *Status*. Milton Keynes: Open University Press.
Urry, John. 1990a. 'The "consumption" of tourism'. *Sociology* 24, 1: 23–35.
Urry, John. 1990b. *The Tourist Gaze*. Sage.
Urry, John. 1995. *Consuming Places*. Routledge.
Urry, John. 2009. 'Sociology and climate change'. *Sociological Review* 57, 2: 84–100.
Urry, John. 2011. *Climate Change and Society*. Cambridge: Polity Press.
Vogler, Carolyn. 1998. 'Money in the household'. *Sociological Review* 46, 4: 687–713.

Vogler, Carolyn and Pahl, Jan. 1994. 'Money, power and inequality within marriage'. *Sociological Review* 42, 2: 263–288.
Waites, Matthew. 2005. 'The fixity of sexual identities in the public sphere'. *Sexualities* 8, 5: 539–569.
Wajcman, Judy. 2015. *Pressed for Time. The Acceleration of Life in Digital Capital.* Chicago: University of Chicago Press.
Walby, Sylvia. 1986. 'Gender, Class and Stratification' in Crompton, R. and Mann, M. (eds.) *Gender and Stratification.* Cambridge: Polity Press.
Walby, Sylvia. 1990. *Theorising Patriarchy.* Oxford: Basil Blackwell.
Warde, Alan and Martens, Lydia. 2000. *Eating Out: Social Differentiation, Consumption and Pleasure.* Cambridge: Cambridge University Press.
Warde, Alan and Shove, Elizabeth. 2002. 'Inconspicuous consumption: the sociology of consumption and the environment' in Dunlap, R., Buttel, F., Dickens, P. and Gijswijt, A. (eds.) *Sociological Theory & the Environment.* Lanham, MA: Rowman and Littlefield, 2002.
Warde, Alan and Tampubolon, Gindo. 2002. 'Social capital, networks, and leisure consumption'. *Sociological Review* 50, 2: 155–180.
Westergaard, John H., Noble, Iain and Walker, Alan. 1989. *After Redundancy.* Cambridge: Polity Press.
Westwood, Sallie. 1984. *All Day, Every Day.* Pluto Press.
Wetherell, Margaret and Potter, Jonathan. 1992. *Mapping the Language of Racism.* Harvester-Wheatsheaf.
Whitley, Richard. 1999. *Divergent Capitalisms.* Oxford: Oxford University Press.
Williams, Malcolm, Payne, Geoff, Hodgkinson, Liz and Poade, Donna. 2008. 'Does British sociology count?'. *Sociology* 42, 5: 1003–1021.
Woolgar, Steve. 2002. *Virtual Society? Technology, Cyberbole, Reality.* Oxford: Oxford University Press.
Woolgar, Steve and Grint, Keith. 1997. *The Machine at Work: Technology, Work, and Organization.* Cambridge: Polity Press.
Woolgar, Steve and Latour, Bruno. 1979. *Laboratory Life: The Construction of Scientific Facts.* Sage.
Yearley, Steve. 1991. *The Green Case: A Sociology of Environmental Issues.* HarperCollins.

6

Schlussfolgerung

Zusammenfassung In diesem Kapitel werden die Beziehungen zwischen den Konzepten der Soziologie, der Sozialwissenschaft, der Sozialpolitik und den Sozialstudien überdacht und ihr Verhältnis zur Anthropologie, Geografie, Geschichte und den Geisteswissenschaften bewertet. Es untersucht die unterschiedlichen Auffassungen über den Charakter der Soziologie und ihre Kernanliegen und plädiert für die Anerkennung einer Arbeitsteilung zwischen den verschiedenen Ansätzen des Fachs.

Ich habe die Entwicklung der Universitätssoziologie in Großbritannien von ihren Ursprüngen in einer Vielzahl von unterschiedlich benannten Kursen, Schulen und Fachbereichen bis zu ihrer Etablierung als professionell organisierte Disziplin nachgezeichnet, die an den meisten der heute bestehenden Universitäten mit eincr Reihe anderer sozialwissenschaftlicher Disziplinen koexistiert. In diesem abschließenden Kapitel möchte ich versuchen, eine Vision dieser Soziologie zu entwerfen und darzulegen, wie sie sich zu diesen verwandten Disziplinen verhält. Jeder Versuch, das Fach zu definieren, wird wahrscheinlich von innen und von außen angefochten werden, aber fachliche Rivalitäten müssen beiseite gelassen werden, wenn die Sozial- und Geisteswissenschaften zusammenarbeiten und ihre Position innerhalb des akademischen Systems festigen sollen.

Soziologie und Sozialwissenschaften

Es besteht weitgehend Einigkeit darüber, dass es möglich ist, im Bereich der Geisteswissenschaften oder Humanwissenschaften ein Studiengebiet zu erkennen, das im allgemeinsten Sinne als „Sozialwissenschaft" oder „Sozialstudie" bezeichnet werden kann. Geisteswissenschaften wie die Literaturwissenschaft, die Rechtswissenschaft, die Ästhetik und die Theologie befassen sich mit bestimmten Aspekten der Kultur: Romane, Gedichte, Gesetze, Gemälde, Architektur, Glaubensvorstellungen usw., während sich die Sozialwissenschaft – oder die Sozialwissenschaften – mit den Formen des gesellschaftlichen Lebens befasst, innerhalb derer solche kulturellen Phänomene produziert werden. Aufgrund dieser sich überschneidenden Anliegen ist die Sozialwissenschaft aus den Geisteswissenschaften wie Literatur, Literaturkritik, Philosophie und Geschichte hervorgegangen und steht oft in Opposition zu diesen.

Die frühesten Versuche, eine Sozialwissenschaft aufzubauen, waren diejenigen, die zur „politischen Ökonomie" und später zu den daraus abgeleiteten spezialisierten Bereichen der „Ökonomie" und der „politischen Theorie" führten. Parallel dazu gab es jedoch verschiedene Versuche, einen allgemeineren theoretischen Ansatz für das soziale Leben zu entwickeln, den Comte in Frankreich und Spencer in Großbritannien „Soziologie" nannten und der ihrer Ansicht nach ein zentrales und umfassendes wissenschaftliches Verständnis der menschlichen Gesellschaft liefern sollte. Diejenigen, die versuchten, diesen neuen Studienbereich an den Universitäten zu etablieren, taten dies jedoch unter einer Reihe von unterschiedlichen disziplinären Bezeichnungen. Diese Vielfalt spiegelte Unterschiede im Grad der Spezialisierung, in der Beziehung zu bereits etablierten Disziplinen und im praktischen oder theoretischen Charakter des Fachs wider. Fachliche Rivalitäten prägen von Anfang an die Bezeichnungen, die den Disziplinen verliehen wurden.

6 Schlussfolgerung

In Großbritannien, wie auch anderswo, gab es sich überschneidende Fachgebiete, die als „Sozialwissenschaft", „Sozialstudie", „Sozialökonomie", „Sozialphilosophie", „Sozialanthropologie" und natürlich „Soziologie" bezeichnet wurden. Bestimmte Kombinationen praktischer und intellektueller Anliegen führten zu Bereichen, die mit hybriden Begriffen wie „Sozialwissenschaft und Verwaltung", „Sozialwissenschaft und Sozialpolitik" und „Sozialtheorie und Institutionen" beschrieben wurden. Viele dieser Bezeichnungen haben sich gehalten, und die Pluralformen „Sozialwissenschaften" und „Sozialstudien" werden häufig zur Bezeichnung großer multidisziplinärer Schulen und Fakultäten verwendet, die diese Disziplinen mit anderen Fachbereichen kombinieren.

Die Soziologie ist heute die allgemeinste Form der intellektuellen Tätigkeit, sei sie theoretisch oder empirisch, in diesem weiten Bereich und wurde als akademische Disziplin und Beruf institutionalisiert, der in Fachbereichen ausgeübt wird, die in der Regel als Fachbereiche für Soziologie bezeichnet werden. Ein Soziologe ist also jemand, der zu dieser intellektuellen Tätigkeit beiträgt, insbesondere insofern, als er sich mit der Disziplin und dem Beruf der Soziologie identifiziert und diese Bezeichnung als Teil seines Selbstverständnisses akzeptiert.

Die meisten derjenigen, die in der ersten Hälfte des 20. Jahrhunderts zur Entwicklung der Soziologie beigetragen haben, waren – ob absichtlich oder nicht – keine „Soziologen" in diesem zeitgenössischen Sinne. Nur sehr wenige hatten die Möglichkeit oder die Neigung, sich selbst mit der Soziologie zu identifizieren, und selbst diejenigen, die einen Lehrauftrag für dieses Fach hatten, waren oft zurückhaltend oder ambivalent, wenn es darum ging, die disziplinäre Identität anzunehmen. Selbst als die Zahl der soziologischen Fachbereiche erheblich zunahm, wurde ein Großteil der Arbeit, die zu Recht als soziologisch bezeichnet werden kann, in Fachbereichen geleistet, die unterschiedliche disziplinäre Bezeichnungen verwendeten, und von Personen, die sich anders identifizierten. Aus diesem Grund war es nicht möglich, meine Diskussion auf die Arbeit in den soziologischen Fakultäten zu beschränken und die Arbeit von Sozialanthropologen, Sozialverwaltungsfachleuten, Demografen und Geografen nicht zu berücksichtigen. In ähnlicher Weise hat die Ausweitung der medizinischen Fakultäten, der Pädagogischen Fakultäten, der Wirtschaftsfakultäten und neuerdings auch der kriminologischen Fakultäten dazu geführt, dass die soziologische Arbeit, die in diesen akademischen Instituten geleistet wird, oft nicht als „Soziologie" anerkannt wird, und ihre Verfasser lehnen die Bezeichnung „Soziologe" ab oder verzichten darauf.

Wie also kann eine *intellektuelle* Identität der Soziologie angesichts dieser *disziplinären* Vielfalt und Fragmentierung aufrechterhalten werden? Es gab drei grundsätzliche Möglichkeiten, das Fach intellektuell zu definieren: Soziologie als gleichbedeutend mit Sozialwissenschaft, Soziologie als Kern der Sozialwissenschaften und Soziologie als das restliche Studium des sozialen Lebens.

John Urry (1981) vertrat die Ansicht, dass die Soziologie alles zu ihrem Gegenstand macht, was nicht bereits von anderen Fachdisziplinen beansprucht wurde. Der Soziologe nimmt sich das, was übrig geblieben ist, nachdem andere Disziplinen ihr Territorium abgesteckt oder sich einen Bereich geschnappt haben, der zuvor von Soziologen untersucht wurde. Dies ist eine einigermaßen plausible Erklärung für den „Verlust" von Personal und Ideen aus den soziologischen Fachbereichen an die Fachbereiche für Medizin, Pädagogik, Management und Kriminologie, doch wird diese Plausibilität auf Kosten jeglicher intellektueller Identität oder Autonomie der Soziologie erreicht. Es bleiben also die beiden anderen Definitionen.

Wenn man die Soziologie mit den Sozialwissenschaften gleichsetzt, läuft man Gefahr, als soziologischer Imperialist abgestempelt zu werden. Das Argument beruht auf der Auffassung, dass es möglich ist, die allgemeinsten Merkmale des sozialen Lebens unabhängig von seinen unterschiedlichen inhaltlichen Aspekten zu untersuchen und Prinzipien zu formulieren, die, wenn sie entsprechend spezifiziert werden, in verschiedenen spezialisierten Sozialwissenschaften verwendet werden können. Unter diesem Gesichtspunkt erscheinen beispielsweise die Wirtschaftswissenschaften und die Politikwissenschaft als bloße Zweige der Soziologie. Während dies von Ökonomen und Politikwissenschaftlern als bedrohlich – oder absurd – empfunden werden könnte, kann es weit weniger imperialistisch interpretiert werden. Der Grad der Spezialisierung in diesen Fächern ist so hoch, dass sie ein hohes Maß an Autonomie besitzen und in keiner Weise von den Soziologen abhängig sind, was ihre theoretischen Annahmen und Methoden angeht. Jede Wissenschaft, die eine solche Autonomie erreichen kann, ist durch und durch soziologisch – sie befasst sich mit einem Aspekt des gesellschaftlichen Lebens – aber sie ist kein bloßer „Zweig".

Das Argument impliziert also, dass die Soziologie als Disziplin eine allgemeine „Sozialtheorie" sowie die Untersuchung verschiedener Bereiche des sozialen Lebens umfasst, die nicht Gegenstand hochspezialisierter Wissenschaften geworden sind. Dazu gehören beispielsweise die Soziologien der Familie, der „Rasse" und der ethnischen Zugehörigkeit, des Konsums, der Wissenschaft und der Technologie usw. sowie die eingebetteten Aspekte der spezialisierten Sozialwissenschaften wie der Wirtschaftswissenschaften in Form der Wirtschaftssoziologie und der Arbeitssoziologie. Diese Sichtweise scheint jedoch zu sehr der Auffassung zu entsprechen, dass die Soziologie eine Restwissenschaft ist. Es ist mehr vonnöten.

Dies führt uns zu der Auffassung, dass die Soziologie den Kern der Sozialwissenschaften darstellt. Dies war die Auffassung von Talcott Parsons, der die Ansicht vertrat, dass der Gegenstand der Soziologie die sozialen Institutionen sind. Ihr Schwerpunkt liegt auf der normativen Organisation der Wirtschaft, der Politik und anderer Bereiche des gesellschaftlichen Lebens sowie auf den materiellen Zwängen, die der Bildung und Aufrechterhaltung von Institutionen entgegenstehen. Die Wirtschaftssoziologie ist daher sinnvoll, weil sie sich mit dem institutionellen Rahmen der Wirtschaft befasst und die Bedingungen definiert, unter denen eine autonome Wissenschaft der Wirtschaft möglich ist.

Die Soziologie als intellektuelle Tätigkeit muss also durch die Kombination der beiden Auffassungen des Fachs als gleichbedeutend mit der Sozialwissenschaft und der Soziologie als Kern der Sozialwissenschaft gesehen werden. Die Sozialtheorie muss sich mit den allgemeinsten Merkmalen des sozialen Lebens befassen, da sie sich auf die verschiedenen spezialisierten Formen menschlicher Aktivitäten bezieht. Sie tut dies jedoch aufgrund ihrer spezifischen Ausrichtung auf die Institutionalisierung intellektueller Aktivitäten zur Bildung integrierter und kohärenter Lebensformen. Die Gesellschaftstheorie bildet den verbindenden Kern der soziologischen Tätigkeit, und dieser Kern kann nur in den soziologischen Fakultäten aufrechterhalten werden. In diesen Fachbereichen kann die Auseinandersetzung mit den sich ständig verändernden Formen der Institutionalisierung durch die disziplinäre Organisation der Soziologie als professionelle Tätigkeit aufrechterhalten werden. Soziologen sind die Hüter ihres sozialtheoretischen Erbes und die Entwickler theoretischer Innovationen sowie die Anwender von Theorien auf eine sich ständig erweiternde und verändernde Reihe von empirischen Spezialthemen.

Es ist nicht meine Aufgabe, andere Wissenschaften als die Soziologie zu definieren, aber einige Bemerkungen über ihre Beziehungen sind angebracht. Die Unterscheidung zwischen Soziologie und Sozialanthropologie ist vielleicht am einfachsten zu skizzieren. Die Sozialanthropologie hat vor allem Stammes- und „primitive" Gesellschaften untersucht, während sich die Soziologie auf moderne und vormoderne Gesellschaften konzentriert hat. Die Sozialanthropologie hat sich jedoch auf die Untersuchung lokaler Gemeinschaften in modernen Gesellschaften verlegt, da ihre früheren Themen angesichts des expandierenden Industrialismus und des globalen Kapitalismus verschwunden sind. Die Soziologie ihrerseits hat sich mit den bedrohten Stammesgesellschaften befasst, die in das expandierende kapitalistische Weltsystem integriert werden. Die nahe liegende Schlussfolgerung wäre, dass die beiden Disziplinen schließlich miteinander verschmelzen würden, aber die Interessen der Fachleute gehen eindeutig in unterschiedliche Richtungen. Soziologen sind besorgt über die anhaltende Verbindung zwischen Sozialanthropologie und biologischer Anthropologie, während Sozialanthropologen verständlicherweise nur ungern mit der Kritik, die häufig an der Soziologie geübt wird, identifiziert werden. Diese Bedenken sind genau diejenigen, die die frühe Entwicklung der beiden Disziplinen kennzeichneten, und man kann davon ausgehen, dass sie auch auf eine ähnlich ambivalente Verbindung in der Zukunft hindeuten. Mit dem wachsenden Interesse an der historischen Soziologie könnte man auch eine intellektuelle Konvergenz mit der Archäologie und der Alten Geschichte erwarten, und es hat eindeutig ein gewisses Maß an Überschneidungen und viele gegenseitige Anleihen gegeben. Dennoch werden fachliche Unterschiede und Interessen sowie institutionalisierte Unterschiede in den Studiengängen die Fächer aller Wahrscheinlichkeit nach getrennt halten.

Soziologie und Sozialpolitik stehen seit langem in einer komplexen Beziehung zueinander. Die Sozialpolitik (und die Verwaltung) befasst sich mit der Gestaltung und Umsetzung von Maßnahmen der sozialen

Wohlfahrt und betreibt empirische Forschung sowohl zu den politischen und administrativen Prozessen als auch zu den inhaltlichen Fragen, die mit diesen Maßnahmen behandelt – oder ignoriert – werden. Soziologen haben viele dieser Interessen geteilt, und viele Aktivitäten finden weiterhin in gemeinsamen Fachbereichen für Soziologie und Sozialpolitik statt, unter verschiedenen Namen. Die Forschung in den Fachbereichen für Sozialpolitik stützt sich jedoch zunehmend auf die spezialisierten Sozialwissenschaften Wirtschaft und Politikwissenschaft sowie auf die Soziologie, was die Abneigung gegen eine alleinige Identifizierung mit der Soziologie unterstreicht. Man kann davon ausgehen, dass die Beziehung zur Soziologie eng, aber auch komplex und angespannt bleiben wird.

Und was ist mit Geografie und Geschichte? Die Humangeografie entwickelte sich aus der Untersuchung der Art und Weise, wie das soziale Leben durch die physische Umwelt geformt wird, und blieb daher eng mit der physischen Geografie und Geologie verbunden, die die Umwelt selbst untersuchen. Die Humangeografen haben sich jedoch zunehmend über ihre räumlichen Belange und nicht über die physische Umwelt an sich definiert, was zu einer deutlichen Annäherung an die Soziologie geführt hat. Eine Trennung wird jedoch durch die immer noch starke Verbindung zur gut etablierten und finanziell besser ausgestatteten physischen Geografie aufrechterhalten. Die Historiker, selbst die politischen Historiker, haben ein wachsendes Interesse an soziologischen Ideen und Ansätzen gezeigt, auch wenn diese nicht immer als „soziologisch" anerkannt werden, und die zeitgenössischen Historiker sind nun in der Lage, klassische soziologische Monografien und Forschungsberichte als historische Dokumente zu behandeln. Die Geschichtswissenschaft stützt sich jedoch auch auf die Psychologie, die Literatur und andere Geisteswissenschaften und wird trotz der zunehmenden Zusammenarbeit mit den historischen Soziologen wahrscheinlich recht eigenständig bleiben.

Soziologie als intellektuelle Arbeitsteilung

In diesem Buch habe ich eine Hauptströmung der soziologischen Forschung dargestellt, die den zentralen und wichtigsten Strang der theoretischen und empirischen Forschung in der Zeit von 1945 bis in die späten 1970er-Jahre bildete und sich seitdem durch die Auseinandersetzung mit neuen und erneuerten Ansätzen erweitert und diversifiziert hat, aber dennoch ihre Identität als Ideenbestand und etabliertes Wissen bewahrt hat. Ich habe dies jedoch nicht als „Mainstream" definiert, worunter ich eine etablierte und starr verteidigte Orthodoxie verstehe, die sich allen alternativen Visionen des soziologischen Unternehmens widersetzt. Die Hauptströmung in der britischen Soziologie ist einfach der Hauptansatz, der die größte Zahl von Anhängern sowie lose verbundene Kritiker anzieht, die sich in unterschiedlichem Maße mit anderen, untergeordneten Strömungen auseinandersetzen und eine Annäherung an diese suchen.

Die Anhänger dieser Nebenströmungen, die seit den 1970er-Jahren an Anzahl und Bedeutung zugenommen haben, sehen ihren eigenen Ansatz manchmal als radikalen Gegensatz zu dem, was sie als orthodoxen oder konventionellen „Mainstream" betrachten. Es kann aber auch sein, dass sie ihren eigenen Ansatz als einen sehen, der das Potenzial hat, die Hauptströmung zu bereichern, auch wenn er noch nicht nahtlos in sie integriert werden kann. Dieses Potenzial muss gefördert werden, wenn das Fach weiterhin florieren soll.

Die soziologische Forschung hat sich in den letzten 30 Jahren immer mehr spezialisiert, da die Forscher immer mehr winzige oder marginale Aspekte des sozialen Lebens untersucht haben. Dies hat es der Boulevardpresse und den Kritikern der Disziplin allzu leicht gemacht, zu behaupten, dass das Fach insgesamt trivialisierend oder irrelevant für die großen Fragen der heutigen Welt sei. Natürlich kann man die Gegenbehauptung aufstellen – die ich selbst stark vertrete -, dass alles, was Menschen tun, ein wichtiges Thema für sich selbst ist. Diese durchaus berechtigte Behauptung ist jedoch eine, die den entschlossenen Kritiker im Allgemeinen nicht überzeugt.

Noch wichtiger ist, dass diese Arbeit vor dem Hintergrund des gesamten Themas im Laufe seiner Geschichte gesehen werden muss. Wenn ein umfangreicher Forschungsfundus die Beschaffenheit ländlicher und städtischer Orte und die Muster des Wandels ihres Gemeinschaftslebens angesichts von Expansion, industriellem Wandel und Benachteiligung, geplantem Wohnungsbau und sozialer Mobilität ermittelt hat, wird es möglich *und wichtig*, dass jemand beispielsweise die Organisation von Tupperware-Partys in Vorstädten untersucht (R. Taylor 1978). In ähnlicher Weise macht es die Verfügbarkeit eines riesigen Wissensbestands über Berufe, Arbeitsmärkte, Kapitalbesitz in Unternehmen und die enorme Expansion von Werbung und Konsum möglich und realistisch, das Spielen von Videospielen zu untersuchen (Crawford 2012). Wäre die gesamte soziologische Forschung so hochspezialisiert und lokal ausgerichtet, dann gäbe es vielleicht – aber nur vielleicht – ein Problem. Die Soziologie wäre um so ärmer, wenn sie sich ausschließlich mit Tupperware-Partys und Videospielen befassen würde, aber sie wäre ebenso verarmt, wenn sie sich ausschließlich mit sozialer Mobilität oder industrieller Organisation beschäftigen würde. Die Soziologie ist nichts, wenn sie nicht insgesamt neugierig auf alle Aspekte des menschlichen Soziallebens ist.

Die Soziologie hat sich in Großbritannien – wie auch anderswo – auf einer breiten Basis von fundiertem Wissen und laufender Forschung entwickelt, wie ich in diesem Buch zu zeigen versucht habe. Dadurch kann sie als eine breite Grundlage fungieren, mit dessen Hilfe alle Aspekte des zeitgenössischen sozialen Lebens erforscht werden können. Sie ist auch stark genug, um die vielen Variationen an theoretischen und methodischen Ansätzen zu umfassen, die dieser Diversität an Forschung zugrunde liegen. Die Soziologie ist eine vielfältige und pluralistische Disziplin, die – mit dem guten Willen ihrer Teilnehmer – arbeitsteilig arbeiten kann. Die Forscher verfolgen unterschiedliche, aber komplementäre Studien und Ansätze, die uns gemeinsam zu einem besseren und umfassenderen Bild und Verständnis der sozialen Welt verhelfen können. Dieses Ziel ist wertvoll und wichtig, und wir sollten es nicht aus den Augen verlieren, indem wir unsere legitimen intellektuellen Differenzen in erbitterte und selbstzerstörerische Streitigkeiten über intellektuelle, methodologische oder inhaltliche Reinheit ausarten lassen. Dafür ist die Soziologie zu wichtig.

Literatur[1]

Crawford, Garry. 2012. *Video Gamers*. Routledge.

---

[1] Alle Quellen sind hier aufgeführt und werden im Text mit dem Datum ihrer Erstveröffentlichung zitiert. Wenn ein zweites Datum angegeben ist, bezieht sich dies auf die spätere Ausgabe, den Nachdruck oder die Übersetzung. Wenn nicht anders angegeben, ist der Ort der Veröffentlichung London.

Taylor, Rex. 1978. 'Marilyn's friends and Rita's customers: A study of party-selling as play and as work'. *Sociological Review* 26, 3: 573–594.

Urry, John. 1981. 'Sociology as a Parasite: Some Vices and Virtues' in Abrams et al. (1981).

Literatur[1]

Abel-Smith, Brian and Stevens, Robert. 1967. *Lawyers and the Courts.* Heinemann.
Abercrombie, Nicholas and Urry, John. 1983. *Capital, Labour and the Middle Classes.* George Allen and Unwin.
Abraham, John. 1995. *Science, Politics and the Pharmaceutical Industry.* Routledge.
Abrams, Mark and Rose, Richard. 1960. *Must Labour Lose?* Harmondsworth: Penguin Press.
Abrams, Philip, Deem, Rosemary, Finch, Janet and Rock, Paul (eds.). 1981. *Practice and Progress: British Sociology, 1950–1980.* George Allen and Unwin.
Ackroyd, Stephen C. 1974. 'Economic rationality and the relevance of Weberian sociology to industrial relations'. *British Journal of Industrial Relations* 12, 2: 236–248.
Albrow, Martin. 1970. *Bureaucracy.* Macmillan.
Alexander, Claire. 1996. *The Art of Being Black.* Oxford: Oxford University Press.
Allen, Sheila. 1983. 'Production and reproduction. The lives of women homeworkers'. *Sociological Review* 31, 4: 649–665.

---

[1] Alle Quellen sind hier aufgeführt und werden im Text mit dem Datum ihrer Erstveröffentlichung zitiert. Wenn ein zweites Datum angegeben ist, bezieht sich dies auf die spätere Ausgabe, den Nachdruck oder die Übersetzung. Wenn nicht anders angegeben, ist der Ort der Veröffentlichung London.

Allen, Sheila and Wolkowitz, Carol. 1987. *Homeworking. Myths and Realities.* Houndmills: Macmillan.
Allen, V. L. 1975. *Social Analysis: A Marxist Critique and Alternative.* Longman.
Ambrose, Peter. 1974. *The Quiet Revolution: Social Change in a Sussex Village, 1871–1971.* Chatto and Windus.
Anthias, Floya. 1990. 'Race and class revisited: Conceptualising race and racisms'. *Sociological Review* 38, 1: 19–42.
Anthias, Floya. 2001. 'The concept of „social divisions" and theorising social stratification: looking at ethnicity and class'. *Sociology* 35, 4: 835–854.
Anthias, Floya and Yuval-Davis, Nira. 1993. *Racialised Boundaries: Race, Nation, Gender, Colour and Classes and the Anti-Racist Struggle.* Routledge.
Arber, Sara, Davidson, Kate and Ginn, Jay. 2003. *Gender and Ageing: Changing Roles and Relationships.* Milton Keynes: Open University Press.
Arber, Sara and Ginn, Jay. 1991. *Gender and Later Life: A Sociological Analysis of Resources and Constraints.* Sage.
Arber, Sara and Ginn, Jay (eds.). 1995. *Connecting Gender and Ageing.* Milton Keynes: Open University Press.
Archer, Margaret S. 1988. *Culture and Agency.* Cambridge: Cambridge University Press.
Archer, Margaret S. 1995. *Realist Social Theory: The Morphogenetic Approach.* Cambridge: Cambridge University Press.
Archer, Margaret S. 2000. *Being Human: The Problem of Agency.* Cambridge: Cambridge University Press.
Archer, Margaret S. 2003. *Structure, Agency and the Internal Conversation.* Cambridge: Cambridge University Press.
Archer, Margaret S. 2007. *Making Our Way Through the World: Human Reflexivity and Social Mobility.* Cambridge: Cambridge University Press.
Atkinson, Dick. 1971. *Orthodox Consensus and Radical Alternative.* Heinemann.
Atkinson, J. Max. 1978. *Discovering Suicide.* Macmillan.
Atkinson, Will. 2007. 'Beck, individualisation and the death of class: A critique'. *British Journal of Sociology* 58, 3: 349–366.
Back, Les. 1996. *New Ethnicities And Urban Culture: Racisms and Multiculture in Young Lives.* Routledge.
Baldamus, Wilhelm. 1961. *Efficiency and Effort.* Tavistock.
Baldamus, Wilhelm. 1976. *The Structure of Sociological Inference.* Oxford: Martin Robertson.
Banks, Joseph Ambrose. 1960. 'The structure of industrial enterprise in industrial society'. *Sociological Review Monographs* No. 8: 43–61.

Banks, Joseph Ambrose and Banks, Olive. 1954. *Prosperity and Parenthood.* Routledge and Kegan Paul.
Banks, Olive. 1955. *Parity and Prestige in English Secondary Education.* Routledge and Kegan Paul.
Banks, Olive. 1960. *The Attitudes of Steel Workers to Technical Change.* Liverpool: Liverpool University Press.
Banton, Michael. 1955. *The Coloured Quarter.* Cape.
Banton, Michael. 1957. *West African City.* Oxford: Oxford University Press.
Banton, Michael. 1959. *White and Coloured.* Cape.
Banton, Michael. 1964. *The Policeman in the Community.* Tavistock.
Banton, Michael. 1965. *Roles: An Introduction to the Study of Social Relations.* Tavistock.
Banton, Michael. 1967. *Race Relations.* Tavistock.
Banton, Michael. 1972. *Racial Minorities.* Fontana.
Baraitser, Lisa. 2017. *Enduring Time.* Bloomsbury.
Barbalet, Jack M. 1998. *Emotion, Social Theory, and Social Structure.* Cambridge: Cambridge University Press.
Barnes, S. Barry. 1977. *Interests and the Growth of Knowledge.* Routledge and Kegan Paul.
Barrett, Michele and McIntosh, Mary. 1982. *The Anti-social Family.* New Left Books.
Bauman, Zygmunt. 1989. *Modernity and the Holocaust.* Cambridge: Polity Press.
Bauman, Zygmunt. 2000. *Liquid Modernity.* Cambridge: Polity Press.
Beckford, James. 1975. *The Trumpet of Prophecy.* Oxford: Basil Blackwell.
Bennett, Tony, Savage, Mike, Bortolaia Silva, Elizabeth, Warde, Alan, Gayo-Cal, Modesto and Wright, David. 2009. *Culture, Class and Distinction.* Routledge.
Bernstein, Basil. 1960. 'Language and social class'. *British Journal of Sociology* 11, 3: 271–276.
Bernstein, Basil. 1962. 'Linguistic Codes, Hesitation Phenomena and Intelligence' in Bernstein, B. (ed.) *Classes, Codes, and Control, Volume 1.* Routledge and Kegan Paul, 1971.
Bernstein, Basil. 1964. 'Elaborated and Restricted Codes: Their Social Origins and Some Consequences'. *American Anthropologist* 66, 6: 55–69.
Beynon, Huw. 1973. *Working for Ford.* Harmondsworth: Penguin.
Beynon, Huw and Blackburn, Robert. 1972. *Perceptions of Work.* Cambridge: Cambridge University Press.
Bhabha, Homi. 1994. *The Location of Culture.* Routledge.

Bhambra, Gurminder K. 2007. *Rethinking Modernity.* Houndmills: Palgrave Macmillan.
Bhambra, Gurminder K. 2014. *Connected Sociologies.* Bloomsbury.
Billig, Michael. 1995. *Banal Nationalism.* Sage.
Blackburn, Robert M. 1967. *Union Character and Social Class.* Batsford.
Blackburn, Robert M. and Mann, Michael. 1972. *The Working Class in the Labour Market.* Cambridge: Cambridge University Press.
Blackburn, Robert, Prandy, Kenneth and Stewart, Sandy. 1982. *White Collar Work.* Houndmills: Macmillan.
Blackburn, Robin O. 1988. *The Overthrow of Colonial Slavery 1776–1848.* Verso.
Blackburn, Robin O. 1998. *The Making of New World Slavery.* Verso.
Blackburn, Robin O. 2011. *The American Crucible.* Verso.
Blackstone, Tessa. 1970. *Students in Conflict: L.S.E. in 1967.* Weidenfeld & Nicolson.
Bloor, David. 1976. *Knowledge and Social Imagery.* Routledge and Kegan Paul.
Blythe, Ronald. 1969. *Akenfield.* Allen Lane.
Bosanquet, Bernard. 1899. *The Philosophical Theory of the State.* Macmillan.
Bott, Elizabeth. 1957. *Family and Social Network.* Tavistock Publications.
Bottero, Wendy. 2004. *Stratification: Social Division and Inequality.* Routledge.
Bottomore, Thomas B. 1962. *Sociology. A Guide to Problems and Literature.* George Allen and Unwin.
Bottomore, Thomas B. and Rubel, Maximilien (eds.). 1956. *Karl Marx.* Harmondsworth: Penguin.
Bradley, Harriet. 2014. 'Class descriptors or class relations'. *Sociology* 48, 3: 429–436.
Brah, Avtar. 1996. *Cartographies of Diaspora: Contesting Identities.* Routledge.
Branford, Victor Verasis and Geddes, Patrick. 1919. *The Coming Polity.* Revised Edition. Williams and Norgate.
Brennan, Thomas. 1948. *Midland City: Wolverhampton, Social and Industrial Survey.* Dennis Dobson.
Brennan, Thomas. 1959. *Reshaping a City.* Glasgow: House of Grant.
Brennan, Thomas, Cooney, E. W. and Pollins, H. 1954. *Social Change in South-West Wales.* Watts.
Brewer, John D. 2013. *The Public Value of the Social Sciences.* Bloomsbury.
British Academy. 2016. *Count Us In.* British Academy.
Britten, Nicky and Heath, Anthony. 1983. 'Women, Men and Social Class' in Gamarnikow, E., Morgan, D. H. J., Purvis, J. and Tylorson, D. (eds.) *Gender, Class and Work.* Heinemann.

Brown, George and Harris, Tyrill. 1978. *Social Origins of Depression.* Tavistock.
Bryman, Alan. 1988. *Quantity and Quality in Social Research.* Unwin Hyman.
Budd, Susan. 1977. *Varieties of Unbelief.* Heinemann.
Bukodi, Erzsebet and Goldthorpe, John H. 2018. *Social Mobility and Education in Britain.* Cambridge: Cambridge University Press.
Bukodi, Erzsebet, Goldthorpe, John H., Waller, Lorraine and Kuha, Jouni. 2015. 'The mobility problem in Britain: New findings from the analysis of birth cohort data'. *British Journal of Sociology* 66, 1: 93–117.
Bulmer, Martin. 1981. 'Sociology and political science at Cambridge in the 1920s'. *Cambridge Review* 102, 2262: 156–159.
Bulmer, Martin. 1985a. 'The Development of Sociology and Empirical Social Research' in Bulmer (ed.) 1985b.
Bulmer, Martin (ed.) 1985b. *Essays in the History of British Social Research.* Cambridge: Cambridge University Press.
Burkitt, Ian. 1997. 'Social relationships and emotions'. *Sociological Review* 31, 1: 37–55.
Burns, Tom and Stalker, Graham M. 1961. *The Management of Innovation.* Tavistock.
Busfield, N. Joan. 1994. 'The female malady? Men, women and madness in nineteenth century Britain'. *Sociology* 28, 1: 259–277.
Busfield, N. Joan. 1996. *Men, Women and Madness: Understanding Gender and Mental Disorder.* Macmillan.
Busfield, N. Joan. 2006. 'Pills, power, people: Sociological understandings of the pharmaceutical industry'. *Sociology* 40, 2: 297–314.
Butler, David and Rose, Richard. 1960. *The British General Election of 1959.* Macmillan.
Byrne, David S. 1998. *Complexity Theory and the Social Sciences.* Routledge.
Byrne, David S. 2012. 'UK sociology and quantitative methods'. *Sociology* 46, 1: 13–24.
Cain, Maureen. 1973. *Society and the Policeman's Role.* Routledge and Kegan Paul.
Caird, Edward. 1885. *The Social Philosophy and Religion of Comte.* Glasgow: James MacLehose, 1893.
Calder, Angus. 1985. 'Mass-Observation 1937–1949' in Bulmer (ed.) 1985b.
Campbell, Colin. 1971. *Towards a Sociology of Irreligion.* Houndmills: Macmillan.
Cannon, I. C. 1967. 'Ideology and occupational community: A study of compositors'. *Sociology* 1, 2: 165–185.

Carrabine, Eamonn. 2014. 'Crime, Deviance, and Sociology' in Holmwood and Scott (eds.) 2014.
Carson, Wesley George. 1970a. 'Some sociological aspects of strict liability and the enforcement of factory legislation'. *Modern Law Review* 33, 4: 396–412.
Carson, Wesley George. 1970b. ‚White collar crime and the enforcement of factory legislation'. *British Journal of Criminology* 10, 4: 383–398.
Carter, Michael P. 1968. 'Report of a Survey of Sociological Research in Britain'. *Sociological Review* 16, 1: 5–40.
Cavendish, Ruth. 1982. *Women on the Line.* Routledge and Kegan Paul.
CCCS. 1982. *The Empire Strikes Back.* Hutchinson for Centre for Contemporary Cultural Studies.
Chapman, Dennis. 1968. *Sociology and the Stereotype of the Criminal.* Tavistock.
Charles, Nickie. 1995. 'Feminist politics, domestic violence and the state'. *Sociological Review* 43, 4: 617–640.
Child, John. 1969. *The Business Enterprise.* Collier-Macmillan.
Child, John. 1972. 'Organisational structure and strategies of control'. *Administrative Science Quarterly* 17, 1: 163–177.
Clarke, Jon, Hall, Stuart, Jefferson, Tony and Roberts, Brian K. 1976. *Resistance Through Rituals: Youth Subcultures in Post-war Britain.* Hutchinson.
Coates, Ken and Silburn, Richard. 1970. *Poverty: The Forgotten Englishmen.* Harmondsworth: Penguin.
Cockburn, Alexander and Blackburn, Robin (eds.). 1969. *Student Power. Problems, Diagnosis, Action.* Harmondsworth: Penguin.
Cohen, Percy S. 1968. *Modern Social Theory.* Heinemann.
Cohen, Robin. 1988. *The New Helots.* Aldershot: Avebury.
Cohen, Robin. 1994. *Frontiers of Identity.* Longman.
Cohen, Robin. 1997. *Global Diasporas.* Routledge.
Cohen, Stan. 1972. *Folk Devils and Moral Panics.* MacGibbon and Kee.
Cohen, Stanley. 1985. *Visions of Social Control.* Cambridge: Polity Press.
Cohen, Stanley and Taylor, Laurie. 1972. *Psychological Survival.* Harmondsworth: Penguin.
Cole, G. D. H. 1950. 'The Conception of the Middle Classes' in Cole (ed.) 1955b.
Cole, G. D. H. 1951. 'The Social Structure of England' in Cole (ed.) 1955b.
Cole, G. D. H. 1954. 'British Class Structure in 1951' in Cole (ed.) 1955b.
Cole, G. D. H. 1955a. 'Elites in British society' in Cole (ed.) 1955b.
Cole, G. D. H. (ed.) 1955b. *Studies in Class Structure.* Routledge and Kegan Paul.

Coleman, Roy. 2004. *Reclaiming the Streets: Surveillance, Social Control and the City.* Oxford: Willan.
Collins, Harry. 2004. *Gravity's Shadow: The Search for Gravitational Waves.* Chicago: Chicago University Press.
Collins, Harry. 2017. *Gravity's Kiss: The Detection of Gravitational Waves.* Cambridge, MA: MIT Press.
Collison, Peter. 1963. *The Cutteslowe Walls.* Faber and Faber.
Collison, Peter and Webber, Susan. 1971. 'British sociology 1950–1970: A journal analysis'. *Sociological Review* 19, 4: 521–542.
Connell, John. 1978. *The End of Tradition. Country Life in Central Surrey.* Routledge and Kegan Paul.
Corrigan, Philip. 1975. 'Dichotomy is contradiction: On „society" as constraint and construction'. *Sociological Review* 23, 2: 211–243.
Cotgrove, Stephen F. 1967. *The Science of Society.* George Allen and Unwin.
Coulson, Margaret A. 1972. 'Role. A redundant concept?' in Jackson, J. A. (ed.) *Roles.* Cambridge: Cambridge University Press.
Coulson, Margaret A. and Riddell, David. 1970. *Approaching Sociology. Critical Introduction.* Routledge and Kegan Paul.
Coulter, Jeff. 1971. 'Decontextualised meanings: current approaches to *Verstehende* investigations'. *Sociological Review* 19, 3: 301–323.
Coulter, Jeff. 1973. *Approaches To Insanity.* Oxford: Martin Robertson.
Cousins, Jim and Brown, Richard. 1975. 'Patterns of Paradox. Shipbuilding Workers' Images of Society' in Bulmer, M. (ed.) *Working Class Images of Society.* Routledge and Kegan Paul.
Crawford, Garry. 2012. *Video Gamers.* Routledge.
Crompton, Rosemary and Mann, Michael (eds.). 1986. *Gender and Stratification.* Cambridge: Polity Press.
Crompton, Rosemary and Jones, Gareth. 1984. *White Collar Proletariat: Deskilling and Gender in Clerical Work.* Macmillan.
Crompton, Rosemary and Sanderson, Kay. 1990. *Gendered Jobs and Social Change.* Unwin Hyman.
Crosland, C. A. R. 1962. *The Conservative Enemy.* Jonathan Cape.
Crossley, Nick. 2001. *The Social Body: Habit, Identity and Desire.* Sage.
Crouch, Colin. 1970. *The Student Revolt.* Bodley Head.
Crouch, Colin. 2005. *Capitalist Diversity and Change: Recombinant Governance and Institutional Entrepreneurs.* Oxford: Oxford University Press.
Cunnison, Sheila. 1966. *Wages and Work Allocation.* Tavistock.

D'Aeth, Frederic. 1907. 'The study of social science in Liverpool'. *Economic Review* 17, 2: 195–199.
Dahrendorf, Ralf. 1957. *Class and Class Conflict in an Industrial Society.* Routledge and Kegan Paul, 1959.
Dahrendorf, Ralf. 1995. *LSE: A History of the London School of Economics and Political Science, 1895–1995.* Oxford: Oxford University Press.
Dale, J. R. 1962. *The Clerk in Industry.* Liverpool: Liverpool University Press.
Dandeker, Christopher. 1990. *Surveillance, Power and Modernity.* Cambridge: Polity Press.
Davidson, Deborah and Letherby, Gayle. 2014. 'Griefwork online: Perinatal loss, lifecourse disruption and online support'. *Human Fertility* 17, 3: 214–217.
Davies, Jon Gower. 1972. *The Evangelistic Bureaucrat.* Tavistock.
Davies, Maud. 1909. *Life in an English Village.* T. Fisher Unwin.
Dawe, Alan. 1970. 'The two sociologies'. *British Journal of Sociology* 21, 2: 207–218.
Dawson, Matt, McDonnell, Liz and Scott, Susie. 2016. 'Negotiating the boundaries of intimacy'. *Sociological Review* 64, 2: 349–365.
Dean, Mitchell. 1999. *Governmentality.* Sage.
Dennis, Norman. 1970. *People and Planning.* Faber and Faber.
Dennis, Norman, Henriques, Ferdinand and Slaughter, Clifford. 1956. *Coal Is Our Life.* Eyre and Spottiswoode.
Dore, Ronald. 1973. *British Factory, Japanese Factory: The Origins of National Diversity in Industrial Relations.* London: George Allen and Unwin.
Doreian, Patrick. 1970. *Mathematics and the Study of Social Relations.* Weidenfeld and Nicolson.
Dorn, Nicholas, South, Nigel and Murji, Karim 1992. *Traffickers: Drug Markets and Law Enforcement.* Routledge.
Douglas, James W. B. 1964. *The Home and the School.* MacGibbon and Kee.
Douglas, James W. B. 1968. *All Our Future.* Peter Davies.
Douglas, Mary. 1970. *Natural Symbols.* Routledge and Kegan Paul.
Downes, David. 1966. *The Delinquent Solution: A Study in Subcultural Theory.* Routledge and Kegan Paul.
Earle, Sarah and Letherby, Gayle. 2007. 'Conceiving time? Women who do or do not conceive'. *Sociology of Health and Illness* 29, 2: 233–250.
Edwards, Paul. 2014. 'The Sociology of Work' in Holmwood and Scott (2014).
Eldridge, J. E. T. 1971. *Sociology and Industrial Life.* Nelson.
Eldridge, J. E. T. 1980. *Recent British Sociology.* Macmillan.

Eldridge, J. E. T. and Crombie, Alastair D. 1974. *A Sociology of Organisations.* George Allen and Unwin.
Elias, Norbert. 1956. 'Problems of involvement and detachment'. *British Journal of Sociology* 7, 3: 226–252.
Elias, Norbert. 1969. *What Is Sociology?* Hutchinson, 1978.
Elias, Norbert. 1971. 'The sociology of knowledge: New perspectives, parts I and II'. *Sociology* 5, 2 & 3: 149–168, 355–370.
Elias, Norbert and Scotson, John L. 1965. *The Established and the Outsiders.* Frank Cass.
Emmet, Dorothy. 1958. *Function, Purpose and Powers.* Macmillan.
Emmett, Isabel. 1964. *A North Wales Village.* Routledge and Kegan Paul.
Ettore, Elizabeth. 2007. 'Reproductive genetics, gender and the body'. *Sociology* 34, 3: 403–420.
Evans, R. T. 1923. *Aspects of the Study of Society.* Hodder and Stoughton.
Fay, Brian. 1975. *Social Theory and Political Practice.* George Allen and Unwin.
Featherstone, Mike. 1991. *Consumer Culture and Postmodernism.* Sage.
Featherstone, Mike and Hepworth, Mike. 1989. 'Ageing and Old Age' in Bytheway, B., Keil, T., Allatt, P. and Bryman, A. (eds.) *Becoming and Being Old.* Sage.
Fenton, Steve. 2003. *Ethnicity.* Cambridge: Polity Press.
Filmer, Paul, Phillipson, Michael, Silverman, David and Walsh, David. 1972. *New Directions in Sociological Theory.* Collier-Macmillan.
Fincham, Jill. 1975. *The Development of Sociology First Degree Courses at English Universities 1907–72.* City University.
Findlay, Joseph John. 1920. *An Introduction to Sociology for Social Workers and General Readers.* Manchester: Manchester University Press, in association with Longmans, Green & Co.
Firth, Raymond W. 1936. *We, the Tikopia: A Sociological Study of Kinship in Primitive Polynesia.* Allen and Unwin.
Flanders, Allan. 1964. *The Fawley Productivity Agreements.* Faber and Faber.
Flanders, Allan and Clegg, H. A. (eds.). 1954. *The System of Industrial Relations in Great Britain.* Oxford: Basil Blackwell.
Fletcher, Ronald. 1956. 'Functionalism as a social theory'. *Sociological Review* 4, 1: 31–46.
Fletcher, Ronald. 1966. *The Family and Marriage in Britain.* Harmondsworth: Penguin.
Fletcher, Ronald. 1971. *The Making of Sociology. A Study of Sociological Theory,* Two Volumes. Michael Joseph.

Fleure, Herbert J. 1918. *Human Geography in Western Europe: A Study in Appreciation.* Williams and Norgate.
Fleure, Herbert John. 1919. 'Regional surveys'. *Sociological Review* 11: 28–33.
Florence, Philip Sargant. 1949. *Labour.* Hutchinson.
Florence, Philip Sargant. 1953. *The Logic of British and American Industry. A Realistic Study of Economic Structure and Government.* Routledge and Kegan Paul.
Florence, Philip Sargant. 1961. *Ownership, Control, and Success of Large Companies.* Sweet and Maxwell.
Floud, Jean E. and Halsey, Albert H. 1958. 'The sociology of education: A trend report and bibliography'. *Current Sociology* 7, 3: 165–235.
Floud, Jean E., Halsey, Albert H. and Martin, Fred M. 1956. *Social Class and Educational Opportunity.* Heinemann.
Ford, Julienne. 1969. *Social Class and the Comprehensive School.* Routledge and Kegan Paul.
Ford, Percy. 1934. *Work and Wealth in a Modern Port.* Allen and Unwin.
Fox, Alan. 1971. *A Sociology of Work in Industry.* Collier-Macmillan.
Fox, Alan. 1974a. *Beyond Contract: Work, Power and Trust Relations.* Faber.
Fox, Alan. 1974b. *Man Mismanagement.* Hutchinson.
Fox, Alan and Flanders, Allan. 1969. 'The reform of collective bargaining: From Donovan to Durkheim'. *British Journal of Industrial Relations* 7, 2: 151–180.
Frankenberg, Ronald. 1957. *Village on the Border.* Cohen and West.
Frankenberg, Ronald. 1967. *Communities in Britain.* Harmondsworth: Penguin.
Freedman, Sam and Laurison, Daniel. 2019. *The Class Ceiling.* Bristol: Policy Press.
Friedman, Andy. 1977. *Industry and Labour.* Houndmills: Macmillan.
Fyvel, Tosco R. 1961. *Insecure Offenders.* Harmondsworth: Penguin.
Gallie, Duncan. 1978. *In Search of the New Working Class.* Cambridge: Cambridge University Press.
Gallie, Duncan, Marsh, Cathie and Vogler, Carolyn (eds.). 1994. *Social Change and the Experience of Unemployment.* Oxford: Oxford University Press.
Gane, Nick. 2006. 'Speed up or slow down? Social theory in the information age'. *Information, Communication and Society* 9, 1: 20–38.
Garland, David. 1985. *Punishment and Welfare.* Aldershot: Gower.
Gavron, Hannah. 1968. *The Captive Wife.* Harmondsworth: Penguin.
Gavron, Jeremy. 2015. *A Woman on the Edge of Time: A Son's Search for His Mother.* Scribe UK.
Geddes, Arthur. 1954. *The Isles of Lewis and Harris.* Edinburgh: Edinburgh University Press.

Geddes, Patrick. 1904. 'Civics as applied sociology, Part 1' in Meller, H. (ed.) *The Ideal City.* Leicester: University of Leicester Press, 1979.
Geddes, Patrick. 1905. 'Civics as applied sociology, Part 2' in Meller, H. (ed.) *The Ideal City.* Leicester: Leicester University Press, 1979.
Geddes, Patrick. 1915. *Cities in Evolution.* Williams and Norgate.
Giddens, Anthony. 1968. '„Power" in the recent writings of Talcott Parsons'. *Sociology* 2: 257–272.
Giddens, Anthony. 1971. *Capitalism and Modern Social Theory.* Cambridge: Cambridge University Press.
Giddens, Anthony. 1972. *Politics and Sociology in the Thought of Max Weber.* Macmillan.
Giddens, Anthony. 1973. *The Class Structure of the Advanced Societies.* Hutchinson.
Giddens, Anthony. 1976a. 'Functionalism: après la lutte' in Giddens, A. (ed.) *Studies in Social and Political Theory.* Hutchinson, 1977.
Giddens, Anthony. 1976b. *New Rules of Sociological Method.* Hutchinson.
Giddens, Anthony. 1979. *Central Problems in Social Theory.* Macmillan.
Giddens, Anthony. 1981. *A Contemporary Critique of Historical Materialism, Volume 1: Power, Property and the State.* Macmillan.
Giddens, Anthony. 1984. *The Constitution of Society.* Cambridge: Polity Press.
Giddens, Anthony. 1985. *The Nation State and Violence, Volume 2 of A Contemporary Critique of Historical Materialism.* Cambridge: Polity Press.
Giddens, Anthony. 1990. *The Consequences of Modernity.* Cambridge: Polity Press.
Giddens, Anthony. 1991. *Modernity and Self-Identity.* Cambridge: Polity Press.
Giddens, Anthony. 1992. *The Transformation of Intimacy.* Cambridge: Polity Press.
Giddens, Anthony. 1994. *Beyond Left and Right.* Cambridge: Polity Press.
Giddens, Anthony. 1998. *The Third Way.* Cambridge: Polity Press.
Gilbert, G. Nigel and Mulkay, M. J. 1984. *Opening Pandora's Box: A Sociological Analysis of Scientists' Discourse.* Cambridge: Cambridge University Press.
Gill, Aisha. 2008. 'Crimes of honour and violence against women in the UK'. *International Journal of Comparative and Applied Criminal Justice* 32, 2: 243–263.
Gilroy, Paul. 1987. *There Ain't No Black in the Union Jack.* Hutchinson.
Gilroy, Paul. 1993. *Black Atlantic.* Verso.
Ginsberg, Morris. 1929. 'The Interchange Between Social Classes' in Ginsberg, M. (ed.) *Studies in Sociology.* Methuen, 1932.

Ginsberg, Morris. 1934. *Sociology.* Oxford: Oxford University Press.
Glaisyer, Janet, Brennan, Thomas, Ritchie, W. and Florence, Philip Sargant. 1946. *County Town: A Civic Survey for the Planning of Worcester.* John Murray.
Glass, David V. (ed.). 1954. *Social Mobility in Britain.* Routledge and Kegan Paul.
Glass, David Victor and Hall, John R. 1954. 'Social Mobility in Great Britain: A Study on Inter-Generation Changes in Status' in Glass, D. V. (ed.) *Social Mobility in Britain.* Routledge and Kegan Paul.
Glucksmann, Miriam. 1995. 'Why „work"? Gender and the „total social organization of labour"'. *Gender, Work and Organization* 2, 2: 63–75.
Glucksmann, Miriam. 2004. 'Call configurations: Varieties of call centre and divisions of labour'. *Work, Employment and Society* 18, 4: 795–811.
Goldman, Lawrence. 2002. *Science, Reform and Politics in Victorian Britain: The Social Science Association 1857–1886.* Cambridge: Cambridge University Press.
Goldthorpe, John Ernest. 1968. *An Introduction to Sociology.* Cambridge: Cambridge University Press.
Goldthorpe, John H. 1960. 'Social Stratification in Industrial Society'. *Sociological Review Monograph* 8: 97–122.
Goldthorpe, John H. 1966. 'Attitudes and Behaviour of Car Assembly Workers'. *British Journal of Sociology* 17, 3: 227–244.
Goldthorpe, John H. 1973. 'A revolution in sociology?'. *Sociology* 7, 3: 449–462.
Goldthorpe, John H. 1978. 'The current inflation: Towards a sociological account' in Hirsch, F. and Goldthorpe, J. H. (eds.) *The Political Economy of Inflation.* Martin Robertson, 1978.
Goldthorpe, John H. 1980. *Social Mobility and Class Structure.* Oxford: Clarendon Press (Revised edition 1987).
Goldthorpe, John H. 1983. 'Women and class analysis: In defence of the conventional view'. *Sociology* 17: 465–488.
Goldthorpe, John H. 1996. 'The quantitative analysis of large-scale data-sets and rational action theory'. *European Sociological Review* 12, 2: 109–126.
Goldthorpe, John H. 2001. 'Causation, statistics and sociology'. *European Sociological Review* 17, 1: 1–20.
Goldthorpe, John H. and Hope, Keith. 1972. 'Occupational Grading and Occupational Prestige' in Hope, K. (ed.) *The Analysis of Social Mobility.* Oxford: Oxford University Press, 1972.
Goldthorpe, John H. and Hope, Keith. 1974. *The Social Grading of Occupations.* Oxford: Clarendon Press.
Goldthorpe, John H. and Llewellyn, Catriona. 1977. 'Class mobility in Britain: Three theses examined'. *Sociology* 11, 2: 257–287.

Goldthorpe, John H. and Lockwood, David. 1963. 'Affluence and the British Class Structure'. *Sociological Review* 11, 2: 133–163.
Goldthorpe, John H., Lockwood, David, Bechhofer, Frank and Platt, Jennifer. 1969a. *The Affluent Worker in the Class Structure.* Cambridge: Cambridge University Press.
Goldthorpe, John H., Lockwood, David, Bechhofer, Frank and Platt, Jennifer. 1969b. *The Affluent Worker: Industrial Attitudes and Behaviour.* Cambridge: Cambridge University Press.
Goldthorpe, John H., Lockwood, David, Bechhofer, Frank and Platt, Jennifer. 1969c. *The Affluent Worker: Political Attitudes and Behaviour.* Cambridge: Cambridge University Press.
Goldthorpe, John H., Payne, Clive and Llewellyn, Catriona. 1978. 'Trends in class mobility'. *Sociology* 12, 3: 441–468.
Guttsman, William L. 1963. *The British Political Elite.* MacGibbon and Kee.
Hall, David. 2015. *Work Town.* Weidenfeld and Nicolson.
Hall, John A. 2010. *Ernest Gellner. An Intellectual Biography.* Verso.
Hall, Stuart, Critcher, Chas, Jefferson, Tony, Clarke, John and Roberts, Brian. 1978. *Policing The Crisis.* Houndmills: Macmillan.
Halsey, Albert H. 1973. 'Provincials and professionals: The British post-war sociologists'. *European Journal of Sociology* 23, 1: 150–175.
Halsey, Albert H. 1989. 'A turning of the tide? The prospects for British sociology'. *British Journal of Sociology* 40, 3: 353–373.
Halsey, Albert H. 2004. *A History of Sociology in Britain.* Oxford: Oxford University Press.
Hargreaves, David. 1967. *Social Relations in a Secondary School.* Routledge and Kegan Paul.
Harris, Christopher C. und andere (eds). 1987. *Redundancy and Recession in South Wales.* Oxford: Blackwell.
Harris, Clement. 1974. *Hennage: A Social System in Miniature.* New York: Holt, Rinehart and Winston.
Harris, Jose. 1989. 'The Webbs, the COS and the Ratan Tata Foundation' in Bulmer, M., Lewis, J. and Piachaud, D. (eds.) *The Goals of Social Policy.* Unwin Hyman, 1989.
Harris, Jose. 1997. *William Beveridge. A Biography,* Second Edition Oxford: Oxford University Press.
Harris, Rosemary. 1972. *Prejudice and Tolerance in Ulster.* Manchester: Manchester University Press.
Hawkins, C. B. 1910. *Norwich: A Social Study.* P. L. Warner.

Heath, Anthony and Britten, Nicky. 1984. 'Women's jobs do make a difference' *Sociology,* 18, 4.
Heath, Anthony, Curtice, John and Elgenius, Gabriella. 2009. 'Individualisation and the Decline of Class Identity' in Wetherell, M. (ed.) *Identity in the 21st Century.* Palgrave Macmillan.
Heath, Anthony and Edmondson, Ricca. 1981. 'Oxbridge Sociology. The Development of Centres of Excellence' in Abrams et al. (1981).
Heidensohn, Frances. 1985. *Women and Crime.* Macmillan.
Hepworth, Mike. 1975. *Blackmail: Publicity and Secrecy in Everyday Life.* Routledge and Kegan Paul.
Herbertson, Andrew John and Herbertson, F. D. 1899. *Man and His Work: An Introduction to Human Geography.* A. and C. Black.
Hindess, Barry and Hirst, Paul Q. 1975. *Pre-capitalist Modes of Production.* Routledge and Kegan Paul.
Hinton, James. 2013. *The Mass Observers: A History, 1937–1949.* Oxford: Oxford University Press.
Hobbs, Dick. 1988. *Doing the Business.* Oxford: Oxford University Press.
Hobhouse, Leonard Trelawny. 1901. *Mind in Evolution.* Macmillan.
Hobhouse, Leonard Trelawny. 1906. *Morals in Evolution.* Macmillan.
Hobhouse, Leonard Trelawny. 1924. *Social Development: Its Nature and Conditions.* George Allen and Unwin, 1966.
Hobhouse, Leonard Trelawny, Wheeler, G. C. and Ginsberg, Morris. 1914. *The Material Culture and Social Institutions of the Simpler People.* Routledge and Kegan Paul, 1965.
Hobson, John Atkinson. 1901. *The Social Problem: Life and Work.* J. Nisbet.
Hobson, John Atkinson. 1906. *The Evolution of Modern Capitalism, Revised Edition.* George Allen and Unwin.
Hodges, Mark W. and Smith, Cyril S. 1954. 'The Sheffield Estate' in Black, E. I. and Simey, T. S. (eds.) *Neighbourhood and Community.* Liverpool: Liverpool University Press.
Hoggart, Richard. 1957. *The Uses of Literacy.* Chatto and Windus.
Holdaway, Simon. 1983. *Inside the British Police.* Oxford: Basil Blackwell.
Holland, Janet, Ramazanoglu, Caroline and Scott, Sue. 1990. 'AIDS: From panic stations to power relations'. *Sociology* 24, 3: 499–518.
Hollowell, Peter. 1968. *The Lorry Driver.* Routledge and Kegan Paul.
Holmwood, John. 2010. 'Sociology's misfortune: discipline, interdisciplinarity and the impact of audit culture'. *British Journal of Sociology* 61, 4: 639–658.
Holmwood, John. 2011. 'Sociology After Fordism'. *European Journal of Social Theory* 14, 4: 537–556.

Holmwood, John. 2014a. 'Beyond capital? The challenge for sociology in Britain'. *British Journal of Sociology* 65, 4: 607–618.
Holmwood, John. 2014b. 'Sociology's Past and Futures: The Impact of External Structures, Policy and Financing' in Holmwood and Scott (2014).
Holmwood, John and Scott, John (eds.) 2014. *The Palgrave Handbook of Sociology in Britain*. Houndmills: Palgrave.
Holmwood, John and Stewart, Sandy. 1991. *Explanation and Social Theory*. Houndmills: Palgrave Macmillan.
Hudson, Kenneth. 1967. *An Awkward Size for a Town*. Newton Abbot: David and Charles.
Husbands, Christopher T. 1981. 'The Anti-quantitative Bias in Post-war British Sociology' in Abrams et al. (1981).
Husbands, Christopher T. 2014. 'The First Sociology „Departments"' in Holmwood and Scott (2014).
Husbands, Christopher T. 2019a. *Sociology at the London School of Economics and Political Science, 1904–2015*. Cham: Palgrave.
Husbands, Christopher T. 2019b. 'Sociology Courses Before the „First" Sociology Course' in Panayotova, P. (ed.) *The History of Sociology in Britain*. Cham: Palgrave.
Hutter, Bridget. 2017. *Regulatory Crisis: Interactions Between Disaster, Crisis, and Risk Regulation*. Cambridge: Cambridge University Press.
Hyman, Richard. 1972. *Strikes*. Glasgow: Fontana.
Hyman, Richard and Brough, Ian. 1975. *Social Values and Industrial Relations: Study of Fairness and Inequality* Oxford: Basil Blackwell.
Ingham, Geoffrey. 1970. *Size of Industrial Organisation and Worker Behaviour*. Cambridge: Cambridge University Press.
Jackson, Brian. 1964. *Streaming*. Routledge and Kegan Paul.
Jackson, Brian. 1968. *Working Class Community: Some General Notions Raised by a Series of Studies in Northern England*. Routledge and Kegan Paul.
Jackson, Brian and Marsden, Dennis. 1962. *Education and the Working Class*. Routledge and Kegan Paul.
Jackson, John A. 1963. *The Irish in Britain*. Routledge and Kegan Paul.
Jackson, John A. (ed.). 1968. *Social Stratification*. Cambridge: Cambridge University Press.
Jackson, Stevi. 1982. *Childhood and Sexuality*. Oxford: Blackwell.
Jackson, Stevi and Scott, Sue. 2007. 'Faking like a woman? Towards an interpretive theorization of sexual pleasure'. *Body and Society* 13, 2: 95–116.
Jackson, Stevi and Scott, Sue. 2014. 'Sociology of the Body and the Relation Between Sociology and Biology' in Holmwood and Scott (2014).

Jacques, Elliot. 1951. *The Changing Culture of a Factory.* Tavistock.
Jamieson, Lynn. 1997. *Intimacy: Personal Relationships in Modern Societies.* Cambridge: Polity Press.
Jefferys, Margot. 1954. *Mobility in the Labour Market: Employment Changes in Battersea and Dagenham.* Routledge and Kegan Paul.
Jefferys, Margot. 1964. 'Londoners in Hertfordshire' in Glass, R. (ed.) *London. Aspects of Change.* MacGibbon and Kee, 1964.
Jenkins, David, Davies, Elwyn and Rees, Alwyn D. (eds.). 1960. *Welsh Rural Communities.* Cardiff: University of Wales Press.
Jenkins, Richard. 1997. *Rethinking Ethnicity.* Sage.
Jenkins, Robin. 1970. *Exploitation: The World Power Structure and the Inequality of Nations.* MacGibbon and Kee.
Jennings, Hilda. 1934. *Brynmawr: A Study of a Depressed Area.* Allenson.
Jennings, Hilda. 1962. *Societies in the Making: A Study of Development and Redevelopment Within a County Borough.* Routledge and Kegan Paul.
Jennings, Humphrey and Madge, Charles. 1937. *May the Twelfth.* Faber and Faber.
Jessop, Robert D. 1972. *Social Order, Reform and Revolution.* Macmillan.
Jessop, Robert D. 2001. *Regulation Theory and the Crisis of Capitalism.* Cheltenham: Edward Elgar.
Jessop, Robert D. 2002. *The Future of the Capitalist State.* Cambridge: Polity Press.
Jessop, Robert D. 2007. *State Power: A Strategic-Relational Approach.* Cambridge: Polity Press.
Jessop, Robert D. 2015. *The State: Past, Present, and Future.* Cambridge: Polity Press.
Johnson, Terry. 1972. *Professions and Power.* Macmillan.
Jones, D. Caradog. 1934. *The Social Survey of Merseyside,* 3 Volumes. Hodder and Stoughton for the University of Liverpool Press.
Jones, D. Caradog and Hall, John R. 1950. 'The social grading of occupations'. *British Journal of Sociology* 1, 1: 31–55.
Jones, Henry. 1883. 'The Social Organism' in Boucher, D. (ed.) *The British Idealists.* Cambridge: Cambridge University Press, 1997.
Jones, Henry. 1910. *The Working Faith of the Social Reformer.* Macmillan.
Jones, John Harry. 1922. *Social Economics.* Methuen.
Keating, Jenny. 2011. 'Approaches to citizenship teaching in the first half of the twentieth century'. *History of Education* 40, 6: 761–778.
Kelsall, Keith. 1955. *Higher Civil Servants in Britain.* Routledge and Kegan Paul.
Kelsall, Keith. 1967. *Population.* Longman.

Kent, Ray. 1981. *A History of British Empirical Sociology.* Aldershot: Gower.
Kent, Ray. 1985. 'The Emergence of the Sociological Survey, 1887–1939' in Bulmer (ed.) 1985b.
Kerr, Anne and Cunningham-Burley, Sarah. 2000. 'On ambivalence and risk: Reflexive modernity and the new human genetics'. *Sociology* 34, 2: 283–304.
Kerr, Madeleine. 1958. *The People of Ship Street.* Routledge and Kegan Paul.
Kerr, Maria and Charles, Nickie. 1986. 'Servers and providers: The distribution of food within the family'. *Sociological Review* 34, 1: 115–157.
Kidd, Harry. 1969. *The Trouble at LSE 1966–67.* Oxford: Oxford University Press.
Knights, David and Willmott, Hugh. 1985. 'Power and Identity in Theory and Practice'. *Sociological Review* 33, 1: 22–46.
Knights, David and Willmott, Hugh. 1989. 'Power and subjectivity at work'. *Sociology* 23, 4: 535–558.
Krausz, Ernest. 1969. *Sociology in Britain. A Survey of Research.* Batsford.
Lacey, Colin. 1970. *Hightown Grammar: The School as a Social System.* Manchester: Manchester University Press.
Lash, Scott and Urry, John. 1987. *The End of Organized Capitalism.* Cambridge: Polity Press.
Lea, John and Young, Jock. 1984. *What Is to Be Done About Law and Order.* Harmondsworth: Penguin.
Leach, Edmund R. 1970. *Lévi-Strauss.* Glasgow: Fontana.
Leach, Edmund R. 1976. *Culture and Communication.* Cambridge: Cambridge University Press.
Lessnoff, Michael. 1968. 'Parsons's system problems'. *Sociological Review* 16, 2: 185–215.
Letherby, Gayle. 1993. 'The meanings of miscarriage'. *Women's Studies International Forum* 16, 2: 165–180.
Letherby, Gayle. 2002. 'Childless and bereft?'. *Sociological Inquiry* 72, 1: 7–20.
Levi, Michael. 1987. *Regulating Fraud: White Collar Crime and the Criminal Process.* Tavistock.
Levi, Michael. 2008. *The Phantom Capitalists: The Organisation and Control of Long-Firm Fraud.* Aldershot: Ashgate.
Liebling, Alison. 2005. *Prisons and Their Moral Performance.* Oxford: Oxford University Press.
Little, Kenneth. 1948. *Negroes in Britain.* Routledge and Kegan Paul.
Little, Kenneth. 1951. *The Mende of Sierra Leone.* Routledge and Kegan Paul.
Littlejohn, James. 1963. *Westrigg. The Sociology of a Cheviot Parish.* Routledge and Kegan Paul.

Littler, Craig. 1983. *The Development of the Labour Process in Capitalist Societies.* Heinemann.
Llewellyn Smith, H. 1930–1935. *New Survey of London Life and Labour, Nine Volumes.* P. S. King.
Lockwood, David. 1956. ‚Some remarks on *The Social System*'. *British Journal of Sociology* 7, 2: 134–146.
Lockwood, David. 1958. *The Black-Coated Worker.* Oxford: Oxford University Press, 1993.
Lockwood, David. 1960. 'The new working class'. *European Journal of Sociology* 1: 248–259.
Lockwood, David. 1966. 'Sources of variation in working-class images of society'. *Sociological Review* 14, 3: 249–267.
Lockwood, David. 1986. 'Class, Status and Gender' in Crompton, R. and Mann, M. (eds.) *Gender and Stratification.* Cambridge: Polity Press, 1986.
Lockwood, David. 1992. *Solidarity and Schism.* Oxford: Clarendon Press.
López, José and Scott, John. 2000. *Social Structure.* Buckingham: Open University Press.
Lupton, Thomas. 1963. *On the Shop Floor.* Oxford: Pergamon Press.
MacInnes, John. 2009. *Quantitative Methods. Strategic Adviser Report.* Swindon: ESRC.
MacIver, Robert M. 1917. *Community: A Sociological Study.* Macmillan.
MacIver, Robert M. 1921. *Elements of Social Science.* Methuen.
MacKenzie, Donald A. 1997. *Inventing Accuracy: A Historical Sociology of Nuclear Missile Guidance.* Cambridge, MA: MIT Press.
MacKenzie, Donald A. 2008. *An Engine, Not a Camera: How Financial Models Shape Markets.* Cambridge, MA: MIT Press.
Mackenzie, John S. 1895. *An Introduction to Social Philosophy.* Glasgow: James MacLehose.
Mackenzie, John S. 1918. *Outline of Social Philosophy.* George Allen and Unwin, 1963.
Mackintosh, Robert. 1899. *From Comte to Benjamin Kidd: The Appeal to Biology or Evolution for Human Guidance.* Macmillan.
Macnaghten, Philip and Urry, John. 1998. *Contested Nature.* Sage.
Madge, Charles. 1964. *Society in the Mind: Elements of the Social Eidos.* Faber and Faber.
Malinowski, Bronislaw. 1922. *Argonauts of the Western Pacific.* G. Routledge.
Malinowski, Bronislaw. 1926. *Crime and Custom in Savage Society.* G. Routledge.
Malinowski, Bronislaw. 1929. *The Sexual Life of Savages.* G. Routledge.
Malinowski, Bronislaw. 1935. *Coral Gardens and Their Magic.* G. Routledge.

Mandler, Peter. 2019. 'The Rise of the Social Sciences in British Education, 1960–2016' in Panayotova, P. (ed.) *The History of Sociology in Britain*. Cham: Palgrave, 2019.
Mann, Michael. 1973. *Workers on the Move. The Sociology of Relocation*. Cambridge: Cambridge University Press.
Mann, Michael. 1986. *The Sources of Social Power, Volume 1: A History of Power from the Beginning to AD 1760*. Cambridge: Cambridge University Press.
Mann, Michael. 1993. *The Sources of Social Power, Volume 2: The Rise of Classes and Nation States, 1760–1914*. Cambridge: Cambridge University Press.
Mann, Michael. 2012. *The Sources of Social Power, Volume 3: Global Empires and Revolutions, 1890–1945*. Cambridge: Cambridge University Press.
Mann, Michael. 2013. *The Sources of Social Power, Volume 4: Globalizations, 1945–2011*. Cambridge: Cambridge University Press.
Mann, Peter. 1968. *Methods of Social Inquiry*. Blackwell.
Marshall, Gordon, Rose, David, Newby, Howard and Vogler, Carolyn. 1988. *Social Class in Modern Britain*. Hutchinson.
Marshall, Thomas H. 1950. *Citizenship and Social Class*. Cambridge: Cambridge University Press.
Marsland, David. 1987. *Bias Against Business*. Educational Research Trust.
Martin, David. 1969. *The Religious and the Secular: Studies in Secularization*. Routledge and Kegan Paul.
Martin, David A. 2013. *The Education of David Martin*. SPCK.
Martin, Ernest W. 1965. *The Shearers and the Shorn*. Routledge and Kegan Paul.
Martin, Fred. M. 1954. Some Subjective Aspects of Social Stratification in Glass, D. V. (ed.) *Social Mobility in Britain*. Routledge and Kegan Paul, 1954.
Mason, David. 1994. 'On the dangers of disconnecting race and racism'. *Sociology* 28, 4: 845–858.
Mason, David J. 1995. *Race and Ethnicity in Modern Britain*. Oxford: Oxford University Press.
Mass-Observation. 1939. *Britain*. Harmondsworth: Penguin.
Mass-Observation. 1942. *People in Production*. John Murray.
Mass-Observation. 1943a. *The Pub and the People*. Victor Gollancz.
Mass-Observation. 1943b. *War Factory*. Victor Gollancz.
Matthews, Roger. 2008. *Prostitution, Politics & Policy*. Routledge.
Matthews, Roger. 2014. *Realist Criminology*. Palgrave Macmillan.
Mayhew, H. (1861). *London Labour and the London Poor*, 4 Volumes. New York: Dover Publications, 1968.
Mays, John Barron. 1954. *Growing Up in the City*. Liverpool: University of Liverpool Press.

McBarnet, Doreen. 2004. *Crime, Compliance, and Control.* Routledge.
McCahill, Michael. 2002. *The Surveillance Web. The Rise of Visual Surveillance in an English City.* Oxford: Willan.
McIntosh, Mary. 1975. *The Organisation of Crime.* Macmillan.
Mess, Henry Adolphus. 1928. *Industrial Tyneside: A Social Survey.* Benn.
Mess, Henry Adolphus. 1942. *Social Structure.* George Allen and Unwin.
Miles, Robert. 1980. *Racism and the Labour Market.* Routledge and Kegan Paul.
Miles, Robert. 1982. *Racism and Migrant Labour.* Routledge and Kegan Paul.
Miles, Robert. 1984. 'Marxism versus the sociology of race relations'. *Ethnic and Racial Studies* 7, 2: 217–237.
Miliband, Ralph. 1969. *The State in Capitalist Society.* Weidenfeld and Nicolson.
Millerson, Geoffrey. 1964. *The qualifying associations: A study in professionalization.* Routledge and Kegan Paul.
Mills, David. 2002. 'British anthropology at the end of empire: The rise and fall of the Colonial Social Science Research Council'. *Revue d'Histoire des Sciences Humaines* 1, 6: 161–188.
Mitchell, G. Duncan. 1959. *Sociology. The Study of Social Systems.* University Tutorial Press.
Mitchell, G. Duncan and Lupton, Tom. 1954. 'The Liverpool Estate' in Black, E. I. and Simey, T. S. (eds.) *Neighbourhood and Community.* Liverpool: Liverpool University Press.
Modood, Tariq. 2005. *Multicultural Politics. Racism, Ethnicity and Muslims in Britain.* Edinburgh: Edinburgh University Press.
Modood, Tariq. 2007. *Multiculturalism.* Cambridge: Polity Press.
Modood, Tariq, Berthoux, Richard and Nazroo, James. 1997. *Ethnic Minorities in Britain.* Policy Studies Institute.
Modood, Tariq, Berthoux, Richard and Nazroo, James. 2002. 'Response'. *Sociology* 36, 2: 419–427.
Mogey, John. 1956. *Family and Neighbourhood. Two Studies in Oxford.* Oxford: Oxford University Press.
Moore, John. 1945. *Portrait of Elmbury.* Collins.
Moore, Robert. 1974. *Pitmen, Preachers and Politics.* Cambridge: Cambridge University Press.
Morris, Lydia. 1984. 'Redundancy and patterns of household finance'. *Sociological Review* 32, 3: 492–523.
Morris, Lydia. 1985. 'Local social networks and domestic organisations'. *Sociological Review* 33, 2: 327–342.
Morris, Lydia. 1994. *Dangerous Classes.* Routledge.

Morris, Lydia and Irwin, Sarah. 1992. 'Employment histories and the concept of the underclass'. *Sociology* 26, 3: 401–420.
Morris, Terence. 1957. *The Criminal Area*. Routledge and Kegan Paul.
Morris, Terence and Morris, Pauline. 1963. *Pentonville: A Sociological Study of an English Prison*. Routledge and Kegan Paul.
Morris, William. 1884. 'Useful Work -v- Useless Toil' in Morris, W. (ed.) *Useful Work -v- Useless Toil*. Harmondsworth: Penguin, 2008.
Moser, Claus and Hall, John R. 1954. 'The Social Grading of Occupations' in Glass, D. V. (ed.) *Social Mobility in Britain*. Routledge and Kegan Paul.
Moser, Claus and Scott, Wolf. 1961. *British Towns*. Edinburgh: Oliver and Boyd.
Mouzelis, Nicos. 1967. *Organisation and Bureaucracy: An Analysis of Modern Theories*. Routledge and Kegan Paul.
Mouzelis, Nicos. 1974. 'Social and system integration: Some reflections on a fundamental distinction'. *British Journal of Sociology* 25, 4: 395–409.
Mouzelis, Nicos. 1991. *Back to Sociological Theory: The Construction of Social Orders*. Macmillan.
Mouzelis, Nicos. 1995. *Sociological Theory: What Went Wrong?* Routledge.
Muirhead, John H. 1892. *Elements of Ethics*. John Murray.
Muirhead, John Henry and Hetherington, Hector James Wright. 1918. *Social Purpose. A Contribution to a Philosophy of Civic Society*. George Allen and Unwin.
Mulkay, Michael Joseph. 1972. *The Social Process of Innovation*. Houndmills: Macmillan.
Mumford, Enid and Banks, Olive. 1967. *The Computer and the Clerk*. Liverpool: Liverpool University Press.
Murgatroyd, Linda. 1984. 'Women, men and the social grading of occupations'. *Sociology*, 25, 4: 46–60.
Myrdal, Alva and Klein, Viola. 1956. *Women's Two Roles: Home and Work*. Routledge and Kegan Paul.
Nadel, Siegfried Frederick. 1957. *The Theory of Social Structure*. Glencoe: Free Press.
Nelson, Geoffrey K. 1969. *Spiritualism and Society*. Routledge and Kegan Paul.
Newburn, Tim and Morgan, Rod. 1997. *The Future of Policing*. Oxford: Oxford University Press.
Newby, Howard. 1977. *The Deferential Worker*. Allen Lane.
Nichols, W. A. T. 1969. *Ownership, Control, and Ideology*. George Allen and Unwin.
Nichols, W. A. T. 1977. *Living with Capitalism: Class Relations and the Modern Factory*. Routledge and Kegan Paul.

O'Connell Davidson, Julia. 1998. *Prostitution, Power and Freedom* Cambridge: Polity Press.
O'Connell Davidson, Julia. 2015. *Modern Slavery: The Margins of Freedom.* Palgrave Macmillan.
O'Neill, John (ed.). 1973. *Modes of Individualism and Collectivism.* Heinemann.
O'Neill, Maggie. 2001. *Prostitution and Feminism.* Cambridge: Polity Press.
Oakley, Ann. 1972. *Sex, Gender and Society.* Temple Smith.
Oakley, Ann. 1974a. *Housewife.* Harmondsworth: Allen Lane.
Oakley, Ann. 1974b. *The Sociology of Housework.* Martin Robertson.
Oakley, Ann. 1979. *Becoming a Mother.* Oxford: Martin Robertson.
Oakley, Ann. 1980. *Women Confined: Towards a Sociology of Childbirth [also published as From Here to Maternity].* Oxford: Martin Robertson.
Oakley, Ann. 1984. *The Captured Womb.* Oxford: Basil Blackwell.
Oakley, Ann. 1989. 'Women's Studies in British sociology: To end at our beginning?'. *British Journal of Sociology* 40, 3: 442–470.
Oakley, Ann. 2011. *A Critical Woman: Barbara Wootton, Social Science and Public Policy in the Twentieth Century.* Bloomsbury Academic.
Oakley, Ann. 2014. *Father and Daughter. Patriarchy, Gender and Social Science.* Bristol: Policy Press.
Pahl, Jan. 1983. 'The allocation of money and the structuring of inequality within marriage'. *Sociological Review* 31, 2: 237–262.
Pahl, Jan. 1989. *Money and Marriage.* Macmillan.
Pahl, Jan and Pahl, Raymond E. 1971. *Managers and their Wives.* Harmondsworth: Penguin.
Pahl, Raymond E. 1984. *Divisions of Labour.* Oxford: Basil Blackwell.
Pahl, Raymond E. 1965a. 'Class and community in English commuter villages'. *Sociologia Ruralis* 5, 1: 5–23.
Pahl, Raymond E. 1965b. *Urbs in Rure. The Metropolitan Fringe in Hertfordshire.* London School of Economics (Geographical Papers, No. 2).
Paneth, Marie. 1945. *Branch Street. A Sociological Study.* George Allen and Unwin.
Parekh, Bhikhu. 2000. *Rethinking Multiculturalism: Cultural Diversity and Political Theory.* Macmillan.
Parker, Howard. 1974. *View from the Boys.* Newton Abbot: David and Charles.
Parker, Stanley R., Brown, Richard K., Child, John and Smith, M. 1967. *The Sociology of Industry.* George Allen and Unwin.
Parkin, Frank. 1971. *Class Inequality and Political Order.* MacGibbon and Kee.
Parkin, Frank. 1972. 'System contradiction and political transformation'. *European Journal of Sociology* 13, 1: 45–62.

Parry, Noel and Parry, Josie. 1976. *The Rise of the Medical Profession.* Routledge and Kegan Paul.
Patterson, Sheila. 1963. *Dark Strangers.* Tavistock.
Payne, Geoff. 2019. '"Poor Cousins". The Lost History of Sociology in the Polys' in Panayotova, P. (ed.) *A History of Sociology in Britain.* Cham: Palgrave Macmillan.
Payne, Geoff, Dingwall, Robert, Judy, Payne and Carter, Mick. 1981. *Sociology and Social Research.* Routledge and Kegan Paul.
Pear, Thomas H. 1955. *English Social Differences.* George Allen and Unwin.
Pearce, Frank. 1976. *Crimes of the Powerful.* Pluto Press.
Pettinger, Lynne, Parry, Jane, Taylor, Rebecca and Glucksmann, Miriam. 2005. *A New Sociology of Work?* Oxford: Basil Blackwell.
Phizacklea, Annie and Miles, Robert. 1980. *Labour and Racism.* Routledge and Kegan Paul.
Platt, Jennifer. 1971. *Social Research in Bethnal Green.* Macmillan.
Platt, Jennifer. 1981. 'The Social Construction of „Positivism" and Its Significance in British Sociology, 1950–80' in Abrams et al. (1981).
Platt, Jennifer. 2003. *The British Sociological Association: A Sociological History.* Durham: Sociology Press.
Platt, Jennifer. 2004. 'Women's and men's careers in British sociology'. *British Journal of Sociology* 55, 2: 187–210.
Platt, Jennifer. 2014. 'The International Library of Sociology and Social Policy and British Sociology' in Holmwood and Scott (2014).
Plummer, Ken. 1975. *Sexual Stigma: An Interactionist Account.* Routledge.
Plummer, Ken. 1995. *Telling Sexual Stories.* Routledge.
Plummer, Ken. 2003. *Intimate Citizenship.* Seattle, WA: University of Washington Press.
Plummer, Ken. 2014. *Imaginations. Fifty Years of Essex Sociology.* Wivenhoe: Wivenbooks.
Pollert, Anna. 1981. *Girls, Wives, Factory Lives.* Houndmills: Macmillan.
Power, Michael. 1999. *The Audit Society. Rituals of Verification.* Oxford: Oxford University Press.
Prandy, K. 1991. 'The Revised Cambridge Scale of Occupations'. *Sociology*, 24, 4: 629–655.
Prandy, Kenneth. 1965. *Professional Men.* Faber and Faber.
Prior, Lindsay. 1988. 'The architecture of the hospital: A study of spatial organisation and medical knowledge'. *British Journal of Sociology* 39, 1: 86–113.
Pugh, Derek S., Hickson, David J. and Hinings, C. Robert. 1969. 'An empirical taxonomy of work organisations'. *Administrative Science Quarterly* 14, 1: 115–126.

Ramazanoglu, Caroline (ed.). 1993. *Up Against Foucault*. Routledge and Kegan Paul.
Ramazanoglu, Caroline and Holland, Janet. 2002. *Feminist Methodology*. Sage.
Ranson, Stewart, Bryman, Alan and Hinings, Bob. 1977. *Clergy, Ministers, and Priests*. Routledge and Kegan Paul.
Rees, Alwyn D. 1961. *Life in a Welsh Countryside*. Thames and Hudson.
Reiner, Robert. 1984. *The Politics of the Police*. Oxford: Oxford University Press.
Renwick, Chris. 2012. *British Sociology's Lost Biological Roots: A History of Futures Past*. Houndmills: Palgrave.
Rex, John A. 1959. 'The plural society in sociological theory'. *British Journal of Sociology* 10, 2: 114–124.
Rex, John A. 1961. *Key Problems of Sociological Theory*. Routledge and Kegan Paul.
Rex, John A. 1970. *Race Relations in Sociological Theory*. Weidenfeld and Nicholson.
Rex, John A. 1973a. 'The future of race relations research in Britain'. *Race* 14, 4: 481–488.
Rex, John A. 1973b. *Race, Colonialism, and the City*. Routledge and Kegan Paul.
Rex, John A. and Moore, Robert. 1969. *Race, Community and Conflict: A Study of Sparkbrook [Corrected edition]*. Oxford University Press.
Rex, John A. and Tomlinson, Sally. 1979. *Colonial Immigrants in a British City: A Class Analysis*. Routledge and Kegan Paul.
Richardson, Diane. 1998. 'Sexuality and citizenship'. *Sociology* 32, 1: 83–100.
Richardson, Diane. 2017. *Sexuality and Citizenship*. Cambridge: Polity Press.
Richmond, Anthony. 1954. *Class Prejudice in Britain*. Routledge and Kegan Paul.
Richmond, Anthony. 1955. *The Coloured Problem: A Study in Racial Relations*. Harmondsworth: Penguin.
Robb, James. 1954. *Working-Class Anti-Semite*. Tavistock.
Roberts, Helen and Woodward, Diana. 1981. 'Changing patterns of women's employment in sociology'. *British Journal of Sociology* 32, 4: 531–546.
Roberts, Kenneth, Clark, Frederick G., Clark, Stanley C. and Semeonoff, E. 1977. *The Fragmentary Class Structure*. Heinemann.
Robertson, Roland (ed.). 1969. *The Sociology of Religion*. Harmondsworth: Penguin.
Robertson, Roland. 1992. *Globalisation: Social Theory and Global Culture*. Sage.
Rock, Paul. 1973. *Making People Pay*. Routledge and Kegan Paul.
Rock, Paul. 1993. *The Social World of an English Crown Court*. Oxford: Clarendon Press.
Rock, Paul and McIntosh, Mary (eds.). 1974. *Deviance and Social Control*. Tavistock.

Rojek, Chris and Turner, Bryan (eds.). 1993. *Forget Baudrillard?* Routledge and Kegan Paul.
Rose, David and O'Reilly, Karen (eds.). 1997. *Constructing Classes: Towards a New Social Classification or the UK.* Swindon: ESRC and Office for National Statistics.
Rose, E. J. B. and Associates. 1969. *Colour and Citizenship: A Report on British Race Relations.* Oxford: Oxford University Press.
Rose, Hilary and Rose, Steven (eds.). 1976. *The Political Economy of Science: Ideology In/Of Natural Science.* Houndmills: Macmillan.
Rose, Nikolas. 1990. *Governing the Soul: The Shaping of the Private Self.* Routledge.
Rose, Nikolas. 1999. *Power of Freedom.* Cambridge: Polity Press.
Roseneil, Sasha. 1995. 'The coming of age of feminist sociology'. *British Journal of Sociology* 46, 2: 191–205.
Rosser, Colin and Harris, Chris. 1965. *The Family and Social Change.* Routledge and Kegan Paul.
Rubery, Jill and Wilkinson, Frank (eds.). 1994. *Employer Strategy and the Labour Market.* Oxford: Oxford University Press.
Runciman, W. G. 1965. 'Sociologese'. *Encounter* 25, 61: 45–47.
Runciman, W. G. 1966. *Relative Deprivation and Social Justice.* Routledge and Kegan Paul.
Runciman, W. G. 1989. *A Treatise on Social Theory, Volume 2.* Cambridge: Cambridge University Press.
Runciman, W. G. 2009. *The Theory of Cultural and Social Selection.* Cambridge: Cambridge University Press.
Saleeby, Caleb Williams. 1905. *Sociology.* T. C. and E. C. Jack.
Savage, Mike. 2010a. *Identities and Social Change in Britain Since 1940. The Politics of Method.* Oxford: Oxford University Press.
Savage, Mike. 2010b. 'Unpicking sociology's misfortunes'. *British Journal of Sociology* 61, 4: 659–665.
Savage, Mike. 2015. *Social Class in the 21st Century.* Penguin.
Savage, Mike and Warde, Alan. 1993. *Urban Sociology, Capitalism and Modernity.* Houndmills: Macmillan.
Savage, Mike, Barlow, James, Dickens, Peter and Fielding, Tony. 1992. *Property, Bureaucracy and Culture: Middle Class Formation in Contemporary Britain.* Routledge.
Scharf, Betty R. 1970. *The Sociological Study of Religion.* Hutchinson.
Scott, Alison. 1994. *Gender Segregation and Social Change.* Oxford: Oxford University Press.

Scott, John. 1979. *Corporations, Classes and Capitalism*, First Edition. Hutchinson.
Scott, John. 1997. *Corporate Business and Capitalist Classes.* Oxford: Oxford University Press.
Scott, John. 2001. 'Where Is Social Structure?' in Lopez, J. and Potter, G. (eds.) *After Postmodernism.* Athlone Press.
Scott, John. 2005. 'Sociology and its others: Reflections on disciplinary specialisation and fragmentation'. *Sociological Research Online* 10, 1.
Scott, John. 2007a. 'Anthony Giddens and Cultural Analysis: Absent Word and Central Concept' in Edwards, T. (ed.) *Cultural Theory: Classical and Contemporary Positions.* Sage.
Scott, John. 2007b. 'The Edinburgh School of Sociology'. *Journal of Scottish Thought* 1, 1: 89–102.
Scott, John. 2016. 'The social theory of Leonard Hobhouse'. *Journal of Classical Sociology* 16, 4: 349–368.
Scott, John. 2017a. *Social Network Analysis,* 4th Edition. Sage.
Scott, John. 2017b. 'Social Structure' in Sohlberg, P. and Leiulfsrud, H. (eds.) *Concepts in Action: Conceptual Constructionism.* Leiden: Brill.
Scott, John. 2018. *British Social Theory. Recovering Lost Traditions Before 1950.* Sage.
Scott, John. 2020. 'Constructing Social Structure' in Sohlberg, P. and Leiulfsrud, H. (eds.) *Constructing the Sociological Object.* Leiden: Brill, 2020.
Scott, John and Bromley, Ray. 2013. *Envisioning Sociology. Victor Branford, Patrick Geddes, and the Quest for Social Reconstruction.* Albany, NY: State University Press of New York.
Scott, John and Bromley, Ray. 2012. 'The Geddes circle in sociology: Ideas, influence, and decline'. *Journal of Scottish Thought* 5: 121–134.
Scott, John and Husbands, Christopher T. 2007. 'Victor Branford and the building of British sociology'. *Sociological Review* 55, 3: 460–485.
Scott, Susie, McDonnell, Liz and Dawson, Matt. 2016. 'Stories of non-becoming: Non-issues, non-events and non-identities in asexual lives'. *Symbolic Interaction* 39, 2: 268–286.
Scott, William H., Banks, Joseph A, Halsey, Albert H. and Lupton, Thomas. 1956. *Technical Change and Industrial Relations.* Liverpool: Liverpool University Press.
Scott, William H., Mumford, Enid, McGivering, Ian and Kirkby, J. 1963. *Coal and Conflict.* Liverpool: Liverpool University Press.
Seale, Clive. 2003. *Constructing Death.* Cambridge: Cambridge University Press.
Shilling, Chris. 1993. *The Body in Social Theory.* Sage.

Sidgwick, Henry. 1899. 'The relation of ethics to sociology'. *International Journal of Ethics* 10, 1: 1–21.
Silverman, David. 1970. *The Theory of Organisations: A Sociological Framework.* Heinemann.
Sim, Joe. 2009. *Punishment and Prisons: Power and the Carceral State.* Sage.
Simey, Margaret. 2005. *From Rhetoric to Reality.* Liverpool: Liverpool University Press.
Simey, Thomas. 1954. *The Dock Worker.* Liverpool: Liverpool University Press.
Skeggs, Beverley. 1997. *Formations of Class and Gender.* Sage.
Smart, Carol. 1977. *Women, Crime and Criminology.* Routledge and Kegan Paul.
Smith, Anthony. 1986. *The Ethnic Origins of Nations.* Oxford: Basil Blackwell.
Smith, Anthony. 1991. *National Identity.* Harmondsworth: Penguin.
Smith, Anthony. 1995. *Nations and Nationalism in a Global Era.* Cambridge: Polity Press.
Smith, Ken. 2002. 'Some critical observations on the use of the concept of ethnicity'. *Sociology* 36, 2: 399–417.
Solomos, John. 1988. *Black Youth, Racism and the State.* Cambridge: Cambridge University Press.
Solomos, John. 2014. 'Sociology of Race, Racism, and Ethnicity' in Holmwood and Scott (2014).
Solomos, John and Back, Les. 1994. 'Conceptualising racisms: Social theory, politics, and research'. *Sociology* 28, 1: 143–161.
Soothill, Keith and Walby, Sylvia. 1991. *Sex Crime in the News.* Routledge.
Sparks, Richard. 1992. *Television and the Drama of Crime.* Milton Keynes: Open University Press.
Spinley, Betty. 1953. *The Deprived and the Privileged.* Routledge and Kegan Paul.
Sprott, W. J. H. 1949. *Sociology.* Hutchinson.
Sprott, W. J. H. 1952. 'Principia sociologica'. *British Journal of Sociology* 3, 3: 203–221.
Sprott, W. J. H. 1954. *Science and Social Action.* Watts.
Sprott, W. J. H. 1963. 'Principia sociologica II'. *British Journal of Sociology* 14, 4: 307–320.
Stacey, Margaret. 1960. *Tradition and Change: A Study of Banbury.* Oxford: Oxford University Press.
Stacey, Margaret. 1969. 'The myth of community studies'. *British Journal of Sociology* 20, 2: 34–47.
Stacey, Margaret. 1981. 'The Division of Labour Revisited or Overcoming the Two Adams' in Abrams et al. (1981).

Stacey, Margaret. 1982. 'Social sciences and the state: Fighting like a woman'. *Sociology* 16, 3: 406–421.
Stacey, Margaret, Batstone, Eric, Bell, Colin and Murcott, Anne. 1975. *Power, Persistence and Change*. Routledge and Kegan Paul.
Stanko, Elizabeth. 1985. *Intimate Intrusions: Women's Experience of Male Violence*. HarperCollins.
Stanley, Liz and Wise, Sue. 1983. *Breaking Out*. Routledge.
Stanworth, Michele. 1984. 'Women and class analysis: A reply to John Goldthorpe'. *Sociology* 18, 2: 159–170.
Stanworth, Michele (ed.). 1987. *Reproductive Technologies: Gender, Motherhood and Medicine*. Cambridge: Polity Press.
Stanworth, Philip and Giddens, Anthony (eds.). 1974. *Elites and Power in British Society*. Cambridge: Cambridge University Press.
Stewart, Sandy, Prandy, Kenneth and Blackburn, Robert. 1980. *Social Stratification and Occupations*. Houndmills: Macmillan.
Stocks, Mary. 1949. *Eleanor Rathbone: A Biography*. Victor Gollancz.
Sykes, A. J. M. 1969a. 'Navvies: Their social relations'. *Sociology* 3, 2: 157–172.
Sykes, A. J. M. 1969b. 'Navvies: Their work attitudes'. *Sociology* 3, 1: 21–35.
Taylor, Ian. 1971. 'Soccer consciousness and soccer hooliganism' in Cohen, S. (ed.) *Images of Deviance*. Harmondsworth: Penguin.
Taylor, Ian. 1999. *Crime in Context*. Cambridge: Polity Press.
Taylor, Ian, Evans, Karen and Fraser, Penny. 1996. *A Tale of Two Cities*. Routledge.
Taylor, Ian, Walton, Paul and Young, Jock. 1975. *The New Criminology. For a Social Theory of Deviance*. Routledge and Kegan Paul.
Taylor, R. M. 1938. *A Social Survey of Plymouth*. P. S. King.
Taylor, Rex. 1978. 'Marilyn's friends and Rita's customers: A study of partyselling as play and as work'. *Sociological Review* 26, 3: 573–594.
Thompson, Paul. 1983. *The Nature of Work*. Houndmills: Macmillan.
Timms, Noel. 1967. *A Sociological Approach to Social Problems*. Routledge and Kegan Paul.
Toot, H. 1944. *The Standard of Living in Bristol*. Arrowsmith.
Towler, Robert and Coxon, A. P. M. 1979. *The Fate of the Anglican Clergy*. Houndmills: Macmillan.
Townsend, Peter. 1954. 'Measuring Poverty'. *British Journal of Sociology* 5, 2: 130–137.
Townsend, Peter. 1957. *The Family Life of Old People*. Harmondsworth: Penguin, 1963.

Townsend, Peter. 1962. 'The meaning of poverty'. *British Journal of Sociology* 13, 3: 210–227.
Townsend, Peter. 1974. 'Poverty as Relative Deprivation' in Wedderburn, D. (ed.) *Poverty, Inequality and Class Structure*. Cambridge: Cambridge University Press.
Townsend, Peter. 1979. *Poverty in the United Kingdom*. Harmondsworth: Penguin.
Trist, Eric. 1963. *Organizational Choice*. Tavistock.
Trist, Eric and Bamforth, K. W. 1951. 'Some social and psychological consequences of the longwall method of coal getting'. *Human Relations* 4, 1: 3–38.
Tropp, Asher. 1957. *The School Teacher*. Heinemann.
Tunstall, Jeremy. 1962. *The Fishermen*. MacGibbon and Kee.
Turner, Barry. 1971. *Exploring the Industrial Subculture*. Macmillan.
Turner, Bryan S. 1982. 'The government of the body: Medical regimen and the rationalisation of diet'. *British Journal of Sociology* 33, 2: 254–269.
Turner, Bryan S. 1984. *The Body and Society*. Sage.
Turner, Bryan S. 1988. *Status*. Milton Keynes: Open University Press.
Turner, Charles. 2014. 'Exiles in British Sociology' in Holmwood and Scott (2014).
Turner, W. J. 1947. *Exmoor Village*. Harrap.
Urry, John. 1970. 'Role analysis and the sociological enterprise'. *Sociological Review* 18, 3: 351–363.
Urry, John. 1981. 'Sociology as a Parasite: Some Vices and Virtues' in Abrams et al. (1981).
Urry, John. 1990a. 'The „consumption" of tourism'. *Sociology* 24, 1: 23–35.
Urry, John. 1990b. *The Tourist Gaze*. Sage.
Urry, John. 1995. *Consuming Places*. Routledge.
Urry, John. 2009. 'Sociology and climate change'. *Sociological Review* 57, 2: 84–100.
Urry, John. 2011. *Climate Change and Society*. Cambridge: Polity Press.
Urwick, Edward Johns. 1912. *A Philosophy of Social Progress*. Methuen.
Vogler, Carolyn. 1998. 'Money in the household'. *Sociological Review* 46, 4: 687–713.
Vogler, Carolyn and Pahl, Jan. 1994. 'Money, power and inequality within marriage'. *Sociological Review* 42, 2: 263–288.
Waites, Matthew. 2005. 'The fixity of sexual identities in the public sphere'. *Sexualities* 8, 5: 539–569.
Wajcman, Judy. 2015. *Pressed for Time. The Acceleration of Life in Digital Capital*. Chicago: University of Chicago Press.

Walby, Sylvia. 1986. 'Gender, Class and Stratification' in Crompton, R. and Mann, M. (eds.) *Gender and Stratification*. Cambridge: Polity Press.
Walby, Sylvia. 1990. *Theorising Patriarchy.* Oxford: Basil Blackwell.
Warde, Alan and Martens, Lydia. 2000. *Eating Out: Social Differentiation, Consumption and Pleasure.* Cambridge: Cambridge University Press.
Warde, Alan and Shove, Elizabeth. 2002. 'Inconspicuous consumption: the sociology of consumption and the environment' in Dunlap, R., Buttel, F., Dickens, P. and Gijswijt, A. (eds.) *Sociological Theory & the Environment*. Lanham, MA: Rowman and Littlefield, 2002.
Warde, Alan and Tampubolon, Gindo. 2002. 'Social capital, networks, and leisure consumption'. *Sociological Review* 50, 2: 155–180.
Watkins, J. W. N. 1952. 'Ideal Types and Historical Explanation' in O'Neill, J. (ed.) *Modes of Individualism and Collectivism*. Heinemann, 1973.
Watkins, J. W. N. 1957. 'Historical Explanation in the Social Sciences' in O'Neill, J. (ed.) *Modes of Individualism and Collectivism*. Heinemann, 1973.
Watson, William. 1964. 'Social Mobility and Social Class in Industrial Communities' in Gluckman, M. (ed.) *Closed Systems and Open Minds*. Edinburgh: Oliver and Boyd.
Webster, Frank. 2004. 'Cultural studies and sociology at, and after, the closure of the Birmingham School'. *Cultural Studies* 18, 6: 847–862.
Wedderburn, Dorothy and Crompton, Rosemary. 1972. *Worker's Attitudes and Technology.* Cambridge: Cambridge University Press.
Wells, A. F. 1935. *The Local Social Survey in Great Britain.* George Allen and Unwin.
Wells, A. F. 1970. *Social Institutions.* Heinemann.
Westergaard, John H. 1964. 'The Structure of Greater London' in Glass, R. and Others (eds.) *London. Aspects of Change.* MacGibbon and Kee.
Westergaard, John H., Noble, Iain and Walker, Alan. 1989. *After Redundancy.* Cambridge: Polity Press.
Westergaard, John H. and Resler, Henrietta. 1975. *Class in a Capitalist Society.* Heinemann.
Westermarck, Edvard. 1906. *Origin and Development of Moral Ideas.* Macmillan.
Westermarck, Edvard. 1926. *A Short History of Marriage.* Macmillan.
Westwood, Sallie. 1984. *All Day, Every Day.* Pluto Press.
Wetherell, Margaret and Potter, Jonathan. 1992. *Mapping the Language of Racism.* Harvester-Wheatsheaf.
Whitley, Richard. 1999. *Divergent Capitalisms.* Oxford: Oxford University Press.
Wilkins, Leslie T. 1964. *Social Deviance: Social Policy, Action and Research.* Tavistock.

Williams, Malcolm, Payne, Geoff, Hodgkinson, Liz and Poade, Donna. 2008. 'Does British sociology count?'. *Sociology* 42, 5: 1003–1021.
Williams, William M. 1963. *A West Country Village: Ashworthy.* Routledge and Kegan Paul.
Willis, Paul. 1977. *Learning to Labour: How Working Class Kids Get Working Class Jobs.* Farnborough: Saxon House.
Willmott, Peter. 1963. *The Evolution of a Community.* Routledge and Kegan Paul.
Willmott, Peter. 1985. 'The Institute of Community Studies' in Bulmer (ed.) 1985b.
Willmott, Peter and Young, Michael. 1960. *Family and Class in a London Suburb.* Routledge and Kegan Paul.
Wilson, Bryan R. 1961. *Sects and Society.* Heinemann.
Wilson, Bryan R. 1966. *Religion in Secular Society.* Harmondsworth: Penguin, 1969.
Wilson, Bryan R. (ed.). 1970. *Rationality.* Oxford: Basil Blackwell.
Winch, Peter. 1958. *The Idea of a Social Science.* Routledge and Kegan Paul.
Woodward, Joan. 1958. *Management and Technology.* HMSO.
Woodward, Joan. 1965. *Industrial Organisation: Theory and Practice.* Oxford: Oxford University Press.
Woolgar, Steve. 2002. *Virtual Society? Technology, Cyberbole, Reality.* Oxford: Oxford University Press.
Woolgar, Steve and Grint, Keith. 1997. *The Machine at Work: Technology, Work, and Organization.* Cambridge: Polity Press.
Woolgar, Steve and Latour, Bruno. 1979. *Laboratory Life: The Construction of Scientific Facts.* Sage.
Wootton, Barbara. 1955. *The Social Foundations of Wage Policy.* George Allen and Unwin.
Worsley, Peter. 2008. *An Academic Skating on Thin Ice.* New York: Berghahn Books.
Worsley, Peter, Fitzhenry, Roy, Ward, Robin, Sharrock, Wesley W., Roberts, Bryan, Pons, Valdo, J., Morgan David H. and Mitchell, J. Clyde. 1970. *Introducing Sociology.* Harmondsworth: Penguin.
Wright, Frank Joseph. 1942. *The Elements of Sociology: An Introduction to Social and Political Science.* Bickley: University of London Press.
Yearley, Steve. 1991. *The Green Case: A Sociology of Environmental Issues.* HarperCollins.
Young, Jock. 1971. *The Drugtakers.* MacGibbon and Kee.
Young, M. F. D. 1971. *Knowledge and Control.* Macmillan.

Young, Michael and Willmott, Peter. 1956. 'The social grading of manual workers'. *British Journal of Sociology* 7, 4: 337–345.
Young, Michael and Willmott, Peter. 1957. *Family and Kinship in East London.* Routledge and Kegan Paul.
Zubaida, Sami (ed.). 1970. *Race and Racialism.* Tavistock.

The manufacturer's authorised representative in the EU is Springer Nature Customer Service Centre GmbH, Europaplatz 3, 69115 Heidelberg, Germany. If you have any concerns regarding our products, please contact ProductSafety@springernature.com

Printed and bound by CPI Group (UK) Ltd, Croydon, CR0 4YY
23/03/2026
02076747-0005